名师工程
校本研修系列

"国培计划"云南省网络研修与校本研修整合示范校建设项目培训成果

乡村学校校本研修模式
创新与实践

主 编／黄越岭

副主编／陈 良 莫 鸿 张绍鸿 金明江 李伟洲

西南师范大学出版社
国家一级出版社 全国百佳图书出版单位

图书在版编目(CIP)数据

乡村学校校本研修模式创新与实践 / 黄越岭主编
. — 重庆:西南师范大学出版社,2019.1
名师工程
ISBN 978-7-5621-5795-3

Ⅰ.①乡… Ⅱ.①黄… Ⅲ.①农村学校—教学研究
Ⅳ.①G725

中国版本图书馆 CIP 数据核字(2019)第 009918 号

名师工程系列丛书

编委会主任:马 立 宋乃庆
总策划:周安平
策 划:李远毅 卢 旭 郑持军 郭德军

乡村学校校本研修模式创新与实践

主 编:黄越岭
副主编:陈 良 莫 鸿 张绍鸿 金明江 李伟洲

责任编辑:郑先俐
责任校对:雷 兮
封面设计:闰江文化
出版发行:西南师范大学出版社
　　　　　地址:重庆市北碚区天生路 1 号
　　　　　邮编:400715 市场营销部电话:023-68868624
　　　　　网址:http://www.xscbs.com
经 销:全国新华书店
印 刷:重庆共创印务有限公司
幅面尺寸:170mm×240mm
印 张:19
字 数:344 千字
版 次:2019 年 11 月 第 1 版
印 次:2019 年 11 月 第 1 次印刷
书 号:ISBN 978-7-5621-5795-3

定 价:58.00 元

本书编委会

主　编　黄越岭

副主编　陈　良　莫　鸿　张绍鸿　金明江　李伟洲

编　委　（按姓氏笔画排序）

王科龙　朱兴林　朱志勇　刘桂金　李国旺

李俊明　李晓江　杨秀珍　杨建荣　杨剑辉

杨继仙　何智仁　陈作华　陈勐鑫　邰　丽

苗绍军　曹　蓉　普令伟　廖平艳　谭桂珍

前　言

　　教育部部长陈宝生就"教育改革发展"的相关问题回答中外记者提问时指出,我国现在有330万乡村教师,他们是我国基础教育的脊梁,更是农村孩子成长的园丁。2015年,我国出台了《乡村教师支持计划(2015—2020年)》,这是新中国历史上第一个关于乡村教师队伍建设的计划,意味着乡村教师队伍建设已经上升为国家战略。

　　乡村教师作为乡村教育改革和发展的中坚力量,其专业素养的不断提升可作为乡村教育可持续发展的内在动力。近年来,新课程改革的深入开展、素质教育的全面实施,以及网络信息技术的快速发展,在一定程度上推动了乡村教育的改革和发展。学校本位教师专业发展理论认为,源于学校发展的需要,基于问题并由学校发起和规划,在学校里组织实施,能满足教师与学校发展需要的校本研修,才能有针对性地解决教师面临的实际教学问题。

　　当前,乡村学校实施的立足学校、倚重学校、以校为本的校本研修模式在一定程度上可以作为满足乡村教师专业成长和乡村学校全面发展等基本需要的实践途径。然而,反思传统的校本研修模式在我国教育实践过程中的作用及功能后发现,其存在理论研究与实践教学结合度不强、实施过程中参与者之间的及时互动交流的需要无法得到满足、教师参与校本研修活动的时间难以统一、优质研修资源共享程度不足、资源内容不够丰富等问题,无法很好地满足乡村教师专业成长的需要。

　　2013年,教育部出台的《关于深化中小学教师培训模式改革　全面提升培训质量的指导意见》指出,要推动网络研修与校本研修整合,推进高等学校、培训机构与中小学结对帮扶,引进优质培训资源,建立校本研修良性运行机制。丰富研修主题,通过集体备课、观课磨课、课题研究等方式,促进教研与培训有机结合,切实发挥校本研修的基础作用。此指导意见为校本研修模式的改革和创新指明了方向,在此基础上,中小学校和教师培训机构进行了大胆的改革和实践,积累了一定的成果和经验。

西南大学于2012年成为教育部"国培计划"远程培训国家资质机构,先后在多个省(市)组织实施了"国培计划"远程培训项目,取得了优质的培训效果和良好的社会声誉。本书介绍了西南大学承担的"国培计划"云南省网络研修与校本研修整合示范校建设项目实施的成果和经验,反映了乡村教师培训的时代特征和乡村教育改革发展的地域特色,对于进一步深化教师培训模式改革、提升教师培训质量具有一定的参考价值和借鉴意义。本书的内容主要包括:西南大学组织实施"国培计划"远程培训的相关做法、成果与经验;乡村学校通过参与远程培训示范校建设取得的成果;示范校教师撰写的教育叙事,主题涉及教师在专业理念、专业知识、专业能力等方面的成长与收获。

乡村教师专业成长是一项长期而系统的工程,需要多方协作,共同努力。本书是西南大学培训团队和各项目所在区县教育行政主管部门,以及各示范校教师集体智慧的结晶,旨在通过总结反思进一步明确前进的方向,提升前进的动力,丰富前进的成果。实践没有止境,前进的道路上,我们将继续探索。

陈　良

2018年7月19日于西南大学心理学部

目　录

第三辑

校本研修更新教师专业理念

第四辑

校本研修丰富教师专业知识

第五辑
校本研修提升教师专业能力

附　录

绪 论 多渠道整合教师培训模式的探索与实践

西南大学网络与继续教育学院

一、需求分析

新时代,我们的教师群体也在发生着革命性的变化,教育部2015年公布的全国教师队伍基本情况显示,全国各级各类学校共有专任教师1539万人。教师年龄结构不断优化,中青年成为中小学教师和高校教师的主体。改革和创新教师培训模式,除了基于这些年轻教师的成长规律和现实需求的考量外,更重要的则是适应教育综合改革和教育现代化的要求。

自"国培计划"实施以来,我们一直致力于探索农村教师多渠道整合培训模式,即采取线下+线上混合式培训、移动式培训、集中和分散培训模式相整合的方式为教师提供培训资源和服务,给予教师无差别的受训体验,满足教师在任何时间、任何地点以任何方式接受培训的需求,使教师培训符合新时代的特征和要求。"国培计划(2015)"——云南省网络研修与校本研修整合示范校建设项目(以下简称"'国培计划'示范校建设项目")是我们探索和实践多渠道整合教师培训模式的一个典型案例。

二、主要做法

(一)分层分类配置培训资源

我们以新颖性、实用性和整合性为基本原则配置培训资源。新颖性指培训资源主要瞄准教育教学的新理念、新方法、新技术。实用性指适当减少基础性的理论资源,显著提升一线名师优质课例和经验分享与交流等实践性资源在学习资源中所占的比重,让学习资源更贴近学员的实际工作,更契合学员的现实需要。整合性指资源呈现方式灵活多样,既有专题讲座,又有教学案例和名师课例;既有培训机构预设的资源,又有培训过程中生成的优质资源。同时,在资源配置的过程中,我们始终秉承一种理念:以需求为导向,分层分类地配置资源。比如,根据教师的能力水平(新教师、一般教师、骨干教师)来分层配置资源,根据教育现代化发展规律和教师专业成长规律来分类配置资源。

(二)研、训、用一体设计培训方案

在培训实施过程中,教师们最喜欢向培训者提出的一个要求就是"请你告诉我该怎么做"。其实,教师的需求很具体,但我们在培训的时候过多地关注了"是什么""为什么"的问题,而到了关键的"怎么办"时,却轻描淡写,一笔带过。当前,基础教育课程改革正进入深水区,课堂教学的模式也在发生相应的转变,正向着"有效""高效"的方向发展。教师如何转变自己的角色,以学生为主体,有效地引导学生自主学习,成为广泛关注的焦点,也是广大一线教师最普遍、最迫切的需求。

做好教师培训需求调研和培训方案的论证工作,是保证教师培训质量的前提,也是实现教师培训专业化的突破口。教师培训不同于一般的教研活动,研训一体,并非简单地将教研与培训结合起来。培训的目的是为了提高参训教师的专业素养,促进教师的专业成长,培训是为了应用。"用"可以检验"训"的质量,也可以促进培训工作的改进。所以,研、训、用三者必须统一。近几年来,我们承担的网络研修与校本研修整合培训、教师工作坊研修、示范校整校推进教师研修、骨干教师集中培训等项目培训方案的设计,均是秉承研、训、用一体的基本理念。

(三)精准组织主题式培训内容

我们根据教师专业成长的特点和规律,凝练了若干个培训主题,再根据不同培训项目的任务和要求,选择1~2个主题作为培训的主要内容,培训的课程资源、研修活动、考核评价等均围绕培训主题来设计。我们认为,主题式培训的优点明显:第一,培训任务明确,便于学员确立学习目标,制订学习计划,并将培训内容与实际工作有机结合;第二,培训重点突出,培训内容旨在深入、精准地提升教师的相关能力;第三,不同阶段的培训内容之间逻辑关系清晰,便于系统有序地促进参训教师的专业成长。

"国培计划"示范校建设项目培训的主题分别是:

第一年度(2015年)的培训主题为"教师师德与专业理念提升";

第二年度(2016年)的培训主题为"教师课堂胜任力与课程开发力提升";

第三年度(2017年)的培训主题为"教师课题研究力与教研组织力提升"。

(四)多渠道提升学员参训动力

调动学员的参训积极性,变被动学习为主动学习,是保障教师培训质量的基本前提。我们主要从以下几个方面提升学员的参训动力:

其一,以表现性评价为主要评价方式,健全学员评价考核制度。关注学员在培训过程中的现实表现,要求学员在教学实践中应用、消化和巩固培训内容,通过多种渠道、多种方式检测学员的参训效果,保障学员有实质性收获。

其二,多渠道建立培训激励机制。对于在培训过程中表现优异的学员,以及培训效果突出的示范校和工作坊,培训机构协同项目所在区县的教育行政主管部门在物质和精神层面给予相应的激励,如提供更多的专业支持、推广优质生成性培训成果、颁发荣誉证书等,切实提高学员的参训动力。

其三,提高培训专家指导的针对性。我们特别重视来自一线的学科专家对学员的指导和引领,让学员通过与学科专家的交流和比较,认识不足,发现优势,明确方向,真正将培训中所学的知识与理念内化为自己的思想与能力,并最终促使自己实际课堂教学行为的改变。

三、创新举措

(一)培训内容设置:从固定不变到动态调整

以往的很多教师培训项目,培训内容均是预先设置的,且在整个培训过程中固定不变,这种方式很难有效地满足教师在培训过程中产生的新需求。我们实践的多渠道整合教师培训模式能够全面关注和满足教师的培训需求,同时根据教师需求的变化对培训内容做出及时的调整,提高培训实效。比如,我们会根据示范校自身发展的特点与需求,提供有针对性的培训资源和专家指导。近两年来,我们分别针对云南省建水县南庄中心校的小课题研究、丘北县第一小学的"云程"课堂建设等召开了专门的现场研讨会,在理念、内容和方法等方面给学校提出了有针对性的建议。

(二)培训方式选择:从单一零散到系统整合

传统的教师培训方式整体上是单一的,尽管近年来在不断丰富,但仍显零散,不成体系。我们的教师培训工作不拘泥于某些具体的方式或手段,而是系统整合多种培训方式,根据培训对象和培训任务的要求选择具体的培训方式。比如,线下研修活动的开展,我们除了完成主管部门规定的任务之外,还会根据学员的需求,并结合我们的培训特色,组织实施有针对性的培训活动。近几年来,我们先后组织实施了示范校青年教师教学比赛、国内学科名师和示范校教师同课异构、示范校教师微课设计比赛等活动,受到了学员的普遍认可,取得了良好的培训效果。

四、实施成效

(一)培养了一批种子教师

我们在"国培计划"示范校建设项目实施过程中重点培养与打造了若干名种子教师,通过持续的专业支持,他们当中绝大多数成长良好,具体情况在本书的"学校发展的成果"和"学员研修的成果"中有介绍。我们认为,培训不仅要让种子教师自身获得专业成长,更要让他们起到引领作用,带动区域中小学教师的共同成长,促进教育均衡发展。

(二)产出了一批优质成果

自"国培计划"示范校建设项目实施以来,我们以多种方式搜集、打磨、推广学员的优质培训成果。目前,我们已经编辑整理了学员教育叙事、教学设计与反思、课堂教学实录、具有地域特色的原创课程资源等系列"国培计划"成果集,部分成果已在我们承担的其他省市的"国培计划"或"省培计划"项目中得到推广。

(三)形成了一套培训经验

在"国培计划"示范校建设项目实施过程中,我们在做好培训前期调研的基础上,通过实践探索,在资源建设、方案设计、内容组织和管理服务等方面取得了较有价值的培训经验。

五、典型经验

(一)多管齐下,全面提升教师培训质量

示范带动、区域联动、全面推动相结合,全面提升教师培训质量。示范带动指骨干教师、工作坊坊主要带动其他学员的学习和成长;区域联动指项目县之间、项目县内各示范学校之间要实行联动,形成学习共同体;全面推动指在总结各地、各校培训经验的基础上,以点带面,整体推动教师培训工作发展。

(二)改革创新,为教师培训增添活力

事实证明,传统的教师培训在理念和方式上都难以满足教育发展和教师专业发展的需求,只有改革创新才能为教师培训工作增添活力。近年来,我们对教师培训的改革创新做出了一些有益的探索,但所做的还远远不够。时代在发展,改革没有止境,教师培训工作者需要继续努力。

(三)注重实效,为教师培训提供动力

当前,教师培训最突出的问题是缺乏针对性和实效性,没有解决好教师发展和教学工作中的现实困惑和问题。为此,我们进行了很多探索,取得了一些较有价值的经验,这些经验在理论上追求创新,符合新时代对教师培训的新要求;在实践上具体可行,为新时代教师培训模式创新提供了现实借鉴,具有一定的推广价值。"初生之物,其形必丑。"现有的经验都是初步的,我们还有很多疑惑有待解答,很多做法有待实践的检验。"独行快,众行远。"我们也期望参与教师培训的机构和专家学者能够搭建一个开放的交流平台,彼此分享,相互学习,共同为改进和提升教师培训的质量而不懈奋斗。

　　实现教育均衡发展，着力提升农村学校和薄弱学校的办学水平，全面提高义务教育的质量，除依靠政策支持以外，乡村学校应为自己找到一条切实可行的实践路径。促进学校发展是校本研修的目标之一，也是校本研修实效性的具体体现。乡村学校应始终将校本研修作为促进学校发展和教师专业成长的有效途径，坚持"以校为本、研训一体、群体协作、解决问题"的基本理念，切实开展在综合教育改革背景下的校本研修，多角度、多方面整合力量，创造良好的校本研修生态环境，让校本研修真正成为教师发展的源头活水，成为学校内涵发展的基石，成为学生成长的不竭动力。

园本研修促进幼儿园内涵发展

云南省个旧市大屯中心幼儿园

大屯中心幼儿园(以下简称"我园")坐落在个旧市东北部的大屯镇开发区,是一所民办幼儿园,2002年9月正式建园,当时占地面积1591平方米,面积小,容量少,办园条件有限,难以满足周边孩子入园的需要。为了让农村的孩子们也能享受到优质的教育资源,我园多方筹措资金,投资1700万元,于2013年建成一所占地面积3983平方米,建筑面积5123平方米,活动室面积3114平方米,户外活动面积2760平方米,生均占地面积11.06平方米,生均建筑面积14.19平方米,生均户外活动面积7.7平方米,生均活动室面积8.7平方米的现代化幼儿园。历经多年磨砺,我们用智慧书写历史,用真情牵手童心,用爱心放飞梦想。幼儿园得到领导的赞扬:这是一所有发展潜质和被社会认可的幼儿园。随后,我园荣获"云南省首届民办教育优秀幼儿园""中国教育学会家庭教育指导实验基地"等称号。我们的奋斗目标是进入省一级示范园,走内涵发展之路。正当我们陷入困惑、纠结之时,经过推荐、申报、批准,我园有幸成为"个旧市农村幼儿园教师远程培训网络研修与校本研修示范园"以及"'国培计划(2015)'送教下乡基地幼儿园"。

"国培计划"示范校建设项目让我们看到了农村学前教育的未来。尤其是网络研修和校本研修的整合,为我园教师提供了资源共享的平台,转变了教师的教育观念,开拓了教师的教研视野,提高了教师的保教水平,激发了教师的创新意识,加速了幼儿园的内涵发展,提升了幼儿园的综合实力,增强了幼儿园的发展后劲。

三年来,在上级主管部门、西南大学的关心、帮助、指导下,我园凭借优越的环境、优质的管理、优秀的师资等办学优势,2015年荣获"大屯镇先进集体",被评为"个旧市平安校园",成为"红河州民办教育协会理事单位";2015年、2016年、2017年成为"个旧市'国培计划'送教下乡基地幼儿园""个旧市网络研修与校本研修示范幼儿园";2016年被评为"个旧市卫生保健合格幼儿园";2017年顺利晋升为云南省一级三等示范幼儿园;2018年荣获全国小康轩大型户外游戏三等奖。我们正朝着云南省农村学前教育知名幼儿园的目标迈进! 因此,大屯中心幼儿园被人们誉为"希望的田野""鲜花盛开的乐园""幼儿快乐成长的理想之地"。

回顾幼儿园的成长经历,我们深刻感悟到:"国培计划"示范校建设项目对我园的发展产生了极大的推动和影响,成为我园促进内涵发展的重要途径和手段。三年的探索与实践,我园取得的主要经验和创新做法是:统筹规划,做好三个整合;有效推进,实施三个结合;实践创新,进行三个优化。

一、统筹规划,做到三个整合

1.观念整合

观念是教育行动的先导,是校本研修的灵魂。我们常说,一所幼儿园要有长足的发展,更新教师观念必不可少。在教育发展日新月异的今天,学前教育的各种理念也在发生着翻天覆地的变化。

长期以来,我园部分教师的保教观念比较单一、狭窄,更新较慢,总认为幼儿园把幼儿管好,让他们吃好、睡好、玩好就行,哪来那么多观念。这种观念不仅制约了教师个人的发展,也影响了幼儿园的发展。西南大学提供的远程培训平台,正好解决了我园教师"新观念"的来源问题。当然,对于农村幼儿园来说,我们也不能把城市里的先进教育理念拿来就用,一味地追求"高大上",这样反而会变成"东施效颦"。所以,分析我园现状,对照先进理念找出存在于管理层面和教育保教观念中的误区,就显得尤为重要。我们针对观念误区,组织专题学习,开展主题讨论,融入幼教实践,学校、教师的观念发生了可喜的变化。

表1 观念整合前后的区别

观念整合前	观念整合后
园本研修的内容由园长制订	园本研修的内容不仅仅由园长制订,还可以来自: (1)各年级组组长带领自己的团队成员期末梳理出各自的不足,整理出"学习需求",反馈给教研副园长 (2)教研副园长制订适合幼儿园发展、教师发展的研修计划,由园长统筹监督 (3)教职工有研修的需求

续表

观念整合前	观念整合后
幼儿园领导班子不用参与到园务工作计划的制订中来	幼儿园领导班子参与园务工作计划的制订,才有利于做出合理的发展规划,解决幼儿园管理中的实际问题
对于年轻教师、新教师的培训采取任其自由发挥、由老教师手把手教或是简单培训的方式	重视幼儿园相关的政策法规、幼儿园规章制度、幼儿教师职业道德、幼儿教师礼仪规范与专业技能、安全工作、家长工作的培训
教育只在集中教学活动中进行	教育要贯穿于幼儿一日活动中
五大领域的教材内容只能通过集中教学活动开展	五大领域的教材内容可以采用多种形式进行教学,包括集中教学、分组活动和幼儿的自主探索等
保育员只完成保洁工作,不需要参与教育教学活动	保育员除了保洁工作外,同样承担着教育的任务,孩子良好的生活习惯、卫生习惯的养成,需要保育老师的言传身教
幼小衔接在大班才需要注意,小班、中班不用管	幼小衔接在小班的时候就开始了,孩子良好学习习惯的培养开始得越早越好,可以为以后的学校生活提前做好准备
重集中教育活动的组织,轻区域游戏活动的组织	集中教学活动只是一日活动中的一个环节,不能占据大部分时间,孩子的发展也离不开区域游戏、户外自主游戏等活动

观念整合,付诸行动。其最大的成效就是促进我园的一日常规、区角活动的开展日趋规范、日渐成熟,有效地避免了简单化管理、小学化倾向。

2.组织整合

为了做好网络研修示范幼儿园和"送教下乡基地幼儿园"的相关工作,我园依据云南省教育厅《"国培计划(2015)"——云南省农村中小学教师远程培训网络研修与校本研修示范校建设方案》的精神和个旧市教育局的要求,紧扣项目工作要求,进行组织整合,确保研修工作顺利开展。

我园积极与西南大学专家团队对接,制订示范园建设方案:园长杨继仙任组长,为幼儿园建立园本研修制度的第一责任人;分管教学和教研的副园长赛丽芝、肖云秋任副组长,为幼儿园组织园本研修工作的具体负责人;教研组组长李露负责日常管理工作,结合教研组、年级组的力量,确保园本教研工作的顺利开展。教师培训工作由园长全面负责,教研副园长组织管理,教研组、年级组具体实施,在职教师全面参与。

第一，制订《大屯中心幼儿园网络研修与校本研修示范校建设方案》，确立"专家引领、园内跟进、常态发展"的思路，积极有效地开展网络研修与校本研修。

第二，鼓励教师参加网络研修及送教下乡的学习培训，派出教师到重庆，浙江，云南曲靖、个旧、蒙自等地学习先进经验。

第三，参加个旧市教科所组织的"国培计划（2015）"送教下乡活动，组织大屯片区幼儿园教师的学习培训，教育部门领导和幼教专家团队多次到我园给予直接的指导和帮助。

第四，建立健全的教研制度、培训奖惩制度，以幼儿园3~5年规划为蓝本，结合"国培计划"的培训项目，合理安排、科学设计年度教师培训内容，完善培训制度，鼓励和支持教师参加培训，切实保障教师的培训时间和培训效果。

第五，全程监督和管理教师的参训情况，从人力、物力和时间上确保教师参加"国培计划"示范校建设项目的周期培训，高质量完成培训任务。

3.策略整合

幼儿园的每一项工作，都是需要教师用心投入的。为了让全园教职工积极参与到幼儿园的建设与发展工作中，促进教师个人专业化的发展，也为了避免教师因培训力度的加大产生学习疲劳、被动参与园本研修，完善幼儿园的激励机制尤为重要。

第一，开展"缘聚为幸，有你是福"家园联谊活动，给吃苦耐劳、辛勤工作、为幼儿园的发展做出努力的教职工们设置了"保教运营奖"。

第二，为积极展示个人教学风采、敢于承担示范课的教师设置了"教育教学奖"；为支持幼儿园工作、积极配合教师开展班级工作并做出贡献的家长设置了"家园共育奖"。以此增强了教师的凝聚力，让教师们的个人成就感和集体荣誉感油然而生，更促进幼儿园与家长达成"家园共育"的共识。

第三，每逢妇女节、教师节，幼儿园都会组织一系列丰富有趣的职工联谊活动，如教师篮球友谊赛、师德师风演讲比赛、歌喉大比拼等，既融洽了同事间的关系，又提高了教师们的技能，为教师们营造出了"人无我有，人有我优，人优我精"的学习氛围。

第四，坚持园本教研理念，专业引领、同伴互助、自我反思，为教师搭建研修平台，促进教师专业发展，不断提升教师核心素养，全面提高保教质量。

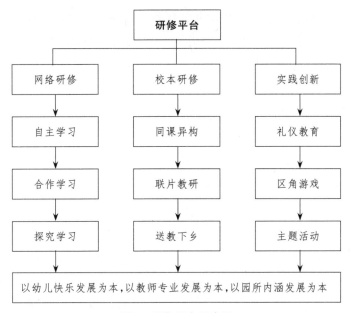

图1　研修平台示意图

二、有效推进,实施三个结合

1.园本研修与网络研修相结合

以网络研修和校本研修相结合的工作精神为指导,以教育科学研究为主线,全体教师参加网络研修的线上培训,有些教师虽不是在册的学员,也积极参与到其中来。

一是强化学习、反思、实践、引导,帮助教师实现专业化发展。此举提升了教师们的园本研修、教育教学等专业能力,培养和造就了一批教育观念新、知识视野宽、具有高尚师德修养和较强的教学能力的骨干教师队伍。

二是依托网络研修这个平台,在专家的指导下,结合农村幼儿园教育教学工作中存在的实际问题,拟定了研修的课题《农村幼儿园礼仪教育的探究与研究》。同时,还开展了以礼仪教育为主题的公开观摩活动。

古人云:"人无礼而不生,事无理则不成,国无礼则不宁。"在农村,礼仪教育是比较缺乏的,主要表现为:文明礼仪意识较淡薄,只是片面地教会幼儿识字、认数,只重视孩子的智力教育,忽视孩子的行为培养。特别是由老人照顾的孩子,存在任性、自私、以自我为中心,与人交往不懂谦让、没有礼貌,公共场合不遵守秩序等问题。为此,我园把幼儿礼仪教育作为园本课程进行初步的尝试,以"满园春色关不住,礼仪之花处处开"为题目开展了探究,聘请专业礼仪讲师对教师们进行面对面培训,将礼仪以故事、儿歌的形式展现出来。我园设置了礼仪教育长廊,让幼儿园环境中的每一个细节都做到润物细无声,传达着幼儿园的办学理念和文明礼仪知识;开设礼仪课程,激励幼儿园师生积极学习礼仪,推动主题活动的深入开展。

教师们不仅接受通识培训,还参加专业培训,积极完成研修作业,提交教育叙事、教案、学习心得。我园根据研修平台所列模块,进行任务驱动,精选研修课程,组织反复研讨,融入教育实践。

除了以上活动,我园还结合线上学习,组织全体教师开展了制作玩教具的比赛,全园的教师都参与其中,根据自己的想法和需要制作了玩教具。

依据个旧市"国培计划"送教下乡活动安排,我园结合网络研修与"国培计划",在2016年1月开展了中大班语言领域的同课异构的公开观摩课,针对同一个教学内容设计出不同的教学模式和教学方法,并展开热烈的讨论。在这样的活动中,教师们取长补短,汲取精华,理论知识得到了丰富,实践运用能力得到了很大的提高;对怎样制订活动目标、确立活动重难点、设计活动过程,怎样有效地提出有针对性的问题等环节也有了更清晰的理解。在活动中发现问题,帮教师解决问题,提高教师在语言教学方面的能力,从而也让孩子们获益。

为了深化教师们在语言领域的学习,我园特派教师到曲靖师范学院参加培训,参训回来后把学到的内容如幼儿园故事教学等,向本园教师进行传达,大家结合自己的经验和观点进行沟通交流。交流活动邀请市教培中心的专家领导及姐妹园所的部分教师参加。各位专家毫不保留、客观犀利的点评和诚恳的建议,让教师们茅塞顿开、收获颇多。

我园还开展"学指南、写心得"征文比赛,以"表扬孩子的100种方法"为题,要求教师写一篇情真意切的教育笔记或随笔,不少教师圆满地完成了任务。

学习永无止境,2017年,我园组织教师到红河州机关幼儿园和蒙自市机关幼儿园学习"如何使课程游戏化"。这次学习,让教师们大开眼界,身临其境地感受了什么是"课程游戏化"。这是一种打破了年龄的限制、老师的限制、场地的限制等多种局限的游戏方式,让幼儿可以大胆游戏的新型"课程",教师要做到的是"管住嘴,管住手,睁大眼"。这样的课程模式,要求教师必须切实转变观念,树立正确的儿童观、课程观,将游戏和集中教学活动融为一体。我园教师正努力学习和实践。

为了提升自己,我们始终坚持线上学习,线下实践。我园组织教师参与曲靖师范学院的专题培训,并学以致用。参加"国培计划"期间,我园设计了一节幼儿园大班社会领域的集中教学研讨活动"看不见的世界",让幼儿理解盲人的生活,知道关爱残疾人士,学会主动帮助残疾人。活动获得了观摩教师的好评,教师组织教学活动的自信心和能力得到大幅提升。

2.集中研修与自主研修相结合

西南大学的周娟娟老师曾说过:"园本研修是一个持续学习、研究、研讨的过程。"所以,我园在开展研修时,依据云南省教育厅《"国培计划(2015)"——云南省农村中小学教师远程培训网络研修与校本研修示范校建设方案》的精神,采取了"三分"办法:分层推进、分类研修、分项实施,努力把园本研修持续下去。具体做法如下表。

表2　"三分"办法表

分层推进	分类要求	分项实施	研修要求
骨干教师	骨干教师外出学习,回到幼儿园后整合所学内容,以学习汇报、课例展示、交流研讨等形式,每学期至少提供一次培训,带动普通教师参与学习	开展的活动有:学习《幼儿园区域活动的设计与指导》《3-6岁儿童学习与发展指南》,教学技能培训"幼儿园教师说课专题教研""礼仪教育观摩活动""班级区域活动的组织观摩活动""语言领域活动专题研究"等	此项活动要求全员参与,集中研修
学科带头人	学科带头人发挥各自的特长,整理出特长领域的教学经验,以专题讲座、实操培训、课例研讨等方式提供培训资源	开展的活动有:"幼儿园教师礼仪规范的学习""幼儿教师讲故事技能培训""幼儿园教师玩教具制作实操培训""幼儿园教师硬笔书法实操学习""幼儿园教师美术技能技巧实操培训""幼儿园五大领域的学科特点及教学整合""幼儿园工作坊研修——小班区域活动'美工区'材料的准备与投放"等	此项活动由年级组组长组织成员自由选择喜欢的内容参与研修

续表

分层推进	分类要求	分项实施	研修要求
年轻教师和新教师	积极参加幼儿园组织、安排的各类培训,剖析自身的不足之处,让自己尽快地成长起来	每周插班观摩一次活动,观摩内容不限,集中教学、区域活动、户外游戏等均可,观摩后填写听课记录表;完成与以上培训相关的听课记录、培训笔记、心得体会、教育笔记的书写。利用业余时间,每学期看一本好书(建议选择与学前教育相关的),写读书笔记至少一篇。每学年制订个人职业发展规划。参加西南大学网络研修与校本研修项目的学员积极完成研修任务	此项活动为自主研修

"三分"办法的实施,促使园本研修的开展更加规范有序,大家形成了"每项研修活动的开展都有计划,计划的实施过程有记录,计划完成后有总结、有成果"的认知。因此,"国培计划"的实施,让教师们对于研修活动的持续性、研修内容的连贯性有了深刻的认识。

3.线上学习与线下实践相结合

在研修活动中,不仅是年轻教师、新教师需要发展,骨干教师、学科带头人更需要发展、提升。教师在线上自主研修得到的东西,光自己"偷着乐"是不行的,他们还需要一个线下交流讨论的机会,让大家把各自的成果进行分享,最终大家"一起乐"。这就需要幼儿园来提供平台,为此,我园采用了线上学习与线下实践的"三子"做法。

表3 "三子"做法表

名 称	做 法
结对子	网修学员与新教师结成师徒互助关系。每学期开学初,幼儿园拟定出师徒结对名单,定出"签约"日期,通过仪式完成结对
压担子	"师傅"要对"徒弟"本学期参加研修需要完成的任务提出明确要求,形成任务清单
搭台子	幼儿园提供展示平台给"师傅",让"师傅"有机会得到更高层面的提高,如园内示范课展示、论文比赛、教学活动比赛、同课异构、送教下乡等

"国培计划"示范校建设项目提供给我们的学习课程,让我园"结对子"的

"师傅"有了很大的底气,他们首先自己认真参与学习,然后结合实际挑选适合"徒弟"学习的课程内容对其进行指导,带领"徒弟"一起完成项目导师布置给学员的任务,让"徒弟"跟着一起完成了园本研修与网络研修的"四个一"和"四个写"的任务,即读一本教育专著、做一个活动设计、上好一节示范课、参加一个课题研究;写一篇读书笔记、写一篇心得体会、写一篇教学反思、写一篇教育叙事。这样的要求和训练,使幼儿教师的教学设计能力和教学水平得到了很大的提高。

在此期间,我园每学期结合网络研修课程内容的要求,在园内开展了多次研修活动,这些活动很大程度地给"师傅"提供了"用武之地":在幼儿园礼仪教育科研活动中,指导线下教师学习教学活动的设计与实施;参加个旧市幼儿教师论文比赛的网修学员均获一等奖或二等奖;参加工作坊研修活动时,借助网修课程,制作PPT做了专题讲座"幼儿园小班美工区的设置与材料投放";在语言领域活动专题研究活动中,以同课异构的形式进行了看图讲述、故事教学的课例展示;在优质课评比活动中,多名教师大展身手,赢得了教育教学奖;在大班社会领域活动"看不见的世界"课例研讨活动中,经过大家的反复磨课,"师傅"最终在第三阶段的送教下乡活动中得到了展示机会……平台是无限大的,只要你敢想敢做,那么,你的心有多大,它就有多大。

三、实践创新,进行三个优化

1.课程游戏化

《幼儿园工作规程》指出,幼儿体育活动要努力促进幼儿身体正常发育,机能的协调发展,体质的增强,培养幼儿对体育活动的兴趣。《幼儿园教育指导纲要》也强调,幼儿园应为幼儿提供健康、丰富的生活和活动,满足幼儿多方面的需要,让他们在快乐的童年生活中获得有益于身心发展的体验。

幼儿篮球活动属于有氧活动,幼儿经过适当的运动刺激,心血管、呼吸、血液和肌肉的机能会逐渐得到改善,这会促进幼儿身体的正常发育,达到增强体质的目的。实践证明,对幼儿进行篮球训练,能够增强其心理素质,有利于其心理健康。如何正确地开展幼儿篮球活动呢?在"国培计划"的牵引下,2016年3月我园开展了大班幼儿篮球的园本教研,首先以篮球的球性练习来引导幼儿的兴趣,开展课程游戏化活动。立足于网络研修课程"幼儿游戏活动的组织与指导",我园做了尝试性的探索与研究。

（1）活动目标。一是让每名孩子都能够积极主动地与同伴一起投入活动中,对活动产生浓厚的兴趣;二是积极探索与同伴间运球的各种方法,团结合作,遵守规则;三是丰富玩球的多样性。

（2）方法策略。在玩的过程中,教师先示范,幼儿整体认识,然后教师分解每一个动作要领,让幼儿进行学习,再把玩球的动作要领、规则编成朗朗上口的儿歌。如:拍球"手当花帽盖住球,手眼协调很重要;一上一下膝稍屈,指根掌沿拍拍笑"。教师在每一个活动前都要提前做好计划,学会并掌握篮球的基本知识点和动作要领,再去指导孩子,这样充分调动了教师的参与意识和积极性,促进了教师的专业发展,为形成园本特色的课程游戏化奠定基础。教师在教学实践—反思、分析—寻找解决方法—教学实践的过程中,知识得到了增长,能力得到了同步提高。

2.区域角色化

环境与孩子始终是共存的。孩子依赖环境并作用于环境,而环境的创设来源于孩子并反映孩子的生活。本着让幼儿回归自然、让教育回归生活的理念,我园利用户外场地开阔的特点,精心创设自然气息浓郁的校园环境及具有探索性和成长性的学习环境,设置有生活区、建构区、表演区、游戏活动区、开心农场、动物驿站等,努力让每一个孩子都参与生活体验活动,接受启蒙教育。

结合网络研修内容"幼儿园活动区空间环境的设计与布置",我园在2017年9月开展了"幼儿园区域活动的有效性研究"科研课题的探索,分别从幼儿园区域活动的创设与材料的投放及幼儿园区域活动中教师的观察与指导等方面进行深入的研究和探索。目的是把最真实的游戏材料、场地、规则放手给幼儿,让幼儿自主地游戏和学习,并构建属于自己的知识经验。改变传统的教学方式和教师的教育行为,尝试适度改进整齐划一的集体教学模式,以幼儿的需要为出发点,利用室内外游戏区域,开展个别化学习,帮助教师学会观察幼儿,分析幼儿行为,把握支持幼儿的时机和方法,构建园本课程。让幼儿园的区域活动能真正促进孩子的发展,让孩子可以根据自身的速度和方式到达《3-6岁儿童学习与发展指南》所呈现的发展"阶梯"。

在生活体验环节和集中教育环节,充分尊重幼儿身心发展规律和年龄发展特点,将知识经验融入幼儿感兴趣的游戏之中,让幼儿在游戏中通过与材料、同伴、老师的互动来达到教育目标,帮助幼儿逐步养成积极主动、认真专注、敢于探索和尝试、乐于想象和创造等良好的学习品质。

(1)制作班级一日活动问题查找卡,讲解查找的要求、内容和时间,全园教师针对生活运动、集中教育活动、区域活动和户外活动四个环节进行问题查找(3月针对生活活动,4月针对集中教育活动,5月针对区域活动,6月针对户外运动)。

(2)发放问题查找卡到各个班级,请班级教师先对班级的这四个环节进行自我查找,及时诊断问题,做出归因分析。

(3)教研组成员对全园各班级进行问题查找,提出问题,给出整改建议,确定整改时间。

(4)班级教师针对教研组给出的建议,结合自己班级自我查找发现的问题,提出切合实际的整改措施。

(5)教研中汇总各班存在的共性问题和个别问题,大家集体商讨出本组的整改策略,有效执行。

(6)根据整理的情况及整改措施,各级部调整一日生活四个环节的组织方式,使区域角色化教学真正落到实处。

3.活动主题化

我园在组织主题活动时,秉承"幼教之父"陈鹤琴先生的"活教育"思想体系,把大自然＋大社会作为出发点,让孩子们亲近大自然、走进大社会,在丰富多彩的活动中认知、探究自然和社会的真谛。抓住节日活动的教育契机,创设体验情境。结合相关节日,开展节日主题系列活动,让孩子主动参与,培养自我教育能力。如:每年妇女节"玫瑰飘香 因你而浓"活动,让孩子为母亲做一件事(自制小礼物、洗脚等)让母亲开心;儿童节做一件令自己最满意的事;教师节"尊师明德 立志点灯"活动,让家长和孩子都懂得应该尊敬老师;国庆节向祖国母亲道一声祝福;元旦节向亲人送上新年祝福……由于坚持,幼儿已经形成了习惯,每个节日都会主动付出自己的劳动,送出自己的祝福,德育已悄然渗透。

我园还开展了"小手拉大手,文明路上一起走"的主题活动。利用家园联系手册推动活动开展,从"孝敬长辈、帮做家务"入手,带动家长共同进步。小朋友们在园外受到的不良影响大大减少,园内教育更加有效了。在家园联系手册中,一位家长写道:"我家的孩子,回到家就成了小监督员,不允许我抽烟,不允许我出去打麻将,还头头是道地讲着大道理。看到孩子在老师的教育下讲文明、懂礼貌,我非常高兴,为了孩子能健康成长,我一定大力支持幼儿园的工作。"我们为幼儿创设条件与机会,提供时间与空间,组织实践与交往,充分发挥幼儿的主体性,让幼儿走出幼儿园,走向社会。如我们在组织主题活动中,组织幼儿在美食城购物,为幼儿提供独立购物的机会。在购物过程中,引导幼儿如果碰到困难,应有礼貌地求助,能与扮演营业员的老师和同伴交往。同时引导幼儿心中有他人,购得食物与成人一起分享。在组织亲子春游、秋游活动时,活动前我们让幼儿一起讨论公共场合的一些礼仪、行为要求,活动中引导幼儿争做文明的旅游参观者,文明对待公共场所的一切设施设备,文明对待小动物,保护自然生态环境,花草树木不能随意破坏。不能在柱、墙、碑等建筑物上乱写、乱画、乱刻;不要随地吐痰、随地大小便、污染环境;不要乱扔果皮、纸屑、杂物等。在活动过程中,幼儿的行为督促和影响着家长,如有一位小朋友的妈妈随手把擦汗的纸巾扔在地上,孩子见了就说:"妈妈,你这样是不讲卫生的,应该把纸巾扔到垃圾桶里。"这说明幼儿的行为能影响家长,辐射社会。

在我园丰富多彩的主题活动中,教师和家长共同见证了孩子们的进步和成长,收获了童心童真带给我们纯真的感动与激动。

"千淘万漉虽辛苦,吹尽狂沙始到金。"杨继仙园长主持的市级一般课题"幼儿生活礼仪的培养与研究"于2015年底顺利结题,2017年12月申报的"幼儿园田野教学的实践研究"已立项;肖云秋老师和杨润老师申报的市级微型课题"'沐浴阳光、健康成长'课间户外活动的实践与研究""小班幼儿尽早适应集体生活的方法研究"已立项。目前,州级课题"幼儿园田野教学的实践与研究"正在申报中。

在2015年个旧市幼儿园学习《3-6岁儿童学习与发展指南》征文活动中,我园多名教师荣获奖项;论文《幼儿生活礼仪行为的培养与研究》《良好文明礼仪环境在教育中的作用》在2015年云南省教育研究论文竞赛中分别获一等奖、二等奖;肖云秋老师、姚晨秋老师被聘为2016年10月至2017年7月幼师"国培计划"项目个旧市送教下乡的授课教师;徐珊珊老师被聘为2017年9月至2018年7月幼师"国培计划"项目个旧市送教下乡的授课教师。

一分耕耘,一分收获。网络研修与校本研修整合模式实践,让我们重新审视自己的教育行为,对自己以前的教研有了彻底的反思,老师们不但学有所获,更重要的是做到了学以致用。

四、存在的问题及努力方向

三年的学习与反思、实践与创新，让教师的专业素养在互动中得到提升，让幼儿园的内涵发展在探索中得到升值。通过三年的网络研修与园本研修整合模式实践，我们对以下问题进行了思考。

一是如何让网络环境下的园本研修更能带动教师的专业发展。现代教育技术的发展促进了教学质量的提升，也让教师获得了更多的学习资源。积极开展网络环境下的园本研修是推动教师走向专业化发展的重要途径，而教育资源的提供起着重要的支撑作用。教育资源的提供是否及时、有效，与现代教育发展是否相吻合？学习方式是否能更加开放、灵活？全面调动教师自主学习的积极性、主动性，有一定的激励机制。

二是如何让网络环境下的园本研修更有实用价值和应用前景。我园属民办园所，前期对园所的硬件投入资金庞大，设备的更新有一定的困难，再加上幼儿教师的工作量相对较大，研修学习时间只能放在工作之余。如果专家除远程教育外，还可以定期下基层进行面授，与教师面对面交流，指导工作，更能推进网络研修和园本研修的整合发展，更能让专家了解基层园所的教育需求。

三是让网络研修与校本研修整合，促进特色打造和内涵发展。我园有宽敞的户外活动场地，利用场地条件，有效开展了户外体育活动大循环、幼儿篮球运动、礼仪教育主题实践活动、田野教育体验活动，希望能够通过精心打磨，成为鲜明的办园特色。

一路艰辛，一路欢歌。三年的网络研修与校本整合模式实践，我们有困惑，有喜悦，有反思，有突破。成绩属于过去，研修之路长远。我们会克难攻坚，我们会拼搏向上，走进新时代，迎接新挑战，为实现"云南省知名农村幼儿园"的目标而努力奋斗！

创新校本研修模式,引领学校全面发展

云南省个旧市第十五中学

个旧市第十五中学始建于1986年9月,至今已有30多年的办学历史。学校现有在校学生1172人,其中普通高中教学班10个,学生388人;初中教学班19个,学生784人。学校秉持着"师生为本,和谐发展"的办学理念和"爱校爱生,严谨治教"的教风,期望学生成为有知识的人,成长为完整的人。

2015年,在云南省高完中教学水平综合评估中,我校被评为云南省二级二等学校,同年"国培计划"示范校建设项目也拉开了序幕,为我校的再发展、教师再成长提供了极大的支持。经过三年的学习培训,个旧市第十五中学的111名教师在教研会中求同存异,在课堂上尝试新法新样,付出了汗水,重拾了信心,收获颇多。

一、组织保障,确保校本研修有序开展

(一)领导重视,大力支持

1.建立机构

学校成立了网络研修与校本研修整合工作领导小组,由校长任组长,分管副校长任副组长,教科室主任、教务处主任和学科教研组组长任组员,确保各项研修工作有计划、有组织、有实效地开展。领导小组下设办公室,办公室设在教科室,由教科室主任任办公室主任。

2.落实责任

组长是校本研修的第一责任人,负责总体策划、全面组织、全权保障、全程管理;副组长具体负责校本研修的各类计划,制订相关制度,改进培训和教研工作,促进教师专业发展,提高教学质量;教科室主任和教务主任负责日常管理工

作,做好相关资料的整理、考勤、考核等工作;教研组组长、备课组组长负责组织本组的力量进行日常校本研修活动的开展,确保校本研修与"国培计划"网络研修整合工作的实效性。

(二)完善制度,保障校本研修的有效性

为了更好地提高网络研修与校本研修整合的有效性,确保校本研修与网络研修整合工作有效开展,真正达到"国培计划"促进学校校本研修全面发展的目的,进一步完善激发教师专业发展的内在动力的各种激励机制,将规定任务和自主任务的完成情况都纳入考核范围。

结合本校的实际情况,学校在原有制度的基础上,坚持以人为本的理念、和谐发展的目标,进一步完善教研制度,先后制订了《个旧十五中网络研修与校本研修工作方案》《个旧市十五中"创新杯"课堂教学竞赛活动实施方案》《个旧市十五中教师听课评课制度》《个旧市十五中三级磨课实施方案》《个旧市第十五中学新课程改革实施方案》《个旧市第十五中学微型课题研究管理办法》等方案和制度,保障了学校网络研修与校本研修整合活动实施的有效性和实效性。

(三)克服困难,保障教师参与研修的时间

学校"国培计划"活动,教师全员参与。作为学校的一线教师,他们都有着繁重的教育教学任务,有许多人还担任班主任工作。为了解决他们的后顾之忧,保证他们积极外出参加培训,学校克服较大困难在经费上给予极大的支持。在他们培训期间,学校还安排大量的人员为他们代课(代理班主任),使教师能安心进行培训,极大提高了教师的参与度和学习的效率。

二、多样教研,促进教师在校本研修中成长

校本研修旨在优化本校的师资队伍结构、提高教师业务水平、促进学校整体发展。我们立足本校实际,突出自身办学特色,在网络研修与校本研修整合活动中,将校本研修与本校教育教学实践和师资队伍建设实际相结合,努力探索适合本校特点的研修方式,结合区域和学校实际情况,科学设计,灵活运用。

(一)专家指引,提升理念

学校鼓励教师积极参与在"国培计划"示范校建设项目培训中的专家案例

点评、交流研讨。学校采取请进来、走出去的方式,让教师在学习交流中成长。通过西南大学"国培计划"专家团队的引领,教师自主研修,从典型案例中获得启迪、寻求解决问题的思路和方式。这种模式具有较强的针对性,效果较好。通过教师参与式的研讨,引导教师运用课改的理念,对课例进行分析、模仿、借鉴,从中领悟一些新颖的教学方式,启迪自我的课堂教学,取得了很好的效果。

(二)校本教研,提升能力

1.以研促教,提升教师教学水平

通过本次"国培计划",我校的受训教师积极探索、大胆尝试,形成了我校特有的"3+4"教研课模式。"3"是任课教师上课采用教研组、备课组、教师个人的三级反复磨课形式。"4"是指各年级在月考、期中考试、期末考试中实行四级质量分析,即考试结束后及时组织相应学科的教师在班级里对学生进行质量分析;年级组召开年级任课教师会进行质量分析;下一周备课组会或者教研会,由备课组组长或者教研组组长组织相应学科教师进行质量分析;最后由教务处代表学校对本次考试进行质量分析。通过四级质量分析的教研模式认真查找教师在教学中存在的问题,及时找出解决办法,有效地提升了教师的教学能力。

2.以微型课题为抓手,开展系列式主题教研活动

通过"国培计划",我校教师认识到教师专业化的本质是教师教育科研能力等的专业化。良好的教育科学素养是教师从业的必要条件,从事研究工作是当代教师职业的重要特点。立足我校实际,教科室制订了微型课题研究项目,使教师回归到其职业特性的本来面貌上,促进教师不断地构建和更新自己的专业内涵,求得自己与时俱进的专业发展;希望通过有效研究,探讨教育的新途径和新方式;通过课题的推行实践,倡导教育教学的研究性理念,创设教研氛围,为服务学生、发展教师提供一个切实可行的平台。各教研组每学年针对当前我校实际教学中所面临的问题,提出研究性学习的可行性对策与方案,探索可持续发展的新模式,找出师生互动、科学传承的新思路、新方法,切实提高教学质量,适应多层次、多功能的时代发展需要。三年来,学校共计开展了46个校级微型课题的研究、3个市级微型课题的研究。

3.集体备课,形成具有校本特色的磨课形式

备课作为学校的教研常规工作,对于提高课堂效率、促进教师专业化成长,有至关重要的作用。学校教科室在日常教研中,逐步形成"三级磨课"的集体备课形式。一级磨课:每次教研活动之前,给定集体备课的主题,要求每一个教师在活动前,必须潜心研究教材、研究标准教案,认真进行自主备课,形成个案;二级磨课:活动中由本年级备课组教师进行集中备课,参照个案讨论,达成共识;三级磨课:由本教研组教师在一起集体磨课,对备课组达成的共识进行反复的研讨、修改,真正形成集体教案,使教师们专业知识和教研能力在集体备课中得以成长。

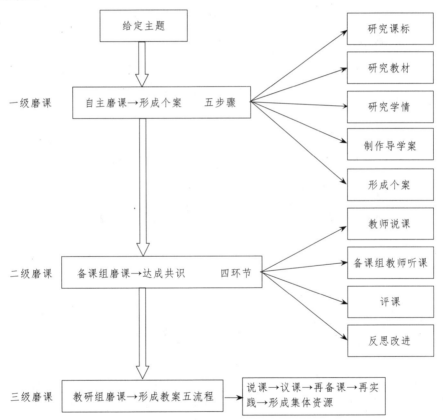

图1 "三级磨课"集体备课模式

平时扎实做好备课组活动,大力推进有效教学。实施"紧扣课标、精讲精练、少讲多练、有效授课、合作探究"的教学模式,倡导"大胆创新和整合教材,向40分钟要质量、要效益"的课堂教学思路。强化集体备课,做到"五定""四步骤"

"四统一""两检查"。"五定":定制度、定时间、定地点、定内容、定主备课手;"四步骤":个人(主备课手)初备、集体讨论、课堂生成、个性完善(二次备课);"四统一":统一教学目标、统一重点难点、统一进度、统一作业;"两检查":期中考后、期末考前进行教案检查。

(三)校际合作,共同发展

1.结对扶贫

按照"国培计划"示范校建设项目的要求,结合我校的实际情况和地区特点,学校与个旧市七中建立了网络研修与校本研修整合扶贫结对关系,让教师们在校本研修校际合作过程中使自己的教研能力与教学水平得到提高。

2.区域研修

在"国培计划"示范校建设项目实施过程中,个旧市北郊与南郊地区实现了教研互动,形成了北郊联考。

3.组织活动

三年来,我校承办了个旧市初中数学、物理、体育等科目的送教下乡活动。该活动搭建了校际交流的桥梁,促进了校际联动、优质教育资源的共享,通过自我反思—同伴互助—专业引领,开阔了乡村教师的视野。

(四)多元培养,全面成长

1.送教下乡培训,促进优秀教师成长

我校四名优秀教师被个旧市教育局受聘为送教下乡授课教师,在三年不间断的培训后身怀技能回到学校,对我校全体教师开展专题培训。专题包含方法、策略、运用、实施等多个方面,其中《支架教学法在初中口语交际教学中的运用》《解决初中英语阅读教学中存在问题的方法和措施》《音乐与相关文化在初中教学中的现状与问题》等专题讲座受到老师们的好评,并在教学中得到运用。学校将优秀教师的专题培训推广到各乡村学校,校际共计700多人次的乡村教师受训。这些优秀教师充分发挥了种子作用,使与会教师学到了先进的教学理念与课堂教学经验。送教下乡活动充分发挥了学科带头人的专业引领作用,激发了教师参与教研的积极性,促进了教师之间的沟通,使教师在学习名师的教

学方法、教学技巧、教学语言的同时,逐步意识到作为一名教师要及时更新自身的教育教学观念和专业知识结构,努力转变和改进自身的教学行为,以促进自身的专业成长和发展。

2.骨干教师培养,促进中层教师成长

我校注重中青年骨干教师的培养。在"国培计划"的引领下,我校制订了《骨干教师培养方案》《个旧市十五中骨干教师评选办法》《个旧市十五中骨干教师管理办法》,以提高教师队伍整体素质,构建校本研修的运行机制和管理机制,培养一批科研型的骨干教师,推出一批高质量的科研成果。同时,安排市级优秀教师或骨干教师对本校青年教师进行专题培训,在培训中共同成长。经过三年的努力,2017年我校有四位老师被评为个旧市骨干教师,我校市级骨干教师人数由两人提升到六人,同时踊跃出一大批校级骨干教师。

3.课堂教学竞赛,促进教师专业成长

每学期由教科室安排和组织开展课堂教学竞赛。各教研组认真准备,竞赛前要经历三级备课(参赛教师备课、备课组指导备课、教研组指导备课)、三次磨课(参赛教师说课、备课组磨课、教研组磨课);竞赛后各教研组进行议课、评课,总结得失,教师迅速成长。全体教师积极参与"创新杯"教学竞赛活动,教科室认真组织,参赛教师精心准备,教师们开诚布公、认真细致的评课,充分展示了我校教师在课堂教学中的水平、风采和反思能力,显示了我校备课组的凝聚力和团结精神,有效地提高了教师们的课堂教学水平。

4.实施青蓝工程,促进青年教师成长

青蓝工程师徒结对模式。学校制订《个旧市十五中师徒结对制度》,结合各新教师所在教研组的意见,对执教3年及3年以下的新教师都配备了相应的师傅。举行师徒结对仪式,由主管教学的副校长提出工作要求,明确工作目标和方向。师徒签订《个旧市十五中新老教师结对协议书》,正式开始了师徒结对帮扶工作。学校对师徒结对模式赋予新的校本研修使命,且拜师是相互的,能者为师,师徒互补,师徒之间互相听课,同时总结在课堂中展示出来的优点,分析在课堂中存在的问题,提出改善的措施。师傅进行指导,并上示范课。通过师傅的引领,新教师对教材有了必需的理解,然后让新教师自我解读教材,分析教材,自我设计教学方案,自我反思,再进入课堂进行教学,最后进行反思与重建。

每月每位新教师主动听师傅的课,师傅也回听新教师的新课,答疑解惑。青年教师需完成并上交一份《个旧市十五中教师队伍建设青年教师跟教学习记录表》。师傅平时关注青年教师的课堂教学,多听青年教师上课,并利用课余时间查阅青年教师的教案、作业等,及时给予指导。通过师徒结对子、搭台子、压担子,新教师的教学能力得到了提升,教学潜力得到了发掘,教学成绩有了较大的提高。

三、特色教育,转化校本研修成果

(一)"1+5+1"活动

在毕业年级开展"1+5+1"活动。毕业年级实行周考,任课教师和班主任根据学生每月4次周考成绩的细微变化和课堂上的情绪起落,在年级组的质量分析会上研究确定每位教师在所任班级中联系5名"谈心"对象名单,对每名学生,教师预估话题,从心理、思想、学习等方面在下一个月进行5次谈话。谈话以学生想说什么为核心,而不以教师想讲什么为核心,教师更多的是做好倾听者。交谈内容涉及学科知识、学习辅导、考前恐惧、前途忧虑、家庭关系、同学关系等。

学生的成长过程犹如奔腾的江水,有平静有湍急,也有回旋,发挥全年级教师的群体力量尽量关注到每一个学生,在每一个学生需要帮助的时候及时伸出双手。"1+5+1"活动旨在舒缓学生考前压力,减少短板知识,减轻学生思想负担,让学生相信自己,积极面对生活中的一切,助其知识积累,伴其完整成长。

(二)特色校园文化,丰富校园生活

1.英语艺术节

我校英语教研组组长杨凡平老师充分利用在"国培计划"中所学知识,带领全体英语教师制订了英语艺术节方案,以一系列丰富多彩的英语活动为载体,倡导全员参与。此活动激发了学生学习英语的兴趣,增强了每个学生开口讲英语的自信与能力,培养了学生的自主合作意识与探究能力,促进了良好习惯的养成,陶冶了良好的情操。在全体师生中营造良好的英语学习氛围,丰富校园文化生活,让"诚信为人,认真做事,快乐生活"成为习惯,经历师生共同成长的过程,使教育回归生活。利用校园课间铃声播放英文歌曲,人人说英语,运用所

学进行日常交际。学生执勤或在校园内用英语问候老师,学生日常交流尽量说英语,提倡双语交流,形成浓厚的英语学习氛围。每个月英语老师负责教学生一段英文歌曲,观看一段或一部英文影片,在各班布置英语角,在学习园地中布置学生优秀的英语作品,在校园内张贴英文标语。

2.元旦迎新艺术节

学校每年的一月都会举办元旦迎新晚会。学校通过舞蹈音乐社来培养和提高学生的艺术爱好和修养。社团在王媛媛老师的带领下,秉承"快乐音乐,魅力舞台,有你有我"的宗旨,大力开展丰富多彩的学生活动,让学生在民族舞蹈和乐器演奏方面的能力有所提高,给学生一片属于自己的天空,让学生充分发挥自己对舞蹈和音乐的兴趣爱好和个性特长,从而达到了培养创新能力和实现人的全面发展的目的。社团成员定期训练,发扬不怕苦、不怕累的精神,使社团充满生机与活力。每年的元旦,学校都会举办迎新艺术节,给学生提供一个展示自己艺术才华的舞台,让学生在艺术的天空里遨游和飞翔。

3.丰富多彩的运动项目

(1)篮球。篮球社在体育老师孙建强的指导下,以推动校园篮球运动为目标,利用业余时间,通过广泛开展篮球运动来丰富学生的业余文化生活,缓解学生的学习或生活压力。篮球社的成员每年都积极参与学校的篮球运动会和个旧市的篮球运动会。每年五月,学校体育组都会组织"五四杯"校级篮球赛,为全校篮球爱好者提供一个展现自我活力、强身健体、积极向上的平台。每年七月,学校都会让从校园赛里选出的优秀选手参加个旧市的篮球运动会,给篮球选手营造更好的成长空间,并为同学们的高考助力,让他们实现自己的大学梦。

(2)足球。通过石磊、曹治国老师两年的努力,学校形成了七、八年级的男、女足球队。每年十月,学校都会举办"迎新杯"校园足球班级联赛,已经初见规模,平时课余时间积极主动来参加足球训练的学生也逐渐多了起来。在2016年第一次组队中,通过教练辛勤的付出和学生们的辛苦努力下,足球特长生参加了红河州校园足球总决赛,充分展示了学生拼搏向上的运动风采。

(3)田径。田径运动队由体育教研组组长白永祥、孙建强老师的指导。为了增强学生的身体素质,确保运动员的竞技水平,田径队弘扬了我校"志存高远,努力拼搏,提高素质,报效祖国"的校训,以"更高、更快、更强"的体育精神,树立了全校学生对体育活动的积极心态,使学生在广泛参与体育活动的同时身体素质普遍增强。社团的成员在锻炼中不怕苦、不怕累,取得了优异的成绩。田径队培养了一批田径专业成绩突出的学生,并让学生实现了他们的体育梦想。每年,田径队都代表学校参加个旧市中小学生田径运动会,让运动员的专业水平得到了更好的提升。很多田径特长生都以优异的成绩考入了理想的大学,实现了自己的大学梦。

(4)冬季运动会。每年的十月中旬,体育组都会组织校级冬季运动会。每个班级都会根据本班学生的体育特长来参报相关的运动项目。运动会上,不管是田赛类的,还是径赛类的竞技项目,学生都会以饱满的热情和顽强的意志投入比赛。每年的冬季运动会,既展示了学生超越自我的能力,也彰显了校运会"更高、更快、更强"的体育精神。

4."兰亭杯"美术节

绘画社是由美术教师李景华、王敏老师指导的,以发挥学生的爱好特长、培养学生中的美术骨干、推动全校的美术学习与美术活动为目的开展课余活动的一种有益形式,是课堂教学的补充和延续。美术社团活动使学生的美术特长得到了更好的发挥,对美术知识有了进一步的了解,培养了学生的观察能力和创新思维能力,提升了学生的审美观。每年三月,学校都会举办"兰亭杯"美术比赛,这大大激发了同学们的创作欲望和表现欲望。在老师的指导和学生的领导下,很多优秀的美术和书法作品不断地涌现出来,获奖作品都会呈现在校园的各个角落。一些比较突出的同学,还以优异的专业成绩考取了大学,实现了自己的梦想。

5."春晓杯"汉语艺术节

(1)作文写作。为了丰富学生的课余生活,全面提高学生的素质,培养学生的能力,以"培养兴趣、汲取知识、开阔视野、交流心声、发挥才能"为宗旨,从而提高学生的写作水平,增强学生的思维能力、审美能力、创造能力,学校组建了由语文教师李岚等指导的"嘉则文学社"。文学社作为学生放飞梦想的一个平台,致力于培养学生的语言组织能力和表达能力,提升学生的创作激情和创作能力。每年三月,学校都会举办"春晓杯"作文竞赛,文学社员以奋发有为的热情在文学的天堂里"激扬文字,指点江山",文学社成员的文学创作能力得到了不断的提高。

(2)诗歌朗诵。学校语文组以"弘扬中国传统文化,培养学生语文素养"为教学宗旨,充分发挥语文课堂的教学功能,引领学生感受诗词文赋的魅力,让学生爱语文、爱诗词、爱阅读。每年四月,学校举办的"春晓杯"诗歌朗诵赛,让更多的诗歌朗诵爱好者找到了展示自我的舞台,让更多的学生找到了语文学习的乐趣,让更多的同学投入到了传统文化的学习热潮中。

总之,实践是检验真理的唯一标准,"国培计划"给了老师们更多思路,只有通过不断的实践,才能把学到的观念和方法落实到教育教学工作中,掌握学习策略和发展潜力,创设丰富的教学情境,激发学生的学习动机和学习兴趣,丰富学生的课余生活,加强了校园文化建设,为我校特色文化建设提供强有力的保障。

四、化茧成蝶,学校发展硕果累累

在三年"国培计划"的洗礼下,我校教师在教育教学理念、教育科研观念上都发生了可喜的变化,我校校本研修工作得以扎实开展。我们欣喜地看到教师在教学、论文发表、课题研究、特长生培养等方面都取得显著成果。

近几年来,我校取得了较好的教育教学成绩,荣获州、市、镇三级表彰。州、市两级总工会授予我校"工人先锋号"称号,我校三次获得州教育局颁发的"高中教学质量奖",三次荣获大屯镇党委授予的"先进基层党组织"称号,两次荣获大屯镇镇级"文明单位"和"先进集体"称号。2015年12月,我校成功晋级二级二等高完中。在2016年红河州初中教学评估中,我校荣获红河州一等奖。

在学生发展方面,语文教师李岚等指导的"嘉则文学社",培养了学生的语言组织和表达能力,提升学生的创作激情和创作能力。在个旧市"放飞梦想"演讲比赛中,高三(1)班李知林同学荣获三等奖。在个旧市初中语文名师工作室作文竞赛中,李海英、吴悠、谭琪分别获一等奖和两个二等奖。在"摩尔农庄杯"第十三届云南省青少年"希望之星"英语口语大赛红河分赛区中,杨安琪等九名同学荣获两个优胜奖、七个新星奖。

在2015学年青少年活动中心第四届中小学"我是锡都好少年,我为锡都添光彩"书画大赛中,张子旋获得两个一等奖;叶萌、赛梦缘荣获二等奖;王云肖、周媛媛、江梓铱荣获优秀奖。李安琪、罗美诗灵荣获书法一等奖;王鑫瑜、侯春燕荣获二等奖。

近三年来,高中学生杨宇、徐志、罗威、何佩瑶、徐志、李京希、叶萌等同学选择美术作为自己的专业,以优异的专业成绩考取了大学,实现了自己的梦想。

五、任重道远,校本研修道路上继续前行

"路漫漫其修远兮,吾将上下而求索。"学校将秉承科研兴教的理念,加大网络研修与校本研修整合的力度,努力为教师提供外出培训的机会,改善办学条件,解决参训教师的后顾之忧,让广大教师积极参加培训,进一步提高教师的研修能力,使我校的网络研修与校本研修逐步走上系统化、规范化、制度化、现代化的道路。

网络研修与校本研修有机整合助力农村小学发展

云南省个旧市锡城中心小学校

一、学校基本情况

个旧市锡城镇地处个旧市城郊接合部,辖芹菜塘、戈贾、新寨、新冠、水塘寨、杨家田、五一、鄢棚、跃进9个村民委员会和锡城社区,有36个自然村、53个村民小组。辖区总面积128.8平方千米。2015年末,辖区总人口17028人,其中,乡村人口4482人,占26.3%,城镇人口12546人,占73.7%。居住有彝、白、哈尼、壮、傣等多个民族,其中以彝族为主,达9246人,占54.3%。锡城镇中心校现有学校9所,分别为新寨小学、水塘寨小学、戈贾小学、乌谷哨小学、芹菜塘小学5所村完小和龙克小学、土地塘小学、白马寨小学、水箐小学4个办学点。除新寨小学在城郊接合部外,其余学校均在条件艰苦、经济相对落后的村寨。学校现有41个教学班,现有在校生913人,其中外地生351人,残疾学生9人。学校现有教师95人,其中,在职在编教师93人(2人借调),其中本科学历35人,专科学历55人,中专5人,学历合格率为100%。全镇有市级学科带头人1人,市级骨干教师2人,镇级骨干教师18人。

作为农村学校,基于校点分散、点多面广、师资力量薄弱、教师专业水平急需提高的现状,"国培计划"示范校建设项目的有效实施,"西南大学中小学教师远程培训网"成为我校校本研修的有力推手,为每位教师带来了业务提升的新希望。从此,我们"线上开班,线下协作;线上学习,线下研修;分散自我研修,集中分组交流",通过西南大学提供的平台实现了山区一线教师和专家零距离的对话与交流,解决了时间和空间的障碍,使抽象的理论更加贴近教师教学、贴近教师课堂,更易于教师接受,培训的内容更符合教师需求。网络研修的新颖形式,视频课不仅讲授精彩且具有针对性、实施性和前瞻性,从根本上触及了我们滞后的教育理念和许多实际困难及问题。三年来,各村级完小、学科组积极参与到培训活动中,我们的教育理念、专业素养、整合技能、创新意识等都在网络研修与校本研修中不断发生着从未有过的改变。通过大家齐心协力的研修培训和西南大学的助力,我校教师队伍的专业成长取得了骄人的成绩,学校教育教学质量不断提升。

二、成果与经验

(一)"一建设,两整合"是基础

1.2015年的教师队伍状况

我校作为云南省一所普通的山区农村小学,虽然对教师队伍开展了力所能及的培训,但是仍然存在诸多问题。

(1)教师负担重

在9所学校中,年纪偏大的教师较多,这些教师教学经验丰富,但教育方式落后,教学质量存在很大的问题。由于农村信息相对闭塞,与外界的交往不多,造成小学教师的教育观念滞后,教育教学能力不强。多数教师依然是用"一支粉笔+一张嘴+一本书"的传统方法来完成教学,而学生的"学法"仍是"听、写、读、背、考"的五阶段式。这种原始落后的教学方式,不但不能适应当代教学的需要,而且加重了师生的负担,消耗了他们大量的时间和精力,取得的却是事倍功半的教学效果。同时,农村学生家长为生活所迫纷纷外出打工,使农村家庭教育的缺位现象严重,把本应由家庭、家长承担的教育责任推给了教师和学校,要求教师在学习上、生活上给予这些学生更多的关心和照顾,这无疑加重了教师的负担。

(2)教师思想观念相对落后

部分老教师受固有传统教学思想影响严重,习惯于运用传统教学模式,存在思想守旧、观念落后、改革创新意识不强、有畏难情绪的现象,缺乏学习创新的主动性和积极性。教学中很自然地还走传统教学的老路,影响教育教学质量的提高。

(3)教师培训落后

教师观念的更新,教师对教材和课程标准的把握,更多要依赖于教师培训工作。可是,学校普遍存在选送培训和校本培训不到位,网络培训与实际的教育教学难融合的现象。学校的教师外出就会影响校内教学,其次学校办学经费紧张,缺少培训经费。校本培训不到位,主要原因在于学校学科教师数量不足,缺少校本培训的师资和条件,开展专业培训和教学研究很难形成氛围并保证质量。做好教师培训,提高教师的素质势在必行。

(4)教师自学自研落后

新课程强调学科教学内容要具有开放性、交叉性、整合性、综合性,教师传统的专业知识储备已经不能满足新课程教学的需要,教师必须加强自学自研,不断"充电",不断丰富和完善自己的知识结构,把加强自学自研作为职业发展的需要来对待。可是,我们农村学校由于受地域、经济、硬件等条件限制,可供教师获取知识和信息的渠道极为有限。4个校点没有网络,教学工具书太少。教师自学苦于没有资料可学,自研苦于没有资料可查,搜集资料、完善知识结构、改进教学策略受到影响,解决教学中遇到的新情况、新问题缺少辅助资料。另外,由于教师自我提升的动力不足,产生网络培训与实际的教育教学难以融合的局面,网络培训成果在校内得不到巩固练习和及时消化理解,不能内化和深化,久而久之,出现培训成果的流失。教师自学自研的落后严重影响了教师专业的发展和素质的提高,以致影响学校教学质量的提升。

2."一建设两整合"打牢基础

针对以上教师队伍的状况和学校校点分散的实际,我们制订了"一建设两整合"的方针,为网络研修与校本研修整合提供基础保障。

一是逐步完善硬件建设。学校紧紧抓住个旧市农村中小学全面改薄项目建设机遇,通过近几年的努力,我们新建了戈贾小学、水塘寨小学、乌谷哨小学和水箐小学教学楼,建筑面积约3000平方米。新建了戈贾小学、水塘寨小学和芹菜塘小学学生宿舍,面积约2000平方米。对其他学校进行全面的修缮,教室内课桌得到全面更新。学校(含完小、村小)现有教学楼9幢,全镇校舍占地面积21976.35平方米,校舍建筑面积6490平方米,生均占地面积(小学)达22.2平方米,生均占地面积、生均校舍建筑面积达到了省定标准。学校积极推进信息化建设,以教育信息化带动教育现代化,全面实施"校校通"和"班班通"工程。5所完全小学接入互联网,其中4所为50M光纤接入,1所为100M光纤接入,村级完全小学实现网络校校通和网络班班通。同时,中心校每年用约15万元来为各校教室配备电子白板、电子屏等现代化多媒体教学设备。学校现有电子白板37套,远程教育接收设备9套,电脑122台,学生机比达8:1,藏书23815册。如今用上新教室、住上新宿舍的师生深刻体会到学校是"成长的乐园",是"放飞梦想"之地。

二是把校本研修组织与网络研修组织整合起来,把学校管理的各项制度和网络研修与校本研修培训制度整合起来,从而倒逼教师通过网络研修与校本研修使教育教学观念发生潜移默化的转变。

校本研修与网络研修组织的整合,就是以村级完小为单位,以村小教导主任为组长把该校教师校本教研管理和网络研修管理监督结合起来,在日常的教学常规管理(备课、上课、批阅、辅导)活动中,对教师是否将网络研修平台资源综合应用于各项活动中进行评估与监督。同时,通过监督发现普遍存在问题或疑问,然后根据问题或疑问确定个别辅导和集体研讨的专题,使线上与线下学习和巩固紧密结合。再者,根据村级完小一个年级就是一个班,难以在一个学校开展同年级教师间交流研修的现状,我们又以中心校为单位把年级组同网络研修监督组结合起来,在9所学校的同一年级建立年级学科组工作坊,分别成立了一至六年级语文、数学组工作坊。年级学科组组长即工作坊主,各坊主建立QQ群,相应年级学科教师加群,平时在教学中遇到疑问,教师就发在群中,让大家不用会面也可进行线上研讨。学科组教师也可以把自己的课件、微课、课例上传至群中和其他教师进行共享。通过网络备课、磨课交流等活动督促教师应用网络研修理论参与研讨交流,把网络研修与校本研修的整合落到实处。而后每月一次的学科组工作坊的研讨交流活动的主题由组长根据在教师交流中存在的普遍疑问和教师在教学中实际遇到的普遍问题来确定,这种做法增强了网络研修与校本研修的针对性,切实提高了网络研修与校本研修的实际效果。

三是将学校管理的各项制度和网络研修与校本研修培训制度整合。根据有的教师尤其是年纪较大的教师自我研修提升的动力不足的情况,学校结合原来出台的《锡城镇中心校教学教研管理》《锡城镇中心校教师量化考核办法》和《锡城镇中心校高级教师聘用办法》等制度,把网络研修与校本研修整合培训工作的完成情况列入其中,并且与教师绩效奖惩挂钩。通过制度管理的鞭策和交流研修活动的牵引,倒逼教师改变落后的教育教学观念,促进其观念与现代教育教学观不断接近,最终整合。

"一建设两整合"为我校网络研修与校本研修整合培训提供了物质保障、组织保障和制度保障。如今学校的白板、电子屏的使用率达100%,95%以上的教师已经能基本熟练地使用信息技术手段进行教学活动。

(二)教学常规严要求是保证

1.2015年学校网络研修状况

分散自我研修与集中分组交流是我们比较常用的网络研修与校本研修整合培训的基本形式。我校点多面广,分散研修不用耽搁教师的教学时间就能使其通过西南大学提供的网络研修平台获取大量的理论知识和新的教育教学理念,符合农村小学的实际。但是,从教师在分组交流中口水话多、思维凌乱、表达零散、抓不住主题等现象,可以窥见在无人监督下的分散自我研修实效性不高,教师坐在电脑前实实在在地学习的时间并不多。为了尽量弥补教师自我研修主动性不足的缺陷,我校对教学常规要求严格,严查上课、备课、课后反思是否落实课标要求,是否综合应用网络研修中的新方法,是否体现了新理念。

2."三严五真六必"严要求

针对以上监督漏洞以及我们所辖校点多、分布散的特点,结合《锡城镇中心校教学常规管理实施细则》的要求,各完小依照《锡城镇中心校教学常规检查记录表》,从细节入手,认真抓好教学常规管理的督促工作。根据市教育局的相关规定,我校出台了《锡城镇中心校教学常规管理办法》,强化落实,切实做到依法治教,使教学秩序更加规范,教学管理更加科学。我们坚持"三严""五认真"和"六必"的教学原则。"三严"即教学纪律严明、教学行为严谨、教学秩序严格。"五认真"即认真备课、认真上课、认真辅导、认真批改作业、认真组织考评。"六必"即计划必须落实;备课必须分单元、章节、课时;上课必须认真;考试必须严格;单元检测、期中考试、期末考试后,教师必须做所任学科的试卷分析;教导处必须坚持每月一次的常规检查。

3."四步问诊"抓落实

每学期,中心校都会组织所属5所村完小中层干部约30人,组成"问诊"团队对完小校本常规管理分4个步骤不留死角地开展交叉检查。第一步是分6个组对各年级进行随堂听课,查看班级管理及任课教师教学常规管理等是否综合应用网络研修与校本研修整合培训的知识,并当堂进行交流、反馈;第二步是查看校园文化、学校管理、各功能室等情况是否体现新的教育教学新理念;第三步是查阅各块资料(管理痕迹、会议记录、活动记录、记录台账、实验开出、远程教育等)是否有网络研修与校本研修整合培训的痕迹材料;第四步是集中交流、反馈,开出今后改进的"药方子"。6个小组按照学校常规管理制度并结合网络研修与校本研修整合培训示范校管理要求和自己的所见所闻各抒己见,从育人氛围的创建到学校班级管理,从集体专题研修活动到个人分散研修,细致地进行"诊断"。细致的"问诊"监督,有效地促进了各村完小的网络研修、校本研修和教学常规管理的整合,增强了网络研修与校本研修整合培训的实效性。认认真真进行自我研修,切实提高教育教学能力的教师人数不断增加。

4."五个一",自我研修见真功

为了加强教师的自我研修管理,学校给每个教师下达了每学期完成"五个一"校本研修的任务。

(1)读一本好书

学校规定教师每学期必须按网络研修平台或学校提供的学习书目,读一本好书,读后写出一篇读后感。

(2)写一篇教学实例

学校规定每位教师每学期按照学校的安排或者根据自己印象深刻、让自己感动的课堂教学,写一篇教学实例。

(3)上一节高质量的公开课

学校规定每位教师每学期在村级完小或按学校安排在全镇上一节高质量的公开课。

(4)晒一节优质课

每位教师每学年按学校安排参加市级赛课活动,晒一节自己的优质课。

(5)组织一次校本教研活动

学校规定每位教师每学期在村级完小内组织开展一次校本教研活动。

(三)三级研修管理与骨干引领提效率

1.三级研修求实效

根据我镇9所学校分散在不同的地点,日常管理中形成"镇中心校—村级完小—村小组校点"的实际情况,我们把网络研修与校本研修整合培训管理也相应地分为三级。

第一级,镇中心校网络研修与校本研修整合培训中心组。中心组由中心校教导处联合5所村级完小教导主任组成,镇中心校教导主任为中心组组长,5所学校教导主任为中心组成员。中心组由组长制订学期活动计划,召集全镇全体教师开展专题式网络研修与校本研修整合培训活动,如校外专家讲座、市级骨干教师讲座、学科课堂教学竞赛课、校级骨干教师评选竞赛课、校级骨干教师公开展示课、微课制作竞赛、外派培训教师汇报、优秀教师工作经验交流等。这些活动既是教师网络研修与校本研修整合培训学习交流的平台,更是教师网络研修与校本研修整合培训是否得以落实的检验平台。

第二级,村级完小研修小组。完小研修小组组长由村级完小教导主任担任,成员由所在学校其他3位教师和村级校点负责人组成。学期初由组长制订研修工作计划,在完成中心组交给的任务的同时,主要负责监督学校教师是否能综合应用网络研修与校本研修整合培训中的理论知识来指导自己的教学工作。研修小组及时收集教师教育教学中的疑难问题,组织教师开展校本研修活动,把教师教与学中出现的问题就地"消化",不能"消化"的问题反馈给中心组作为候选研修专题。完小研修小组还要延伸到校点,对校点的教学常规与网络研修活动进行监督和指导。

第三级,年级学科研修小组。学科研修小组组长由校级学科骨干教师担任,成员由相应年级的学科教师组成,主要按"6114"模式开展网络研修与校本研修整合培训交流活动。

在平时的工作中,我们发现以前的教研活动基本上是"一人讲、众人听"的模式。听后的评课,几乎是"散打式"的随意评课,泛泛而谈地说几句恭维话,当然也不乏"沉默是金"者,教者、听者个个如匆匆过客,走走过场,收获很小。我们根据罗大文撰写的《有效教学实践与改进策略》、王大伟所著的《校本研修面对面》,结合学校校点分散的实际,积极探索,摸索出"6114"校本研修模式。

(1)学校教研组的划分

以年级为单位成立语文、数学学科组工作坊。

(2)教研活动的参与形式

年级学科组为教研活动的组织单位,实施分年级、分学科参与的原则。

（3）"6114"年级学科研修小组的含义和分工

6:6个教师组成一个年级学科研修团队（每个年级6个班）；

1:1人为教研活动的组织者（学科研修组组长）；

1:1人为教研活动的授课老师（主发言人，为教研活动提供课堂现场，展示研究成果）；

4:4位教师为课堂教学的评价者（补充发言人，一人从理论依据方面进行评价；一人从教师教的活动方面进行评价；一人从学生学的活动方面进行评价；一人做整体评价）。

每个年级学科组的6个教师都是学科研修活动的主体，谁也不能置身事外，这确保了校本研修活动的参与面达100%。同时，每个教师都有相对不同的研修任务，合而不同，各负其责，有合作，也有分工，谁也不能代替谁，这样才能确保教研活动的实效性。

（4）研修流程

选题：年级学科研修团队根据教学中遇到的需要解决的实际问题或针对想要突破与探索的问题确定研修活动主题。选题要坚持小、实、新的原则，解决本年级学科教学问题。

定课（专题）：以选定的课（专题）为载体，在研修过程中解决问题或展示研究成果。

试讲：针对所选的课（专题）进行至少2次的试验性试讲，在试讲中调整和改进教学方法与策略，尝试解决问题。

展示：以所选的课（专题）为载体，在年级学科组或全校进行展示。

评课（评价）：从不同的层面总结本次研修活动的研究成果。

成果小结：总结出本次研修主题的阶段成果，并提出运用设想。

（5）具体的展示程序

①主持人介绍课题（专题）及产生背景；

②执教老师上课（主讲人讲座）；

③执教老师说课；

④执教老师进行课后反思；

⑤一名组员就本堂课的理论依据方面进行评价；

⑥一名组员就教师教的活动方面进行评价；

⑦一名组员就学生学的活动方面进行评价；

⑧一名组员进行整体评价；

⑨其他参与教师可以根据自己关注的点进行点评；

⑩主持人（年级学科研修组组长）总结课题（专题）研究成果及运用思考；

⑪教研活动结束，组织教师负责收集相关资料。

例如，通过调查，我们发现，在学习数学时学生的操作能力较差，我们就选择了四年级上册画高来进行研究（这是学生使用尺规作图的起始点）。我们将主题确定为"智慧在学生的操作中生成"，6个老师反复对课标、教材、学生进行分析，多次试讲，最终形成了解决这一问题的研究成果，同伴之间互通有无。像这样的专题研究，在整个过程中，团队反复研修与反思，效果非常好。

在研修活动中，6个老师，各有分工，各负其责，合作后的主题成果就可以完整呈现。每个老师都有事做，每件事都有人做，每个老师都可以展示自己的聪明才智，并且研究的方向永远围绕主持人的中心议题，不会偏离航道。

2.骨干引领提效率

为扭转农村小学部分教师受固有传统教学思想的影响，习惯于运用传统教学模式，存在思想守旧、观念落后、改革创新意识不强、有畏难情绪、缺乏实施课程创新的主动性和积极性的不利局面，我们以骨干教师选拔、培养为突破口，先让一部分优秀教师提升业务能力，为其他教师树立榜样，而后带动其他教师也在网络研修与校本研修整合培训中不断进步，从而提高培训效率。

2017年，为继续提高我镇教师队伍的整体素质，提高网络研修与校本研修整合培训的效率，中心校继续以开展骨干教师评选活动为载体，不断加快骨干队伍建设。同年11月，中心校组织开展了第八届镇级骨干教师评选活动，有8位教师报名参赛，其中彭家文、龚金玲和石秀华3位教师荣获"镇级骨干教师"光荣称号。评选出来的骨干教师充分发挥引领和示范作用，营造出敢于争先、彰显才能的教师专业发展氛围，积极为教师专业化发展搭桥铺路，创造机会。同月，新寨小学的李仙老师被评为个旧市小学数学"学科带头人"，水塘寨小学的刘勇老师被评为个旧市小学语文"骨干教师"。至今，我校经多年的选拔培养建成了一支由1名市级小学数学学科带头人、3名市级骨干教师（1名小学语文骨干教师、2名小学数学骨干教师）、18名校级骨干组成的骨干教师队伍。

为使骨干教师队伍在各项工作尤其是在网络研修与校本研修整合培训中

发挥先锋模范作用,我们制订了《锡城镇中心校骨干教师管理办法》,使骨干教师资格的取得与取消、教学教研能力的提升等有可操作的量化指标,给每个骨干教师如何起到先锋模范作用指明了方向,在教师网络研修与校本研修整合培训中明确了组织责任、帮扶责任。

骨干教师是中心研修组、村完小研修小组和年级学科研修小组组长的主要人选,必须带领所辖成员开展好网络研修与校本研修整合培训的工作。此外,骨干教师要主动与所在完小或年级学科组一位青年教师或老教师(教学质量提升有困难的老师)结成帮扶对子。

三年来,通过多对结对教师的总结,形成了"123"帮扶模式和"三备两打磨"在线磨课模式。

①"123"帮扶模式(村级完小内部结对,帮扶骨干与帮扶对象不在同一年级同一学科组)。

1:1个专题(找准帮扶对象急需解决的1个专题);

2:2次送课(辅导教师根据确定的专题开展2次示范教学活动);

3:3次试教尝试(头两次先模仿送教教师上同一课题,找出差距,第三次另选课题试教尝试)。

网络研修中的知识通过骨干教师的个性校本化后,被帮扶教师在同地区同学生的教学实践环境中更易于接受,比网络研修更易于产生共鸣。

②"三备两打磨"在线磨课模式(年级学科组内部结对,帮扶骨干与帮扶对象在同一年级同一学科组)。

年级学科研修组在讨论制订计划、确定主题和研究问题后,上课教师要经历基于个人经验的备课、同伴互助的协同备课、课后实践反思性备课等三次备课,群组教师围绕三次备课和上课,跟进开展计划研讨、备课研讨和分工观课评课等研讨活动。这一模式更利于调动更多教师参与到帮扶活动中,以集体智慧帮助被帮扶教师,实现线上与线下的有机统一。

另外,我们还选派学校骨干教师参加"国培计划"语文科和数学科的顶岗培训,到西南大学进行面对面的专家培训,参加由省、州、市主管部门组织的专家讲座和优质课观摩学习。混合式培训研修形成了一批农村小学网络研修与校本研修整合培训的学校骨干力量,他们带动和指导其他教师网络和校本研修工作的开展与落实,使网络研修与校本研修整合培训效率不断提升。

(四)课题研究结硕果

学校的发展靠教师,教师的发展靠个人的进步,个人的进步需要一种氛围。为给广大教师营造校本研修的积极氛围,调动教师参与的积极性,我们启动了课题研究。课题研究的选题从课堂教学、班级管理中遇到并引起教师的仔细观察和深入思考的问题中进行选择,结合网络研修与校本研修培训的理论知识,通过课题研究来解决和指导实际教学工作中的问题。

多年来,通过骨干教师的不断带动,学校课题研究从无到有,从市级到州级,从一般课题到重点课题,不断增加,在中青年教师中形成了通过课题研究深入学习和应用网络研修资源、积极转化为校本研修成果的研修氛围。2016年,我校就有6个微型课题(市级一般)进行结题验收,分别是安丽琼老师的"与家长进行有效沟通的技巧研究"、李仙老师的"数学日记——提高数学成绩的有效策略研究"、杨丹老师的"农村小学生文明礼仪养成教育研究"、钱远老师的"小学语文'合作式'教学中教师素质的研究"、黄晶老师的"培养小学生每天一则日记的习惯的研究"、石建芬老师的"农村小学教师家访的策略研究"。6个微型课题全部通过市课题专家验收,其中李仙、石建芬两位教师的课题达市内先进水平,其余4个课题为市内合格。

2017年,为进一步提升农村学校的食堂供餐管理水平,杜绝学生浪费现象,切实增强学生体质和改善学生健康状况,我校最终形成可推广运用的农村小学供餐管理经验,中心校开展了以"农村小学食堂供餐管理模式的研究"为题的州级一般课题研修活动。新寨小学教师李仙老师立足学科教学以"基于核心素养小学生计算能力的培养策略研究"为题带领本校教师开展了市级重点课题研究,水塘寨小学刘勇老师以"培养小学生良好写字习惯的研究"为题带领本校教师开展小学语文市级一般课题研究。如今,学校基本形成学校干部通过课题研究抓管理、教师通过课题研究提质量的良好氛围,教师网络研修与校本研修整合培训在学校内有了内涵式发展。

(五)校本课程开发形成研修区域共同体

骨干教师与青(老)年教师的结对帮扶是网络研修与校本研修整合培训"点与点"的互动。教师课题研究实现了网络研修与校本研修整合培训"以点带面"的局部提升,为使我镇5所完小在网络研修与校本研修整合培训中能连片推进,我们在全镇学校内开展了校本课程的研究与开发。

我们以中心研修组为核心,完小研修小组为骨干,调动全镇师生参与校本课程的开发。我们抓住锡城镇资源丰富、风景优美、乡土文化底蕴深厚等特点,从学生、教师、政府三个不同角度收集资料、撰写文章,全体教师都积极参与网络研修与校本研修整合培训的工作中来。

2017年8月,学校开展了"十一五"州级先进课题"农村小学乡土文化校本课程的开发应用研究"成果《美丽的锡城我的家》校本教材开发的延续研究活动,校本教材由原来的一本(高段)增加至三本(低、中、高段),极大地丰富了校本教材的内容,增加了可读性,得到镇政府领导的认可,受到广大师生的喜爱。该校本教材分低、中、高三册,安排在低、中、高年级试用。教材以《国家基础教育课程改革纲要(试行)》的精神和要求为指导,认真落实义务教育课程方案,通过选取学生身边的典型素材,以图文并茂的形式彰显锡城山美、水美、人美,春有花(杜鹃)、夏有阴(松林)、秋有果(梨)、冬有青(竹林)的景象。同时,通过使学生感知身边的人时刻在演绎锡城乡土文化,自己也是锡城文化与文明的传承者,从而增强学生建设锡城的责任感。校本教材中选取的文章与图片,突出了锡城丰富的旅游资源、宜人的气候、诗画般的自然风光和独具魅力的彝族风俗,注重知识性、趣味性和实践性相结合,以提高小学生的综合素质为目的。书中收录的文章都出自我校师生之手,且由我校教师自己整理编辑。开发校本教材的过程就是全镇教师同理协作、线下互帮互学的共同成长的过程,也形成了我镇9所学校网络研修与校本研修整合培训区域研修共同体。

(六)"一校一品"创特色

为让网络研修与校本研修整合培训和校园特色文化创建结合起来,我们要求各村级完小综合应用网络平台提供的理论知识,结合自身优势在学校内开展校园特色文化建设。

戈贾小学以语言文字的规范使用为切入点开展了"规范使用语言文字"活动。在此活动中,学校坚持教师的基本功训练,不断提高教师的语言表达能力。学校还利用节假日开展主题鲜明的演讲活动,如建党节党总支组织开展的"师德师风"演讲比赛,参赛教师们普通话标准,情感真挚,语言表达能力好。学校还组织开展教师宣誓,参加各级各类演讲比赛,在比赛中均能看出我校教师语文综合应用能力明显提高。这些活动不仅是全校教师网络培训知识的综合实践,而且使学校获得"规范使用语言文字省级示范校"的荣誉称号。

新寨小学以校园安全为切入点开展"平安校园"创建活动。学校通过开设安全教育课,设置安全宣传专栏,开展安全法治教育、减灾防灾演练、安全法规知识竞赛等教育活动,不仅切实增强了师生的安全意识,营造了一个良好的工作、学习、生活环境,更是全体教师网络研修培训知识在实际工作中的应用。学校最终获得"省级平安校园示范校"的荣誉称号。

水塘寨小学以德育教育为切入点开展"延安精神进校园活动"。水塘寨小学和市延安精神研究会结对,把延安精神贯穿于师德教育建设始终,促进学校教师综合素质的提升。学习延安精神,深化改革,狠抓教学质量。学校努力建设一支素质高、敬业爱生、有创新能力的教师队伍,培养年轻有为的骨干教师:一是通过讲授公开课与示范课、开展培训讲座、外出观摩等形式大力提升教师的业务能力,提高教师的综合素质和业务水平;二是以课堂教学为主渠道,努力提高课堂效率,改革传统的教学方法,注重学生思维训练,发挥学生主体作用,培养学生的创造能力和自学能力,强化课堂教学的实践环节,提高学生的实际操作能力;三是把听评课、课堂竞赛、备课质量、作业批改、教学研究作为有效载体纳入常规管理,严格教学常规检查,实行教师业务考核制度,建立科学的教师工作评价机制,促进教师业务能力和校本研修能力的提高。

芹菜塘小学以寄宿学生为主,为了能让学生进得来、留得住、学得好,学校开展了丰富多彩的课外兴趣小组活动。

乌谷哨小学根据学生民族多的特点开展了民族团结教育活动。

以上一校一特色的创建活动,不仅使5所完小各具特色,校园文化多姿多彩,而且使教师在开展的活动中综合应用了网络研修知识,让网络研修与校园文化建设紧密结合,也是网络研修与校本研修培训的创新整合。

三、三年来的成绩

近三年来,我校获市级三好生20人,获市级优秀学生干部10人,获市级优秀班集体10个,在市级竞赛评比活动中获前三名的学生20人。我校有市级优秀辅导员5人,市级优秀教师15人,市级优秀班主任5人,市级骨干教师3人,市级学科带头人1人。

5所完小都被评为市级文明学校、市级文明单位。芹菜塘小学和戈贾小学被评为州级文明学校;乌谷哨小学被评为州级法制示范校;戈贾小学被评为市级、州级、省级平安校园,还被评为省级档案管理示范单位。

近四年来,我校市统测成绩呈延续不断提升的良好势头,连续四年名列南、北郊公办小学市统测成绩第一名,成绩正朝全市前四名、五名挺进。

四、今后的努力方向

一是加强村小组校点联网工作,实现校点网络班班通。

二是加强年龄较大教师的帮扶工作,在网络研修与校本研修整合培训中做到人人有收获,一个都不能少。

三是优化校点布局,减少一师一班现象,给教师减负。

四是增加培训资金,对在一线实施培训的骨干给予经费支持。

农村学校推进校本微型课题研究的机制与策略

云南省建水县南庄小学

基于学校的发展和教师的成长,校本课题研修在我校已开展多年,我校教师个体的创造力和群体的合作力都得到较大发挥,个体价值和群体绩效得到一定程度的体现。然而在实践过程中,我们也逐步发现传统的校本研修模式受时间、空间的限制,缺乏专业引领,受学校资源有限等诸多因素的制约,这使得我校的校本研修实效性不高,学校发展和教师专业成长缓慢。2015年底,我校有幸成功申报为"国培计划"云南省网络研修与校本研修整合培训示范校。经过两年多的整合研修实践,我校的校本研修通过线上与线下研修相结合的方式,很好地解决了传统校本研修模式存在的问题,校本研修的实效性得到了很大提升。

一、现状与需求

我校是一所典型的乡村完全小学,隶属于南庄镇中心学校。学校现有20个教学班,在校学生791人,教职工46人,其中高级教师25人,一级教师12人,二级教师6人,三级教师3人;省级名师工作室成员2名,县级骨干教师1名,县级名师1名。100 M光纤宽带已接入学校,每间教室都配有液晶一体机,设有科学、数学、仪器保管、美术、音乐、图书、少先队、微机和多媒体等10个功能活动室,配备有音、体、美、计算机等专职教师,开设了29个学生兴趣活动项目。我校教师年龄在45岁左右的居多,他们经历了几十年的风风雨雨,为教育事业奉献了青春年华,也为教育事业做出了很大的贡献,但现在他们大多已经临近退休,造成老的还没退,新的进不来,教师老龄化现象严重,多数课堂教学现状不容乐观,教师的专业水平参差不齐的局面。许多教师还是习惯"跟着感觉走",往往凭借以往多年的工作经验,抱着陈旧的方法不放,满足于教育工作的循环往复。部分教师的科研意识薄弱,教育科研水平已经跟不上时代的发展和需求,严重影响了学校教学质量的提高。

教育科研是学校发展的理论支撑,开展教育科研有利于转变教师的教育思想,确立新的教育观念;有助于解决教师在教育教学实践中存在的问题,提高其科学育人、科学管理的水平;有助于形成学校的学术文化,提高办学品位,形成学校特色;有助于校本研修的开展,能够提高广大教师的专业化水平,提升他们的教育科研素养。课题研究是校本研修的重要组成部分,是提高教师专业素质的重要途径,是现代教师工作的一种方式,是揭示教育本质、探索教育规律、提高教学效率、促进学生发展的创造性认知活动。在新课程背景下,教师的专业成长需要两个转化:一是从教学新手向教学能手的转化;二是从教学能手向研究型教师的转化。第一个转化可以依托教育教学经验的不断积累,从而提高实践能力;第二个转化则需要教师更多地参与课题研究,促使他们通过科学研究把握教育教学理论,解决教育教学中的实际问题,并且不断地总结、概括教学经验,提升自己的教学能力,力争在教育教学中有所创新,逐步向既能教学又能做科研的研究型教师转化。而校本微型课题研究本身所具有的优势,决定了它是使教师向研究型转化、获得自我持续发展的最佳途径。校本微型课题研究立足于当前教育教学工作,针对教师教育工作中遇到的难点、盲点、热点、疑点问题,选题贴近教师、贴近教育教学实际,可以促进教师的专业发展。

针对以上情况,有必要加强对我校教师的教育科研培训,提高教师的科研能力,以求发展学校的教育科研水平,促进教师专业提升,提升学校的办学品位。我校积极开展微型课题研究实践工作,提倡教师着眼于平时的课堂教学,把课堂问题提升为研究课题,鼓励教师在自己的岗位上深耕不懈,在实践研究中收获教育科研的甜蜜。

依据学科的教学特点,我校根据学科、年级段建立微型课题研究小组,使教师在研究中更为深入地了解和把握学科知识的基础性和发展性。同时,让教师轮流担任课题主持人,给每一位教师搭建成长的平台。学校通过课题专题讲座培训、教学研讨等形式对课题组实行动态管理,从选课题、开展课题研究到收集整理资料都给予具体、细致的指导。科学规范课题组的研究活动,对取得良好的办学成效起到了重要的作用。

二、目标与内容

(一)目标

一是通过小课题研究,切实解决课堂教学中的实际问题,提高教学的有效性。以课堂为现场,以教学为中心,以教育教学中的问题为切入点,教师根据自身实际、个人兴趣,对在教学实践中发现的问题进行立项研究,切实解决自己在课堂教学中存在的实际问题。

二是营造浓厚的教育科研氛围,保证教研活动课题化,提高科研成效,创建合作、共享、创新的学校文化,创建教师发展型学校。

三是引导教师在实践中学会研究,使教师成为学习者、研究者,提高自我发展意识,提高教师将教育科研与日常教学工作进行有机整合的能力,促进教师的专业发展。

(二)内容

1.组建研修团队

以教研组为单位,组织构建研究团队,开展研究,学科组组长担任校内课题组负责人。教师个人也可以单独申报并进行微型课题研究。形成以课题研究引领教学研究和教师培训的研训一体的校本研训机制,引导教师立足于自己的教学和管理实际,观察发现教育教学中存在的问题,在常规教研活动中通过理论学习和实践研讨解决问题,提炼形成教学策略,指导自己和同事的教学行为,实现教学质量的提升,从而实现学校教育的发展。

2.发挥激励作用

在实验的过程中,应激励教师教学方式和学生学习方式的转变,激励教师研究教材、研究课标、研究学生、探索有效课堂教学和高效课堂教学的途径与方法,激励教师营造课堂教学的研究氛围,使课堂教学具有研究性、活跃性、实效性,从而提高课堂40分钟的利用率。

三、组织与实施

(一)校本微型课题的组织与管理

1.营造良好的研究氛围

为使校本微型课题研究工作在我校扎实、有效地深入开展,真正为教师的专业化成长提供一个广阔的空间,进而促进学校办学水平的总体提高,达到促使学生各方面能力发展的目的,学校统一思想,提高教师的认识,积极倡导全体教师参与到校本微型课题的研究中来,让教师们树立"问题就是课题,反思就是研究,成长就是成果"的教育科研新理念,感受"人人都研究,人人有课题"的教科研新思路、新途径,在校内努力地营造良好的校本微型课题研究氛围。

2.加强微型课题研究的组织与领导

学校成立校本微型课题领导小组,由校长任组长,副校长和教科组组长任副组长,学科教研组组长任组员。校本微型课题领导小组负责检查、督促各微型课题小组按计划、有步骤地开展教育教学研究活动;负责微型课题研究的指导和评审等工作;负责加强对研究过程的管理,对立项的微型课题研究建立电子档案;制订微型课题研究的组织、实施、评定、奖励等制度,确保微型课题研究扎实、有序地步入正轨。

3.建立校本微型课题小组

校本微型课题小组的成员最少1人,最多不超过3人,可由教师个人申报并独立承担研究工作,也可由2~3人自由组合成立课题小组,共同承担课题研究工作。无论是教师个人单独承担还是小组合作研究,课题批准立项后,由组长负责,制订出组内切实可行的研究计划,并组织成员按计划分阶段实施本课题组的科研工作。课题组成员必须有明确的分工和各自的职责,做到围绕目标,分工合作,相互交流,相互促进,共同完成课题任务。

4.重视对研究人员的培训与指导

学校把校本微型课题研究纳入学期和每月工作安排的范畴,在多方面为校本微型课题研究提供方便和资助,协助各课题承担者和课题组进行专题培训,介绍与微型课题研究有关的教育理论等,指导教师通过多种渠道查阅相关资料,激发教师研究微型课题的兴趣和欲望,使教师掌握基本的研究方法,促使学校又一批思想前瞻、能力突出、成果丰硕的研究型教师更快地成长起来。

每月定期召开微型课题研讨会,开展微型课题阶段成果交流、研究课展示等活动,并做好阶段检查与指导工作,在学期末按《建水县微型课题研究课评价表》对各课题组的研究工作进行专项打分评估。

5.保障微型课题研究取得实效

学校把课堂教学和教师间的互动交流作为实施微型课题研究的主渠道,课题组积极开展上课、说课、评课等基本形式的课堂教学活动,深入探究各学科教学的基本策略,课题组积极交流特殊学生的问题及解决方法。另外,课题组成员定期召开专题会议,分析课题研究中存在的问题,共同研讨对策和措施。例如,课题组内可以开展教学论文、教学反思、教育案例、教学设计和课堂实录等不同系列的微型课题研究成果交流活动,引导教师研教结合,在研究中实践,在实践中反思,在反思中提升。最后,汇编成自己微课研究的优秀成果。

(二)校本微型课题的实施流程

1.选题

课题小组成员根据自己在教育教学工作中遇到的突出问题,查阅、收集和整理相关资料,认真分析与筛选,确定研究课题。选择的研究课题,应该具备针对性强、切口小、研究周期短的特点,一般应是所任学科在教育教学中存在的问题,可以是教学过程中的一个环节、一个问题、一种现象、一个案例等,也可以选择班主任对特殊学生的教育的某一方面来研究。微型课题研究周期不要太长,原则上是一个学期或一个学年。

2.申报立项

课题小组在规定的时间内,向学校校本微型课题领导小组提交《建水县微型课题研究申请表》,确定研究的主要内容,阐明所要解决的问题和预期达成的目标,提出研究的方法、步骤等。学校校本微型课题领导小组对提交的课题进行审核,在一周后公布立项的微型课题,选题不合格的申报者须重新选题、申报,直至完成立项。

3.实施研究

课题组组长组织成员按照课题方案有计划地开展研究工作,积累研究过程资料,建立微型课题研究档案袋;将常规教研与微型课题研究相结合,在授课、听课、评课、做学生思想工作等过程中开展实践研究,从而解决问题。课题领导小组将对课题组的研究进行定期督查和指导,确保研修质量。

4.结题

学期结束,课题组及时整理研究过程资料及成果资料,认真填写《建水县微型课题结题验收申请表》和《建水县微型课题研究结题评审表》,并撰写研究报告。课题组组长将课题成果(包括研究报告和研究论文、案例等及研究的过程性材料)上报学校,由课题领导小组对校本微型课题研究的成果进行总结与鉴定,并对研究状况进行评估。

5.成果鉴定与推广

结题后,课题领导小组将优秀的研究成果向南庄镇中心校上报,如果镇中心校再鉴定为优秀,则继续由中心校上报县教研室,进行逐级上报参加课题评优活动。微型课题中的优秀成果,经上级认可,便在全校进行推广,并进一步实现优秀成果在学科内及学科间的应用与共享。

四、结果与反馈

学校在以校级领导、教导处、学科骨干教师为主要成员的科研工作领导小组的领导下,坚持进行科研理论学习,不断加强教育科研队伍建设。通过网络研修培训,结合自己的教学实践经验,各个微型课题小组都在坚持按实施方案开展研究和实践活动,在课题研究中真正做到结合自身实际,使课题研究为教育、教学服务,为提高办学水平和办学效益服务。几年来,我校在微型课题领域取得了不少成绩。自实施"国培计划"示范校建设项目以来,我校课题研究共获得县级表彰12项,其中一等奖4项,二等奖5项,三等奖3项;获镇级表彰13项,其中一等奖5项,二等奖4项,三等奖4项。我校还成功申报了两个县级规划课题,目前正在研究当中。两年的研修实践,使得教师的综合素养明显提升。我校广大教师的现代教育信息技术应用能力显著增强,学科教学与信息技术深度融合,科研意识和反思能力明显增强,论文写作水平明显提高。两年来,我校教师撰写的教育教学论文获省级一等奖16篇,二等奖29篇,三等奖8篇。

比如,2015年1月李素英老师负责的"小学班主任管理工作中部分细节的研究"微型课题研究成果,荣获建水县第二届(2014年)优秀微型课题二等奖;蒋丽芬老师负责的"六年级分数成分计算有效教学的研究"微型课题研究成果,荣获建水县第二届(2014年)优秀微型课题一等奖;2015年1月朱丽梅老师负责的"培养农村小学二年级学生口算能力的研究"微型课题研究成果,荣获建水县第二届(2014年)优秀微型课题一等奖;2016年3月龙玉清老师负责的"农村小学五年级数学教学中使用课前'预习卡'提高预习质量的研究"微型课题研究成果,荣获建水县第三届(2015年)优秀微型课题二等奖;2017年1月楚萍老师负责的"五年级学生自主评改作文的研究"微型课题研究成果,荣获建水县第四届(2016年)优秀微型课题一等奖;2017年1月龙玉清老师负责的"农村小学五年级数学布置开放式家庭作业提高学习兴趣的研究"微型课题研究成果,荣获建水县第四届(2016年)优秀微型课题三等奖等。每一学年,都有多个微型课题获取佳绩。

几年来,我校对微型课题研究的深入,也为教师的教育教学指引着方向。在建水县2016年小学数学课堂教学竞赛中,白雪老师荣获建水县一等奖。同年10月,楚萍老师在小学科学课堂教学竞赛中,荣获建水县一等奖;楚萍老师还在云南省首届"彩云杯"中华优秀传统文化知识竞赛中,荣获省级优秀指导老师奖。2016年5月,冯慧老师在建水县"老师您好,我的好老师"主题教育读书活动中,指导的书法作品《师赞》荣获建水县小学组一等奖;马如娟老师在红河州第五届中小学艺术展演中,指导书法篆刻作品《淡淡墨香展志向》荣获红河州小学组二等奖。普爱琼老师的《培训成果集》作品在"国培计划(2015)"——云南省小学美术骨干教师置换脱产研修班"国培梦、文山情"成果展中荣获二等奖,其版画作品在"国培计划(2015年)"——云南省小学美术骨干教师置换脱产研修班"国培梦、文山情"成果展中荣获三等奖;在2016年建水县"国寿杯"少年儿童环保绘画大赛中,其指导的作品《植树快乐》荣获少年组一等奖;在2017年6月的第十届云南省青少年学艺大赛中,普爱琼老师荣获优秀指导老师奖。

五、问题与思考

众多成绩的取得,极大鼓舞着南庄小学老师进取的信心,但是也有一些问题凸显出来。

第一,教师参与研究工作的主动性还不够。

第二,由于受到教学质量的压力影响,教师的思想还较保守,不敢创新。

第三,在课堂教学的模式探究及课堂教学改革上,教师观念的更新、教师专业发展动力的来源以及教学方法的培训指导等方面都还比较欠缺。

第四,由于教师自身能力的限制,教师在微型课题研究的内容、方式等方面容易遇到瓶颈,进一步突破存在困难。

六、努力的方向

第一,学校领导进一步加强学习,特别是要不断提高理论水平和管理水平,提高自身综合素质。

第二,不断提高教师的改革创新意识,特别是要使教师弄清楚新课程改革背景下的教育该怎么做,进一步在"落实"上做好文章,强化品牌意识、科研兴校意识,不断提高学校办学质量。

第三,加强校本研修学习,把教育教学中的困惑、疑难等摆出来,互相分享教学经验,以老带新,以新促长。

区域内、学校间校本研修协同共进模式的探索与实践

云南省建水县第一小学

一、现状与需求

临安镇现有27所小学,1个教学点,329个教学班,在校学生15236名,实有教职工900名。学校分布在城区、坝区、山区,学校之间城乡差别、区域差别较大,教育发展不均衡。从我镇的情况来看,一是优质教师资源相对集中在城区学校,坝区、山区学校优质师资紧缺,学校间发展不均衡;二是学科教师的分布不够合理,坝区、山区学校音、体、美、信息技术课程设置与专职教师配备严重失调。可见,狠抓教师队伍建设是我校教育教学工作的重中之重。为此,临安镇中心校制订了2014—2018年《临安镇中心校名师工程五年规划》《临安镇中心校全面质量建设五年规划》,力求以"名师工程"建设为载体,发挥"教学视导组"和"青蓝工作室"的督导、辐射与引领的作用,促进教师的专业化成长,培养一批能发挥带动与辐射作用的骨干教师,带动我镇教师队伍整体素质的提高,促进教学质量的全面提升。

在专业化成长的道路上,教师有学习新理念、更新教学方法、提高教育科研水平的愿望与需求。但我们还是遇到了许多问题和困惑,如全镇900名教师的素质参差不齐,需求不一,而且分散于27所学校,组织一次集中培训存在诸多不便。而西南大学提供的网络研修平台,不受时空的限制,课程资源丰富,理念新颖,技术先进,实用便捷,深受广大教师的欢迎,是我校解决教师队伍素质难题的首选高效手段。因此,我们采取区域内、学校间校本研修协调共进模式进行师资队伍的研训。

二、目标与内容

第一，坚持"一个中心"——以提高全镇教育教学质量为中心。

第二，注重"两个渠道"——按需教研和按需培训。

第三，实现"三个目标"——提高教师的素质，提高学生的综合素养，提高教育教学质量。

第四，突出"四个重点"——区域内，重视教师的专业成长，促进教学质量的提高；学校间，探索有效的教研模式，促进学校间的均衡发展；课堂内，推进有效课堂教学的改革，促进课堂教学效益的提高；学习上，推动网络研修与校本教研的整合力度，促进科研与教研的有机结合。

第五，突破"五个薄弱"——一是通过送教到校、城乡帮扶、联片教研、有效视导等途径促进薄弱学校的发展；二是通过各级各类培训和有针对性的听课、议课等，加强专业引领，促进各学科协调发展；三是通过专题讲座、问题诊断、调研学生等方法，引导教师加强特殊学生群体的正向发展；四是通过加强科研管理，引导薄弱教师的专业成长；五是充分利用西南大学的网络资源，提高教师的理论水平和研究能力，力求把最薄弱的网络教研做活。

基于以上目标，几年来，我们把全镇小学分为9个学区、6个组，实行"学区一体化"管理，在每所学校内本着教师队伍建设坚持"两手抓"(一手抓师德建设，一手抓业务建设)的工作原则，采取"两结合"(校本研修与网络研修相结合、个人学习与集中学习相结合)的研修方式；校与校之间本着"四个协同"(人员的协同、资源的协同、活动的协同、评价的协同)的原则，每月定时、定内容开展联片教研活动、送教下乡和跟班学习活动，走出了一条在网络研修环境下，区域内、学校间校本研修协调共进的校本教研师训工作模式。

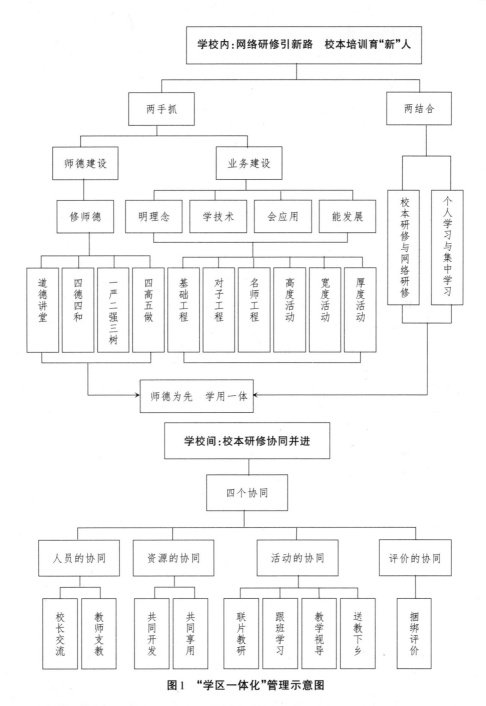

图1 "学区一体化"管理示意图

三、组织与实施

(一)建试点,树榜样,创示范,分层推进,分步实施

2015—2017年,在实施西南大学承担的"国培计划"示范校建设项目的过程中,我们主要采取"建试点,树榜样,创示范,分层推进,分步实施"的工作策略在全镇进行网络研修,即先以建水一小为试点,在建水一小取得成功后,以其为示范,再逐步在全镇范围推行。

(二)健全组织,完善机制,规范管理

1.健全机构,职责分明

科学、高效的组织领导机制是网络研修与校本研修整合制度能否规范实施的首要保证。我校成立了以校长为组长的网络研修与校本研修领导小组,形成了"三抓"(即分管副校长负责抓,师训处具体抓,教科室、教务处、教研组协同抓)的网络研修与校本研修管理网络,管理中既有分工又有合作。

2.加大投入,保障实施

项目学校除了在会议室、多媒体报告厅开设了教师集中网络学习室外,还征订了几十种报纸杂志供教师阅读,并为每个办公室、每位教师配备了电脑,校园内连有因特网,为教师进行网络研修、学习教育理论、了解教研动向和查阅资料提供方便。同时,学校还积极为教师提供外出学习培训的机会,并给予充分的资金支持,有关校本培训的差旅费、培训费、教材费等一切费用,学校100%给予解决。对一些通过培训在教学和科研方面成绩突出的教师,学校进行奖励,并可优先评优。

3.完善机制,落实制度

(1)学习制度

①网络研修与校本研修整合制度:个人与集体相结合,线上与线下双轨走。

在网络研修过程中,我们全力打造教师全员网络培训工程,要求示范校的教师全员参与网络学习,并把学习的情况纳入教师的年终考核之中。同时,发挥网络优势,在网上建立教师师德师风微信群和教师专业成长QQ群,指定专人定期推送西南大学网络研修平台提供的好专题、好课程、好名师及相关的教育

方针政策、教育理论著作,要求个人自主学习。为避免网络学习流于形式,我们定期举行线下集体讨论,让教师们交流学习成果,为教师们提供主动分享的时间和空间。线上与线下、个人与集体双轨齐下,提高教师队伍的品德修养与专业素质。此外,寒暑假时总是有针对性地布置教师学习某部教育理论著作,做好读书笔记,写出学习心得,开学组织交流活动,在学习交流中提高师德。

②学习情况公示制度。

在项目实施过程中,示范校严格按照《建水县临安镇中心校网络研修与校本培训示范校计划》开展网络研修与校本研修整合工作,要求每位参训学员按照培训安排表按时完成每个阶段的学习任务,线上认真完成作业,线下积极交流学习所得。自学习之日起,学校管理员每月公示一次学员的学习进度,学校管理员及时和上线率不高的个人沟通联系,询问情况,督促学习。在网络研修中,少数年龄较大的教师学习困难大,学校就安排专人辅导,做到不让一人掉队。最终按照《建水县临安镇中心校网络研修与校本培训考核和评价方案》对参训教师进行考核,合格率达到100%。

③"五个一"的个人学习制度。

教师每学期读一部教育教学理论专著,订阅一份学科教学核心期刊,记一本听课、学习、议课笔记,上一节研究课,每次教学活动进行一次教学反思。

(2)校本研修制度

在教学教研管理方面,我们结合学校实际,找到网络研修与校本研修的最佳结合点,落实以下几种制度。

①常规管理制度:突出"六个环节",加强"三个研究",严把"一个关口"。

"六个环节"即备课、上课、作业、辅导、测试、反思。"三个研究"即加强教师备课与教案编写实效性的研究,加强课堂教学有效性的研究,加强科学布置作业与减负增效的研究。"一个关口"即严把教学常规检查关,建立健全常规检查制度,做到严格检查、认真记载、及时反馈。

②师训制度:师带徒助同伴,走出去带回来。

校内同伴互助"师带徒制度":每位新调入我校的老师,师训处在听其"亮相课"后,对症下药地为他安排一位师傅,每年9月28日——孔子诞辰纪念日,隆重举行"拜师仪式",以此拉开师徒活动的序幕。之后师傅不仅在教学上、班导工作上手把手教徒弟,在师德师风上、为人处世上也会毫不保留地帮助徒弟。师徒一律按照师带徒制度进行操作,学校定期检查、评价和激励,最终实现"一年入门,三年成熟,六年成骨干"的成长目标。

"走出去带回来"即教师外出学习、培训制度。学校抓住一切机会组织教师外出学习。返校后以上汇报课、讲座、交流等多种方式,传递新信息,检验外出学习效果。

③两级教研制度:加强学科组建设,全面提高学科水平。

一是学科组集体备课制度。学校实行分块备课、集体评议、个人修改、注重反思的"16字"集体备课制度。每次集体备课由主管领导负责考勤、评价说课质量并签字存档。

二是年级研讨课和校级研讨课制度。年级研讨课:各年级以教学中的问题或困惑为研究内容,确立一个教研主题进行研究,组内每人围绕主题上公开课,通过说课、听课、评课、教学论坛等多种形式展开讨论,谈自己的想法、看法,集思广益,达到同伴互助、共同提高的目的。

校级研讨课:各学科定好主题,由教导处统筹安排,由分管领导负责组织,定期开展研讨课,要求同科目的教师参与听课,先以年级组为单位组织评课议课,再集中全校同一学科的教师评课议课。

④三级质量分析制度:班级、年级、校级质量分析。

班级分析:每次统测后由班主任组织统考科目的教师在一起,分析每个学生的情况,如是否均衡发展、强弱在哪一科、该怎么抓等,然后做出改善计划并付诸行动。过一段时间,再根据效果做出调整。

年级分科质量分析:主要分析测试卷的题型、学生得(失)分情况、今后改进的措施、对以后的教学建议等。

校级分析:每个学期初,学校分学科组召开质量分析会,各年级教研组派代表发言,分析上学期的情况,提出新学期的整改计划。

⑤巡课巡岗制度:确保教学规范,人人到岗在岗。

巡课办法:由学校值周领导(学校领导和中层管理干部)组成巡课、巡岗工作小组,每周至少到教学楼巡课两次,检查教师的教学情况;到各办公室巡岗,检查无课的教师是否按要求在岗、有无做与教学无关的事等。

⑥"三有""四落实"的集体培训制度。

"三有""四落实"即训前有教案、训中有记录、训后有反思;培训时间落实、培训地点落实、培训人员落实、培训内容落实。具体形式有聘请校外专家到校讲课、做报告;主管领导带领大家学习;邀请学校"云南省徐亚芝名师工作室"的名师指点迷津;学科骨干教师经验分享;观看网络研修专家讲座、课堂实录等视频……另外,每年寒暑假期间,加强教师对师德、理论和业务素质的学习,学校编有《教师学习材料汇编》,对教师的整体素质提高有很大的促进作用。

四、模式与实践

立足于校本实际情况,我校采取区域内、学校间校本研修协同共进模式进行校本教研。

(一)区域内,采取"两手抓""两结合"的方式促进教师专业成长

1.立足实际,实践练兵,活动育人

在实践中,我们以"四化"(教研行为自主化、教研内容系列化、教研形式多样化、教学研究专题化)为行动纲领,采取了读书活动、师德培训、专业引领、案例研究、教师论文、集体备课、骨干引路、校际交流、参观考察、反思自我、课题带动、青蓝工程等措施,加快教师成长的步伐,取得了明显的效果。

(1)修师德,做师表

"培养什么人"以及"怎样培养人"始终是教育的永恒主题和根本问题。十八大报告明确指出,立德树人是教育的根本任务。临安中心校抓住机遇,找准定位,以立德树人为宗旨,以师德修养为引领,以社会主义核心价值观教育为主线,在教师间开展丰富多彩的师德教育活动。

①开设道德讲堂。

本着教育一代人、引导两代人、影响三代人的目标,我校以道德讲堂为平台,面向全体师生及家长,采取"5+X"的流程模式,不间断地开展师生及家长的系列道德讲座,把道德讲堂变成师生及家长道德成长的源泉。通过唱歌曲、学模范、诵经典、发善心、送吉祥等形式,进一步推进社会公德、职业道德、个人品德、家庭美德的"四德"教育,不断提高全校师生及家长的道德素养、道德水平和道德品质,引导我校广大师生积极投身道德实践活动。

②开展"四德四和"师德活动。

我校重视师德教育活动的开展,即构建个人品德、社会公德、职业道德、家庭美德及与学生和谐、与家长和谐、与同事和谐、与自我和谐的"四德四和"的师德体系。学校以提高师德修养为出发点,采取"一学、二讲、三导、四促"的做法,

通过学理论、学法律,使教师明确工作的意义和价值,树立正确的"三观",进而使教师爱岗敬业、关爱学生、乐于奉献。

③开展"一强、二严、三树、四高、五做"活动。

一强——强化为人师表意识。二严——严肃的自我修养、严谨的治学态度。三树——树立奉献精神、树立敬业精神、树立创新精神。四高——高度的觉悟、高度的社会责任感、高尚的道德情操、高超的教学艺术。五做——关心、尊重、理解每一个学生;备好每一节课;批好每一本作业;真诚对待每一个学生;做一个被家长和社会认可的教师。如我们组织开展的"铸师魂,做师表""临安红烛,育人先锋"师德师风演讲比赛、班主任经验交流会,对教师中优秀的师德典型和先进的师德事迹,进行挖掘、整理和提炼,形成系统的经验,在全校范围进行广泛的推广,努力打造出人人学先进、人人争先进的良好的师德氛围。

(2)提师能,强师技

①"三个工程"强化教师基本功。

A.基础工程。

我们把教师基本功按内容分为三个层面来训练落实。

第一层面为职业基本功训练。职业基本功即"三字"(毛笔字、钢笔字、粉笔字)、"两话(画)"(普通话、简笔画)、"一操作"(电子白板操作)。奔驰见骏马,竞争出人才。我们开展了硬笔书法竞赛、汉字听写大赛、课件制作竞赛等比武活动,为教师提供施展才华的舞台。

第二层面为专业基本功训练。科任教师提高"一标"(把握课标)、"一案"(编写教案)、"一课"(上课与辅导、作业设计与批改)、"一学"(学习西南大学网络研修平台上的先进理念)的能力。教师们自觉参加云南省教师论文比赛,并获佳绩。

第三层面为科研基本功训练。学校要求教师在研修的过程中抓住"四点"做课题,即把教育科研"立足点"放在解决教育教学工作中的实际问题上;把"着眼点"放在理论与实践的结合上;把"切入点"放在学科研究、不断改进教育教学方法上;把"生长点"放在改革创新、增强精品意识上。这样做,既找到了教学中存在的问题,又解决了问题,改进了课堂教学方法,提升了课堂效益。近三年来,学校已结题的各级各类科研项目61项,已立项并正在研究的科研项目32项(县级19个,州级7个,省级1个)。

B.对子工程。

第一,尊重老教师,发挥传帮带作用。我校根据校本教研培养对象的学科类别、研究方向、个性特点,以老教师为指导教师,让中青年教师与老教师结成师徒对子,建立友好合作关系,做到教育资源共享。师徒配对由个人申报、学校统一协调。活动的具体要求、安排、检查及考核由教务处负责。通过师徒结对使青年教师的专业素质得到了较快提升。

第二,重用骨干教师,发挥引领作用。我们十分重视骨干教师的引领作用,做到了"四个一":一是优先派出骨干教师参加一次西南大学的项目集中培训;二是请骨干教师上一次高质量的示范课;三是请骨干教师为相关学科教师举办一次讲座;四是请骨干教师带一名年轻教师,帮助年轻教师从"入格"到"合格"再到"出格",迅速成才。

第三,用好有经验的教师,发挥示范作用。学校十分注重有经验的教师在教育实践和教育改革中的主体地位,发挥其在校内外的示范和辐射作用。对外,我们每学期开展一次送教下乡活动,帮助薄弱小学培养师资。对内,我们组织有经验的教师在校本教研活动中上点评指导课等,发挥示范作用。

C.名师工程。

我校运用西南大学网络研修的"五子登科"理念,通过"选苗子、铺底子、给位子、压担子、结对子"五个环节,使学科带头人和骨干教师培养呈现出"成金子"处处发光的良好效果。

一是开展教学竞赛活动。每学期组织课堂教学研讨、教学竞赛、五项基本功竞赛、专业知识测试、数学百题训练、语文下水作文训练等活动,通过这样的方式来提高教师的业务水平和教学能力。

二是做足教师培训活动。在教师培训上,我镇毫不含糊,采取"走出去、请进来"的方式,每年邀请州级、县级相关专家进行培训;外派教师参加名师课堂观摩;校内实行实践练兵,全员培训。各学校利用现有人才资源,结合教研与课改,组织全体教师开展以"学专著,上三课,勤互动,善反思"为内容的活动,尝试开放式培训,即每年学习一部教育专著,上好过关课、研究课、示范课,同时开展互评互动活动,之后再写课后反思。

②"三度"活动,发展教研新高度。

众所周知,教研工作如果仅仅局限于一校之内有可能会是同水平的反复、浅层次的徘徊,迈不开实质性的步伐。为此,我校在保持原有的校本教研机制的前提下,构建出以"三度活动"为主要特征的联动式教研形式,拓展出了一片教研新天地。

A.高度活动。

我镇多次邀请西南大学的专家到校指导网络研修工作;特邀全国特级教师窦桂梅教学团队,州教科所原所长周新民、县教研室教研员等名师到校传经送宝。我们还与全国知名学校清华附小联谊,每学期选送部分骨干教师赴京跟岗学习,从那里获得最前沿的教研动态,汲取最先进的教育经验。通过专家、名校手把手的指导,面对面的交流,教师们开阔了眼界,少走了弯路,得到了最新的教学资讯,同时提升了校本教研的高度。

B.宽度活动。

本着合作、互动、共享、发展的原则,我们积极与省内的昆明滇池度假区实验学校、武成小学,州内的红河县车古乡中心学校、元阳县上新城乡中心学校和民族小学,县内的官厅镇、西庄镇、盘江乡等9个乡镇中心学校"联片",创造机会相互"串门",让教师们在结交中共同提高,在合作交流中共同进步。学校还充分利用校园网,把教师的教案、课件、练习设计等发布到网上,与周边兄弟学校实现资源共享。另一方面,利用网络灵活方便的优势,引导教师与兄弟学校建立QQ群,在QQ群中进行交流,在备课、教案、课堂教学、课题研究、教育教学经验等方面进行全方位的交流合作。通过跨校交流,实现了由校内教研向跨校教研的转变,拓宽了教研渠道,拓展了教研空间。

C.厚度活动。

每学期由中心校提要求、督过程、勤检查,由各校立足实际开展校本研修活动,各学校自定计划、自定校本研修的主题,尝试开展主题式的沙龙教研活动。我镇结合实际,着重抓好以下几方面的活动:一是夯实教师"五课"(说课、备课、上课、听课、评课)功底;二是提升教师"五课"(过关课、研讨课、示范课、展示课、考核课)实效;三是立足校本开展主题式的沙龙教研。

(二)学校间,抓好"四个协同",促进学校间的均衡发展

1.资源的协同

结合我镇点多面广、教师素质参差不齐的实际情况,我们采用共创优质资源、共享优质资源的方式弥补薄弱教师、薄弱学校的不足。一是由中心校统一安排镇内教学经验丰富的教师命制期中、期末模拟试卷,供全镇教师使用;二是

由各年级的骨干教师统一进行电子备课,并由中心校形成备课资源包下发给各校教师参考、完善、使用;三是由中心校收集各校的优秀课件、课例,形成资源包下发给各校学习、使用;四是城区学校对边远学校进行物资帮扶,帮助薄弱学校尽快发展起来。

2.人员的协同

一是建立校长交流制度。为加强我镇教师队伍管理水平,促进学校均衡发展,结合我镇实际,特制订《建水县临安镇学校校长交流制度》。校长交流遵循"实现均衡、增进激励、有序交流、统筹兼顾、公开规范"的原则。中心校根据学校实际,每学年选派有一定管理经验的名优校长到本镇的薄弱学校兼职,指导薄弱学校的教学管理;选派城区内优秀的后备干部到薄弱学校挂职一年,促进薄弱学校的发展;适当安排在本校任职5年以上的校长到其他学校任职,实现管理人员、管理经验的交流。

二是建立教师交流制度。为促进教师资源的合理配置,优化教师队伍的结构,提升教师队伍的整体素质,增强教师队伍的活力,我校特制订了《建水县临安镇学校间教师交流制度》,要求获得县级以上学科带头人、骨干教师与镇级教坛新秀等以上荣誉且无农村工作经历的城镇学校教师到坝区、山区学校至少支教一年。要求支教者除了认真完成听课、上示范课、教研、交流、讲座等规定的各项支教任务外,还要扩大受支教学校的学习范围,组织两校教师进行手拉手、听课学习等互动活动,尽可能给他们提供各种帮助,给受支教学校提出建议。

几年来,建水一小的王文溢、缪颜燃等,建水三小的卢海清、杨雪华等,建水五小的徐慧鑫等全镇60多位教师到本镇的薄弱学校支教,促进了薄弱学校的发展,得到了受援学校领导和教师们的一致好评。

3.活动的协同

(1)做实联片教研活动

我镇根据学校的规模、所处区域把全镇小学分为9个学区6个组,实行"学区一体化"管理。组内有城区学校、坝区学校、山区学校,以优质学校带动薄弱学校,以城区学校带动山区学校,尽可能实现教育教学均衡发展。联片教研活动实行联系教研员固定、联片学校固定、活动时间固定的"三固定"模式。中心校领导和各位教研员作为协调人员,主持和指导联片学校开展活动,各联片教研学校每学期立足学校实际,制订活动计划,每月根据计划开展针对性教研活动。联片教研活动为各校搭建了一个相互学习与交流的平台,通过校与校之间的联片教研活动,教师们相互促进、相互提高,课堂教学改革也得到进一步的落实,效果明显。

（2）做实薄弱学校跟班学习活动

我镇城乡区别大,学校间发展不均衡。基于此,我们加大了对薄弱学校课堂教学改革的扶持力度,除了在外出学习培训、镇内课堂观摩、深入听课指导等方面给予支持外,还专门出台了《临安镇薄弱学校跟班学习方案》。我们把薄弱学校分成四组,选派部分教师,分别到城区学校进行每学期至少一周的跟班学习,并规定派出学习的教师必须在援助学校上一节考核课,过关后,回校上一节汇报课。此举有力地促进了薄弱学校教师的发展,年轻教师的教学理念得到了转变,教学水平也相应提高了,受到各校校长的好评。

（3）做实教学交流视导活动

我镇中心校认真分析了全镇教育的基本情况,成立了临安镇中心校教学专家视导组,抽调镇内教育教学质量好、教育教学实绩突出的骨干教师、教研员或学校领导组成视导组,到部分学校进行课堂教学视导。视导组到课堂听课,与教师交谈,和学生座谈,帮助所到学校切实提高教师的课堂教学执行力,鼓励教师积极采用多种教学方式、创设课堂情境、丰富课堂氛围,提高学生的学习效率,引导学校把课堂作为提高教学质量的主阵地。此举不仅创新了工作思路,受到基层学校的欢迎,而且促进了我镇教学管理水平的提高。3年来,视导组深入到我镇每一所学校,切实有效地开展课堂教学剖析,对课堂教学出谋献策,探索研究出了"专家视导,教学把脉,抓好常规"的课堂诊断方式。

（4）做实送教下乡活动

为了更好地把先进的教育教学理念和教学方法送到乡下,以实现教育资源的优化、教师专业的均衡发展,我们要求临安镇中心校青蓝工作室的成员及教研员、部分骨干教师积极主动地、富有创造性地开展送教活动,带领工作室成员及骨干教师走到课堂上、师生中,了解薄弱学校在教学中存在的问题,解决教师在教学中的困惑。近3年来,各工作室开展送教到校、教学竞赛、教学研讨活动多次,为各校提供各年级、各学科期末模拟试卷、单元试卷226套。

（5）做实青蓝工作室活动

为了全面提高我镇教师业务素质和教学质量,搭建优秀教师间的合作交流平台,我校制订了《临安镇中心校青蓝工作室实施方案》,成立了语文、数学、英语、综合科四个学科的青蓝工作室。工作室自成立以来，严格执行年度教学计划，采取"3111工作制"，即每个工作室每学期至少开展3次课堂教学研讨活动；每位成员每学期至少承担1节送教下乡的示范课；每位成员每学期编制1~2套较高质量的期末检测试卷；每位成员每学期带1名年轻教师。通过近3年的培养，工作室成员逐步成长起来，3人在省级教学竞赛中获一等奖；2人在县级课堂教学竞赛中获一等奖；8人被聘为建水县"国培计划"专家团队成员，在多次"国培计划"送教下乡活动中提供示范课；1人被评为州级骨干老师；4人被评为县级骨干教师。

4.评价的协同

为促进学校间的均衡发展，我校制订了《临安镇中心校教学质量考核方案》，尝试采取"学区一体化发展"的模式进行管理与考核，将全镇学校按规模、区域、生源等分成相对均衡的9个学区，学区内实行捆绑式评价方式，充分调动强校带弱校、大校带小校的积极性，以促进学区间均衡发展。

五、结果与反馈

自2015年我校被确定为"国培计划"云南省网络研修与校本研修整合培训示范校以来，通过几年的探索，走出了一条区域内、学校间，以研训促教师专业成长，以教师专业成长促课堂教学改革，以课堂教学改革促教学质量全面发展的新路径，打造了一批师德高、理念新、能力强、业务精的教师队伍。经过近3年的研修，我校在教研、科研、教师的专业成长及教学质量方面都有较大的提升。

1.提升了教师的专业素养

两年多的网络研修，西南大学认真组织、精心安排，培训的内容丰富、形式多样、安排紧凑、组织严密。以教育部、云南省关于"国培计划"的通知精神为导向，以提升参训教师的专业技术能力为核心，为参训教师提供了向专家学习、与名师对话、同伴互助的交流平台，同时也为教师提供了展示自己教学特长的舞台。丰富的网络资源深化了我校教师的知识结构，提高了教师的专业水平，加强了教师职业理想和职业道德教育，在很大了程度上转变了我校教师的教学观念和教学行为。

2.提升了教师的理论水平

在网络研修过程中,我校要求教师边学习边反思,边反思边实践,边实践边总结,并要求教师物化自己的学习成果。因此,近3年来,我校教师在各级论文竞赛中获奖率较高。

表1　临安镇中心校2015—2018年教学论文获奖情况统计表

时间	省级一等	省级二等	省级三等
2015 年	27 人	57 人	24 人
2016 年	23 人	63 人	29 人
2017 年	21 人	71 人	26 人
2018 年	12 人	48 人	21 人
合计	83 人	239 人	100 人

3.提升了教师的科研能力

近3年来,通过学习研修,我校大部分教师能独立承担教育科研课题,撰写科研实验方案、总结、实验报告、实验论文,上好课题实验研究课,具有较高的科研能力;一批教师成为学术型、科研型的教师,科研工作在全县领先。

表2　临安镇中心校2015—2017年课题研究结题情况统计表

时间	县级			州级			省级
	领先	先进	合格	领先	先进	合格	
2015 年	6	2	5	2	2		2
2016 年	7	1	5				
2017 年	12	4	6		3	4	
合计	25	7	16	2	5	4	2

4.培养了一批优秀教师

2015年以来,一批州级、县级学科带头人、骨干教师、"国培计划"送教下乡小学各学科的首席专家及85%的专家成员出自我校,为地方打造了一支结构合理、业务精湛、富有创新精神的高素质、可持续发展的师资培训队伍,推动了我县教育水平的提升。如建水一小的英语老师蔡梅,面对网络研修,面对工学矛盾,变消极为积极,将培训"任务"当成学校给自己的"礼物",并把网络研修与校本研训、课题研究相结合,除了在教学实践中运用新教法外,她还通过"送教下乡"和片区教研,大力宣传先进的教学理念,传播研训成果,实现了研训一体的研修方式。2016年起,她连续两年被聘为"国培计划"建水县送教下乡培训项目小学英语首席专家;2016年12月,她被建水县人民政府评为建水教学名师;2017年7月,她被州教育局认定为州级骨干教师。

表3　临安镇中心校2015—2018年名师、骨干教师统计

省级学科带头人	省级骨干教师	州级学科带头人	州级骨干教师	县级学科带头人	县级骨干教师	县级首席专家	县级教学名师	县级"国培计划"专家
2人	5人	3人	4人	11人	29人	7人	4人	32人

5.课堂教学改革初见成效

课堂是教学的主阵地,在课堂教学方面,西南大学的课程设置为我们提供了大批名师的专题讲座及课堂实践经验,专家们一个个精彩的讲座仿佛为我们打开了一扇窗,我们一直在思考如何把学到的课改理念践行在课堂教学之中。为此,2016年9月我校制订了《临安镇"六步七环"课堂教学模式实施方案》,主要采取"分层推进、分步实施、重点落实"的工作策略在全镇推行"六步七环"课堂教学模式改革。此外,我校还以课题为支撑,丰实课改研究成果,其中"临安镇中心校第三学段语文'六步七环'课堂教学模式实践研究""临安镇中心校英语'六步七环'课堂教学模式实践研究"被立为县级课题,"临安镇中心校第三学段数学'六步七环'课堂教学模式实践研究"被立为县级重点课题、州级一般课题。通过两年多的实践,目前教学改革已在全镇各小学铺开,而且改革成果初见成效,模式已在县内的其他乡镇推广运用。走进教师的课堂,我们欣喜地发现教师的教学观念变了、教学行为变了,学生的学习行为变了,教师沉下去了,学生浮起来了,课堂活起来了,教师在各级各类竞赛中获奖率较高。

表4　临安镇中心校2015—2017年教师各级各类竞赛获奖统计表

时间	国家级三等奖	省级一等奖	省级二等奖	省级三等奖	州级一等奖	州级二等奖	州级三等奖	县级一等奖	县级二等奖	县级三等奖
2015年		4人	2人	1人	2人	3人		2人	1人	1人
2016年	2人	1人		1人	5人	2人		3人		
2017年								2人		
合计	2人	5人	2人	2人	7人	5人		7人	1人	1人

6.提升了教学质量

近3年以来,我校抓住机遇,找准定位,一直把网络研修与校本研修有效整合起来,走教师专业化发展之路。在教师的培养方面,我们以教师师德修养为核心,以教师师能提高为重点,打造了一批师德高、业务精的教师队伍。虽然我镇的学校布局点多面广,但教学质量一直稳居全县前列。

7.学生频获嘉奖

3年来,教师们迅速成长,提高了辅导学生的能力,令学生受益匪浅,学生在各级各类比赛中频频获奖。李沛阳等100多名学生喜获省级、州级、县级"三好学生""优秀学生干部""优秀少先队员"等荣誉称号;赵思娴等200余名学生在省级少儿科学幻想绘画中获一、二等奖;冯翰骋等50余名学生的多篇优秀习作刊登在省级刊物《蜜蜂报》和州级刊物《红河少年》上;吴浩轩等200余名学生参加云南省后备力量少年足球比赛、中小学生运动会暨校园足球联赛、啦啦操比赛获第一、二名;万航成获云南省五好小公民"红旗飘飘引我成长"演讲比赛一等奖等。

六、问题与思考

(一)主要的问题

1.部分老教师计算机运用能力差

年纪稍大的教师不能熟练操作计算机,尤其是提交作业有困难,以至于不能较高质量地完成网络研修任务。

2.工学矛盾仍然存在

教师工作任务繁重,难于保证充足的学习时间,加之网络研修的任务较多,很多教师无法处理好网络学习与日常工作之间的关系,网络学习成了很多教师的负担。

3.城乡教师的素质差距较大,教学质量不均衡

我镇管辖的学校点多面广,教师的素质参差不齐,通过到各类学校听课和交流,我们发现,城区学校教师的学历、专业素养、教学技能整体上高于坝区、山

区学校的教师,导致课堂教学存在差距,教学质量发展不平衡。

(二)努力的方向

基于以上问题,在今后的工作中我们将从以下几个方面努力。

1.营造一个良好的网络学习环境

第一,通过计算机操作培训,确保学习者具备熟练的操作能力;第二,通过完善评价方案,激励教师参与学习的积极性和自主性。

2.落实一项常规

践行边探索、边总结、边提炼、边推广的策略,探索区域内、学校间的有效教研方式,促进镇内教育教学的均衡发展,并鼓励教师及时总结与提炼学习研究的阶段成果,形成学校的资源包,与广大一线教师分享。

3.探索有效的校本教研方式

在网络研修与校本研修之间找到最佳切合点,实现网络研修和校本研修相结合,让研修服务于教学,让教学促进研修,提高教师研修的积极性,继续探索并实践有效的区域内、学校间校本研修协同共进模式。

总之,区域内、学校间校本研修协同共进模式已成为我们工作的永恒课题,也成为促进教师专业成长的主旋律。我们将进一步探索网络研修与校本研修整合的模式,以教师发展为本,以提升教学质量为核心,不断探索校本教研方式,充分利用网络资源,促进教师的师德理念和专业素养更上一层楼,为每一位教师、学生的"新"成长和成功搭建桥梁。

"炫彩蜗牛"教育模式的探索与实践

云南省丘北县教师进修学校附属幼儿园

一、研究背景

教育部印发的《幼儿园教育指导纲要〈试行〉》规定了幼儿园的总教育目标、教育内容和实施原则,并要求各地方政府制定指导意见,由幼儿园根据自身情况制订自己的课程。因此,幼儿园的课程、教材、教法百花齐放。而全球化趋势和教育的多元化发展方向,决定着幼儿园课程必须且应该走向多元化和自主化。在制订和实施幼儿园课程时,必须紧紧把握幼教改革的脉搏,贯彻《幼儿园教育指导纲要(试行)》精神,"以园为本"进行课程建设。在园本化课程建构中,充分利用一切资源进行课程选择、课程设计、课程生成和课程重组与整合,为孩子们设计一套既符合其身心发展特点,又具有科学性和实效性的课程,为幼儿园寻找一条特色发展之路。

二、现状分析

(一)当前幼儿园园本课程建设存在的问题

当前幼儿园园本课程建设存在的问题主要体现在以下几个方面:一是有些幼儿园为了实行"以幼儿发展为本"的教育理念,对幼儿进行早期智力开发,所开设的科目繁多,找不到幼儿阶段教育的重心,比如,许多幼儿园除了开展蒙氏教育、奥尔夫音乐教育外,还开设选修课程,如钢琴、小提琴、架子鼓、国画、形体、武术等,把特长教育和特色教育混为一谈;二是主题课程建设中各领域的内容不平衡;三是教师在实施主题活动课程时,有教学的意识但没有课程的意识,大多重视简单的学科知识传授、单科技能的训练,忽略了领域间的融会贯通,忽视了幼儿情感、能力的培养,课程整合能力不强;四是偏重社会的使命和家长的需求,为了追求入园率,幼儿园迎合家长的需要,开展英语教学、汉语拼音教学,这往往与幼儿的实际需要相脱节;五是忽略幼儿发展的实际情况,照搬或死板地模仿优质幼儿园,忽视幼儿园本位特色发展和课程建设的现实需要。

(二)我园的基本情况分析

我园创建于1998年,是隶属于丘北县教育局的一所一级一等公办幼儿园。本部占地面积5022平方米,校舍建筑面积6318平方米,分部占地面积7333平方米。园内环境优美,干净整洁,设施设备相对齐全,塑胶操场、多种运动器械、综合活动室、功能室、大型建构区等都为幼儿自主学习、自主探索创造了良好的活动空间,为幼儿园的长足发展奠定了坚实的基础。

园本部和分部设有大、中、小三个年龄段共25个教学班,在园幼儿900多名;在职教职工共101人,其中本科学历占50%,大专学历占47%,大专以下学历占3%;教师队伍中共有省级骨干教师1人,州级优秀教育工作者1人,县级骨干教师和学科带头人若干名,是一支团结务实的幼教师资队伍。

在发展过程中,我园面临的现实困难和问题主要是:一是教师素质参差不齐,幼儿原有水平及发展差距大;二是如何利用本土资源和相关材料,结合本园幼儿及教师实际情况制订并完善园本课程,循序渐进、因地制宜地促进教师队伍专业化发展并带动幼儿园整体发展。

三、发展目标

第一,以"简洁""规范"为关键词,深入打造园所文化,增强凝聚力。

第二,注重过程管理,细化各项工作流程,逐步形成精细化管理模式,切实提高保教质量,促进幼儿全面发展。

第三,以课题研究为主线,探索并实施"炫彩蜗牛"语言特色教育模式,逐步促进师幼发展。

第四,以"炫彩磨法"为抓手,打造优质教师队伍,增强教师专业发展的内驱力,促进教师的可持续发展。

第五,完善园本特色教材,使幼儿园的教育和幼儿的发展有效衔接,逐步形成适合本园特色发展的办园模式。

四、"炫彩蜗牛"教育模式

(一)背景分析

我县处于多民族聚居地,是国家AAAA级风景区普者黑的所在地。自2012年开始修建高铁以来,我县进城务工和居住的人数逐年增多,形成了2013年上学期有500多名幼儿无处入园的窘迫状态。2013年,丘北县教育局深入社区、校园等地进行调查后,立即调动所有可用资源在短短两个月的时间内为我园打造了拥有10个教学班级的分部。因工作需要,我园短期内调入了近60名教师,这些教师有95%来自各乡镇级小学和中学,学前教育专业的教师寥寥无几,而且这些教师在语言领域和艺术领域的专业基本功都比较薄弱,因此,在教学理念、教学方法和表达能力方面都出现了较大的问题。加上我县地区方言和多民族的本土语言特色较为突出,从成人到孩子,从教师到家长在日常生活和教育教学活动都存在语言环境不够好,交流语言不够规范,教师和孩子的谈话、教师的提问针对性、启发性和示范性较差的情况,并且很容易进入恶性循环的模式。

语言是一种最基本的社会现象,是人们传达信息、表达思想感情和进行交流的一种工具,也是人们在生活中用来宣泄、沟通、表演等众多方式中最直接和快捷的一种。研究表明,幼儿时期正处于语言发展最敏感的时期,是一个人一生中语言发展的最重要阶段。幼儿最主要的成长环境是家庭和幼儿园,所接受的教育及所受的影响主要来自这两种不同的环境。而对于专门对3~6岁幼儿集中实施保育和教育的主要机构——幼儿园来说,如何为孩子们创设科学规范的语言环境就是重中之重的大事了。众所周知,不管是在学习、工作中,还是在娱乐、休闲、生活中,倾听和表达的形式及内涵多之又多:生活交流、传情达意、诗歌朗诵、新闻、猜谜、演绎故事、演讲、面试、求职、宣传、教育教学……无一不显示出语言对于人类的重要性。结合我园实际,必须产生能带动教师整体专业化发展和促进幼儿全面发展的教育教学模式,促进二者之间的相互联系和影响,达到小步递进、共同进步的目标。五大领域的智慧课程一直是我园的主要学习方式和内容,但是班额过大和形式单一等不足,导致了不能充分调动幼儿的积极性和大力发展幼儿的语言能力、动手操作能力、创造力等问题。

经过反复的实践、研究、思考和总结,我们把语言特色活动打造成了我们的特色教育模式。一日活动中加入语言特色活动,紧密围绕健康、语言、社会、科学、艺术有计划、有目标地在各类活动中适当加入和渗透以语言为基础的活动,丰富并整合幼儿在玩中学、在学中玩的特点。以语言活动的不同形式、内容和方法,在不同领域、不同方面使孩子获得一定的认知、感受和提高,促进其全面发展。

(二)模式特点

1.长效性

语言特色活动促进教师、幼儿、家长三位一体的可持续性发展。

2.思维性

课程建设及研修活动中的各种要求和创新,使教师的思维方式更具活跃性和缜密性;在语言特色活动中培养幼儿看、听、想、创、说的思维模式。

3.开发性

整合并优化一日活动,有机融入语言游戏等贴切的内容,逐步形成多维的园本教材。

4.高效性

"扫雷法"和"爆破法"相结合的教研制度具有迅速理解记忆和步步递进的特点,使广大教师在实践的过程中很自然地就落实了教研制度的要求。

5.递进性

转变教研方法方式,从整体到局部,既有结合又有分开,既力求同步发展又强调小步递进。

(三)教育内容

1."炫彩团队"——打造特色校园文化

(1)价值取向

合理利用每一个成员(即形容为炫彩,也是多彩、多种的意思)的知识技能达到协同工作、解决问题的目的,以达成共同目标。

(2)工作理念

眼光高远,心沉教育。注重在大局意识、协作精神及服务意识下产生的高效率、内心动力和核心文化,即看问题时要站得高一点,眼光要放远一些,但心要沉得下来,安心搞教育,既要从大局出发,又要从根本上去寻找问题及解决的方法。

（3）教科研及管理人员培养目标

逐步带动全体人员向常务科研型人员小步递进发展。

一是常务型人员：注重常务、细节且时间观念较强的一类教科研人员或管理人员。

二是科研型人员：注重个人学习、勤于探究事物发展规律和创新意识较强的一类教科研人员或管理人员。

三是常务科研型人员：整合了前两种人才的优点的"完整型"人员。

（4）培养理念

先放手，再把手；先基本，再提升；先整体，再细节，即让教师先自主学习、探索、操作，产生困难及各种问题后再进行理论提升、实践分析及整改的研修模式。

2."炫彩磨法"——开展特色研修活动

（1）价值取向

在教研活动中采取不同的理念方式和方法来提升教师整体素质和专业技术水平。

（2）"炫彩磨法"

根据颜色特点创设的一些教研活动方法。

一是红色反向法：让教师先实践、摸索和自主学习，再进行研讨和专业培训的方法。

二是黄色点阵法：根据教师能力的不同而开展针对性较强的，分小组、分领域或分重点的学习。

三是蓝色思维法：有意识地培养教师的思维模式并帮助教师改进学习方法。

四是绿色变通法：采取实际、变通、接地气、举例等活动方法，帮助部分非专业教师迅速理解理论的深层次含义。

五是紫色神秘法：采取部分颠覆或不同于传统教研模式的方式方法。

六是粉色纯真法：以孩子纯真的简单方式或最传统的方式去理解和开展活动。

七是白色简洁法：多表册变为少表册、复杂式变为简单式、死记硬背变成亲身体验的一些针对性的方式方法。

3."炫彩蜗牛"——建设特色园本课程

（1）基本理念

紧密围绕健康、语言、社会、科学、艺术来选取和安排适合幼儿年龄特点的各类游戏、比赛、主题活动、表演等，运用语言活动和其他方式，优化幼儿一日活动，促进幼儿全方位小步递进、和谐发展。

（2）特色教育价值取向

优化幼儿一日活动，优化幼儿语言环境，以语言活动为载体带动师幼小步递进、同步发展。

（四）实施方法

第一，制订符合实际的工作制度，做到目标明确、分工细致、责任到人。

例：所有园内大小活动实行总负责人和值班教师制。

首先，总负责人负责策划活动具体实施方案和安排各块工作人员，预想活动前后及活动中会出现的状况和解决方案，统一大家的思想，做到群策群力。

其次，值班教师负责整理实施方案和做活动总结，负责传达总负责人的安排和指导，负责填写活动记录。

除此之外，值班教师要负责细化各工作人员的工作及要求，如准备表册、收发教师个人记录表、明确各工作人员负责的工作细节等。

第二，在各类活动中有机加入语言表达和规范书写的环节和要求，把教师表达能力的发展融入所有活动当中。

例1：早操创编比赛，要求撰写设计意图，并把讲解创编意图作为比赛环节之一，锻炼教师的语言组织能力和表达能力。

例2：在集体备课中，要求每一位教师轮流主持和记录备课活动，旨在锻炼和提升教师的组织能力和语言表达能力。

第三，制订适合本园教师和幼儿当前发展的教研制度，积极实践"一日生活皆教育"的教育观。

例1：在实施集体备课制度的初期，设定开展时间为一个半小时，是以小组为单位对下周活动做出策划和构想。待教师整体备课能力提升后，便将集体备课时间调整为半小时，主要作为互相交流的时间，而非备课时间，而剩下的一个小时则成为大家学习保教手册和设计户外活动的时间。

例2：把每一个活动都当作主题活动来实施，形成牢固的"一日生活皆教育"的观念。比如,对升旗、早操、春游、参观消防队、讲故事比赛等都做出详尽的要求和布置,让每一个环节都成为被优化的范围,成为促进幼儿全面发展的点点滴滴。

第四,改变学习方法,提升教师的专业素质。我园提升教师能力的主要环节是:有讲座、勤实践、善学习、多评比、重提升。

例:提倡"扫雷式"自主学习,强调大家在工作实践中善于总结经验,改进学习方法,积极分析案例情况,然后进行相关领域的自主学习和探究,通过横向分析、纵向分析,把碎片信息整体化。

第五,运用"炫彩磨法"分片分群"磨"活动、"磨"教师、"磨"小朋友、"磨"家长。

例1:运动会。根据本园场地和家长情况,我们采取原始回归的粉色磨法,让幼儿操练队列队形,喊口号过主席台,开幕式表演团体操,下午开展项目比赛。

例2:根据我园大部分教师语言不够精练、解说不够儿童化、提问缺乏针对性等问题,我们以紫色神秘法的研修磨法开展了抽题智能提问或回答比赛。比如,抽到了"结婚"的有多位教师,我们就听一听哪一位教师能用最短、最能被理解、意义最贴切的话语来跟小朋友解释"结婚"一词。

例3:针对部分教师制订教育活动目标时的迷茫,我们开展了一些结合绿色变通法和黄色点阵法的教研活动。比如,开展分年龄段、分领域目标制订赛,用一些简便、通俗易懂的话来帮助教师区分领域特点和一些目标实现程度的用词。

例4:社会领域活动主要是培养孩子正确的人生观、价值观和世界观,培养其规则意识和传递爱的意识,让他们从小具有一颗感恩的心。

例5:"初步感受"和"感受"的不同,"能够"和"基本能够"的不同。

例6:开展一系列主题活动,让小朋友产生相关的递进式发展。比如,分两个组开展每月一次的故事表演比赛,让孩子们不管是理解角色特点还是模仿角色语气,无论是倾听还是表达,不管是揣摩什么时候该说什么样的话还是自己制作了什么样的道具等方面,都得到锻炼和提升。

例7:开展"一千零一夜"主题家长讲座,从儿童观、教育观、沟通、交流开始为家长开设理论联系实际的讲座,请家长加入家园共育的队伍之中。利用"大手和小手""敬老院的一天"等活动把家长从被动的"局外人"逐渐变为主动参与策划和活动的"有心人"。

第二辑　校本研修助力教师专业发展

教师专业发展是指教师作为专业人员，在专业思想、专业知识、专业能力等方面不断发展和完善的过程，即从专业新手到专家型教师的循序渐进的动态过程。随着素质教育的全面实施和新课程的实验与推广，校本研修在提高教师实施新课程的能力、改进传统的教育教学方式、推进基础教育的改革和发展等方面，显示出极强的生命力。云南省部分乡村学校在教师培训机构的引领下，结合学校实际和教师需求，努力探索具有地域特色和实效性的校本研修模式，开展富有成效的校本研修工作，较好地推动了学校教师的专业发展。

"五步六有两联五帮"校本研修模式的探索与实践

云南省个旧市第八中学

云南省个旧市第八中学位于个旧市西部的高寒山区——贾沙,是唯一承担全乡普及九年义务教育任务的一所初级中学。学校始创于1972年秋,由于地处边远偏僻山区,交通闭塞,经济贫困,教师流动性大,学校教师团队偏年轻化。在职教师44人中,"80后"的教师就有26人,"90后"的教师有7人。基于这些原因,学校很难形成一支具有较强业务能力和教研能力的稳定的教师队伍。在迷茫之际,我们与"国培计划"相遇。2015年,学校被确立为"国培计划"云南省网络研修与校本研修整合培训示范校。在"国培计划"的引领以及西南大学专家团队的指导下,我校结合实际情况积极组织开展校本研修活动,在实践中逐步探索出适合本校特点、满足教师需求的"五步六有两联五帮"校本研修模式。

一、"五步"校本培训——助力教师专业成长

校本培训是教师成长的一叶方舟,是推动学校可持续发展的必经之路。全面推进素质教育,深入进行课程改革,培养具有创新精神和实践能力的学生,必须要有高素质的师资队伍。而校本培训是推进素质教育和促进教师专业发展的有效途径,更是影响教育教学质量的关键因素。

(一)通识培训——夯实教师的知识基础

我校一直以来全面贯彻党的教育方针,依法办学。为了提高教师的法律素质及依法执教的水平,杜绝教学事故的发生,使教师牢固树立依法从教的意识,增强教师守法和用法的能力,在新学期开学时,我校都要进行和教师相关的法律法规的校本培训。为了使教师不断更新教育教学理念,用最先进的理论来指导教学工作,进行教育教学理论学习是培训必不可少的内容。阅读是教师最好的修行,因此,我校教师每学期至少阅读一本与教育教学相关的书籍。

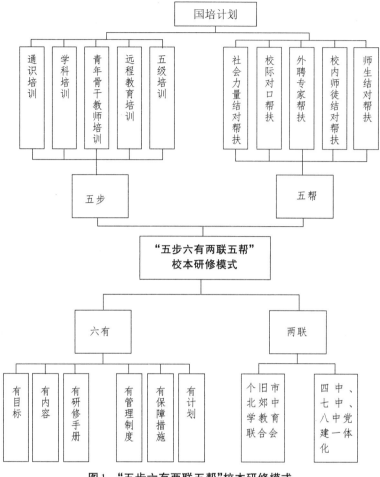

图1 "五步六有两联五帮"校本研修模式

1.培训内容

(1)《中华人民共和国教育法》《中小学教师职业道德规范》《中华人民共和国教师法》《中华人民共和国义务教育法》《中华人民共和国未成年人保护法》《学生伤害事故处理办法》等教育法律法规。

(2)新教育教学理念的学习。

(3)每学期至少阅读一本教育专著。学校已经统一为教师购买了《给教师的101条建议》《静悄悄的革命——课堂改变,学校就会改变》《教育方法学》《给教师的5把钥匙》《让学生学会阅读——群文阅读这样做》等书籍。

2.培训方式

自主学习为主,集中培训为辅。校长和书记组织召开教职工会议集中学习;聘请校外专家到校开展法律法规知识、教育教学理念等方面的专题讲座。

3.培训对象

全校教职工。

4.培训学时

每学期培训不少于15学时。

5.考核方式

考勤考核,必须全勤(病假除外)。参加普法考试,要求80分以上。完成一篇1500字的教育教学理念学习心得体会及一篇不少于4000字的读书笔记,每学期期末时交教务处检查,教务处组织我校语文组教师评选出5篇优秀心得体会进行奖励。

(二)学科培训——提升教师的专业素养

教师的学科专业素养包括:该学科的基础知识和基本技能,该学科的知识结构体系及相关知识,学科发展的历史及趋势,学科的思维方式与方法,等。教学质量是学校的生命线,要提高教学质量,首先必须提升教师的学科专业素养。我校的具体做法如下。

1.增强学习意识,明确学习目标

开学初,根据“国培计划”文件精神要求,我校先后多次组织教师召开会议,教师认真学习有关教师队伍建设的重要文件精神,充分认识到教师专业发展培训的新形势、新内容、新要求;认识到教师学科素养是教师的基本专业素养,是教师专业发展培训的重要载体;深刻体会到学习是一种自身需求,由“要我学”转化为“我要学”,从而确定学习目标与信心。

2.关注学科教学,开展校本教研

我校共分6个教研大组:语文组、数学组、英语组、政史地组、理化生组、音体美组。集体备课和观课议课解决了教学中遇到的一些共性问题。

(1)集体备课,以教研组为单位,每周至少两次,教师共同研究教学设计,形成完备的教案;确定需解决的问题,定时间、定地点、定主备人,共同探讨研究主题。教务处印发《个旧市第八中学集体备课记录表》,每学期至少检查4次。

(2)观课议课,以教研组为单位,每周至少一次。在观课前,教研组组长分配好任务,到议课时有针对性地提出问题,大家献计献策,共同解决问题。

(3)学习新课程标准,明确教学方向。国家义务教育课程标准是建立素质教育新体系的基本指针,是把新课程理念广泛应用于各科教学的实践探索,更是对教学大纲的突破和创新。各学科课程标准结合本学科的特点提出了有效的评价策略与评价手段,引导学校、教师的评价更多地注重学生的学习过程,促进学生全面、和谐、富有个性地发展。新课程标准为教学指明了方向,如果教师不知道新课程标准,就不知道应该教到什么程度,有时教得过浅,考试时学生不会做;有时教得过深,增加了学生的学习负担,且效果也不好;如果是出卷教师,就易超纲,达不到检测效果。所以,只有学透了新课程标准,教师才能做到心中有目标,教学有方向。

3.过程求真务实,抓好关键环节

在备、讲、辅、批、改、评、考各教学环节上对教师的要求及监督检查,学校都做了明确具体的规定,规范了教师的教学行为。教导处每学期进行4次备课、作业批改等常规的教学检查;教研组每周检查教师的工作计划落实情况,如备课、批改作业情况等。加强随堂听课的力度和课堂教学指导,规定行政领导每周听课两节以上,教师每周听课一节以上。

4.实施以赛促教,提高教学能力

以促进教师发展为指引,以构建有效课堂为目的,进一步强化全校教师的课堂改革意识和教学质量意识;鼓励教师采用多种方式进行有效的课堂教学,提高教学水平,带动和推进我校整体教学工作迈向一个新的台阶。我校每学年上学期都会进行青年教师课堂教学竞赛活动,下学期都会进行老教师上示范课活动。

5.加强自我反思,实现自我成长

反思,要求按照"回顾情境—分析得失—找出原因—寻求对策—明确努力的方向"的程序。鼓励教师对自己的教学反思进行理论总结,写出质量较高的反思总结,每学期期末都要交一篇高质量的教学反思。

(三)青年骨干教师培训——打造学校的中坚力量

青年骨干教师是教师队伍的中坚力量,是学校事业发展的核心力量,决定着一所学校的命运。为了打造一支质量过硬的教师队伍,结合学校实际,我们制订了培养方案。

学校充分发挥名师、骨干教师的传帮带作用和学科辐射作用,努力挖掘优质的培训资源,积极为教师争取外出培训机会,不惜投入大笔资金用于教师的各级培训和学习,力争使教师获得更多的外部资源,利用骨干教师带动学校整体教师队伍的专业化发展。三年"国培计划"期间,每学期都有教师到市外参加培训与学习,极大地开阔了教师的视野,不仅为教师具有丰富的理论知识和前沿的学术意识提供了支撑,更有效地激发了教师的内在潜能。由于教学任务繁重,很多教师不能外出参与置换脱产研修。西南大学远程网络研修,克服了时间和空间的难题,让我们学校所有的教师都能聆听到专家新颖的教育教学理念,使教师们的思想观念得到了很大的提升。

(四)远程教育培训——优化教师培训的方式

远程教育资源是我们的良师益友,尤其对我们山区学校来说,它不仅能在课堂教学中起到举足轻重的作用,同时也能提高教师自身的能力和业务水平。因此,我校要求教师必须人人参与培训,并对教师做了如下要求。

第一,认真观看网上视频。在学习的过程中认真揣摩,研究教材,做到真正领会、理解、掌握研修的方法,并且做好自学笔记。

第二,积极参加学校组织的研修活动,并且在活动中认真做好笔记,注意学习、反思、实践的结合。

第三,积极进取,多参加一些教研活动,努力提高自己的教研能力。

第四,积极参加网络学习,在个体、学校、培训教研机构的关联学习中,使研修活动从控制走向解放,从统一规范的集体研修走向自主研修。

第五,自觉和同伴组成研修小组,在校本研修活动中,主动承担自己的责任,不断反思,与同伴互助合作,并且写出学习心得体会。

(五)五级培训——保障教师培训的质量

教学质量高低的关键在教师,在于学校是否把教师的业务培训放在学校工作的重要地位。根据国家、省、州、市有关"国培计划"文件精神,我校积极组织教师参加国家级、省级、州级、市级以及校级"五级"培训。我校派出4人参加"国培计划"置换脱产培训,全员参加"国培计划"远程培训,2人参加云南省农村英语骨干教师培训,2人参加红河州语文骨干教师培训,2位九年级教师分别到上海和四川的中学参观并学习教学管理和教改经验,全校教师均参加了教育技术能力培训,18人参加了市教培中心举办的班主任培训,3人次参加武术教师培训,新教师均参加了市教培中心举办的新教师上岗培训。对州、市组织的教学比赛、专题培训、名师工作室等,学校均积极组织教师参加现场观摩、学习,让他们开阔视野,并且在教学实践中加以运用。

二、"六有"校本研修——提高校本教研实效

校本研修是促进教师专业发展的有效途径。近年来,我校按照上级部门的要求,在"国培计划"的引领下,结合本校教师的实际,组织开展校本研修活动。市教培中心教研员、州市学科带头人和名师专家多次到我校听课指导,他们给我们提出的建议都是要提高课堂效率,完善课堂教学过程。因此,优化课堂教学过程、提高课堂教学效率是我校校本研修工作的重点。我们现在取得的成绩都是教师和学生共同努力的结果,我们现在要做的是由以前的"苦干"逐步转变为"巧干"。学校组织的研修活动紧紧围绕着课堂教学,切实提高教师的授课水平,最终形成了具有学校特色、满足教师需求的"六有"校本研修模式。

(一)有目标

通过课堂教学改革树立典型,引导中青年教师专业素质的不断提高,同时逐步构建校本研修模式,形成校本研修体系,建立校本研修机制,使校本研修逐步规范化。

(二)有内容

1.内部挖潜,择本校之能人,训本校之教师

充分发挥我校实践经验丰富、理论水平较高的各级骨干教师的带头示范作用,通过讲座和示范课向其他教师传授课堂教学经验、展示教学基本功与教学技能,促进全体教师专业水平的提升。邀请在期末考试中取得优异成绩的学生的任课教师分享成功的教学经验和管理经验,如道德与法治教师分享"亲其师信其道"的乡土教学方法;名师、骨干教师分享学科专题复习示范课、期末备考

策略,让不同学科的年轻教师取长补短,提高课堂效率,在期末统考中争创佳绩,如学校副校长分享独具人文关怀的"与您携手,共研发展"期末备考策略等。

2.继续践行"一人学习,众人受益"式研修

学校要求外出学习、考察研修的骨干教师,回来后必须写学习汇报材料,并利用校本研修时间对全员教师进行培训,传达学习精神。培训可采用专题讲座、经验交流、讲汇报课等多种形式,产生"一人学习,众人受益"的效应,如参加"国培计划"置换脱产研修项目培训的4位教师分别上了各自学科的示范课。

3.做好"请进来"工作

针对教师在教育教学中普遍存在的疑难和困惑,尽可能地邀请学科教研员、校外专家、学者来校开展专题讲座,进行"临床会诊,现场诊断",找出问题及原因,制订对策与措施,帮助教师解答疑难。

4.围绕不同主题深入开展"同研一节课"活动

如新教师汇报课"寻找教育的遗憾",就是在指导教师和教研组集体备课下完成的;老教师示范课"抓住教育的契机",着重进行案例研究,使教师从中获得启迪。

5.组织任课教师开展教育教学业务技能大赛

如教学设计竞赛、课堂教学大赛、优秀论文或优秀案例评比、课后反思交流、课件大赛等活动,着力打造校级名师和市里有知名度的教师,促进教研活动的开展和教师业务技能与水平的提高。

6.立足年级组教研活动,大力开展校本教研

除"同研一节课"之外,各教研组在每周的教研活动中要围绕相关课题,把实践中的疑问、困惑进行归纳、筛选,然后确定一个讨论主题,组织交流研讨,使教师沿着"计划—行动—观察—反思"这一互联互动的螺旋式渐进过程,实现问题的解决。真正开展自己的教学研究、解决自己的教学问题、发表自己的研究成果、改善自己的教学实践,不断积累经验,提高教育教学研究能力。

(三)有研修手册

第一,学校要求每位参训教师每年有一本校本研修手册,第一至第五项由

教师个人填写,第六项"考核与评价"每年5月底前由学校校本研修工作小组初评,按学员数的15%推荐优秀学员,填写评价意见后交教导处审核评价,合格及优秀学员颁发校本研修项目合格奖状。

第二,参训学员应积极参加每次校本培训活动,严格考勤,考勤结果以教导处签到及考勤为准,每年度校本培训活动不少于4次,每次不少于两天。学员每年参与校本研修活动不少于3次,少于3次者视为不合格。学员根据校本培训内容及研修心得认真填写研修日志,日志不得少于3篇。

第三,根据校本培训的要求,在培训第三、四阶段,学校组织本校参训学员进行校本教研活动,上一节公开课,组织一次同课异构教研活动,学校组织其他教师进行听课评课,让教师在听、评活动中共同提高。公开课及同课异构教学设计电子稿上交教导处。

第四,认真总结,并提出教师个人专业发展的思路和方法。

(四)有管理制度

第一,为使培训规范化、制度化,按照市教育局的要求,每学年每位教师参加培训时间不得少于38学时,将学时数分解到每个培训项目上,根据出勤率、考核成绩等实际情况评定最终成绩。

第二,加强校本培训的过程管理,有专人负责管理教师参训的考勤、记录、考核、总结等,促进学习和研究的良性互动。

第三,建立学校培训档案。培训档案资料包括各级领导职责、各项规章制度、培训计划和实施方案、培训教材(录像、软件等)、培训记录、考核成绩、科研成果、培训总结等。

第四,建立教师个人培训档案。内容涵盖培训情况记录、个人反思、自学笔记、有关材料、听课记录、优秀教案、参与课题研究情况、论文获奖证书复印件等。

第五,健全校本研修考核制度。学期末校本培训考核小组对教师进行考核。

(五)有保障措施

第一,成立学校培训领导小组,校长是培训的第一责任人,建立健全培训制度,包括考勤、考核、奖惩制度等。各学科要管理到位,保证校本培训有序而高效地开展,提高培训的整体质量。

第二,培训工作在学校领导、各处室主任、教研组组长的指导下开展。各部门要加强协作,各级部、各学科要按照学校的统一部署和要求,结合本学科实际,制订计划和实施意见,认真抓好学科典型,确保校本研修工作的顺利开展。

第三,培训领导小组成员要帮助各教研组制订切实可行的校本研修方案,建立行之有效的研修模式,并组织实施。培养校本培训的骨干力量,发挥他们在校本培训中的骨干、带头和辐射作用。

第四,加强对校本研修工作的评估、检查和督导力度,学校把此项工作列入教师教学工作专项考核。期末在所有学科、教研组、教师中,评选出先进教研组、先进个人,对评选出的先进教研组、先进个人予以表彰和奖励。

第五,学校对校本研修工作做到人人重视,分管领导做到层层管理,确保实效性。学校为校本培训投入专项经费,每学年预备投入 10 000～15 000 元,确保培训年度经费的落实。

(六)有计划

为使我校校本研修有序进行,学校制订了校本研修计划表,按月将校本研修工作从主题、内容、方式、方法和考核等方面进行具体规划。

三、"两联"教研互动——促进教育协同发展

联片教研的目的是为了缩小城乡教育差距,促进区域内教育协同发展。以优秀教师的示范课为引领,帮助教师将课改理念落实到课堂教学中,寻找二者的最佳结合点;以新上岗教师的汇报课为案例,帮助教师理解教材的编写意图,把握好课堂教学环节;以评选优秀教学论文、案例为载体,让学习、研究、写作成为教师的一种生活常态;以结对教研为平台,实现师徒结对、捆绑式成长。基于此,我校加入了个旧市北郊中学教育联合会,四中、七中、八中党建一体化,形成市—镇—村共同发展的格局。我校继续加大教研教改的力度,以"联片互助、中心辐射、学科互补、以强带弱"的教研思想,以校本教研为重点,开展同伴合作、互动教学研究,利用这个教师间的交流合作平台,使教师的课堂教学能力再上一个台阶。

1.个旧市北郊中学教育联合会

会员学校一共有13所,囊括了1所城区学校、8所北郊学校和4所南部山区学校。会员学校实施"四统一",即统一教学进度、统一月考内容、统一考试时间、统一质量分析,促进教师专业素养和教育教学质量的共同提高。

2.四中、七中、八中党建一体化

为了提高我校党员教师的师德修养水平,在党支部书记的带领下,我校教师每学期都要到四中和七中参观学习,互相交流各校好的管理方法和优秀的教学经验,探讨如何促进学生全面发展等。

四、"五帮"结对扶持——统筹资源 聚焦发展

1.社会力量结对帮扶

民进个旧市委发挥自身优势和骨干教师会员的模范带头作用,个旧市二中携个旧市民进骨干会员每个学期都到个旧市八中进行送教下乡活动。他们以新颖的教学模式送来精彩的优质示范课和先进的教学理念,用实际行动助力我校教研工作更上一个台阶。

2.校际对口帮扶

我校手拉手的学校是个旧市四中。四中是一所拥有一支业务能力相当强的师资力量的城区名校。四中各学科名师送教下乡和我校教师到个旧市四中的跟班学习,都为教师们提供了最前沿的教育资讯和教育理念。这些专家与名师的引领为我校教师的专业化发展提供了最有力的支持,勾勒出了学校教师专业化发展的美好愿景。学校还积极为教师争取外出培训的机会,不惜投入大笔资金用于教师的各级培训和学习,力争使教师获得更多外部资源,充分发挥骨干教师的带头作用,有效带动学校整体教师队伍的专业化发展。

3.外聘专家帮扶

我们邀请专家来校与教师面对面开展以学生为中心的小组合作交流课堂教学模式的探讨,让教师们近距离地与专家接触与交流。比如,外聘专家个旧市人民政府的陈杰给家长和班主任带来的"控辍保学"讲座;州教科所原所长周新民做的"我的专业成长引领"讲座;市教培中心专家到我校进行学科直接指

导,把兄弟校的先进经验介绍进来,这样培训的针对性和指导的实效性会更加突出,用他们的经验引导我们的教师,用他们的教学故事感动我们的教师。这种把专家请到学校来的做法,深受我校教师的喜爱。

4.校内师徒结对帮扶

为帮助年轻教师快速成长,我校制订了师徒结对帮扶制度,加强"以老带新"师徒结对子活动,充分发挥新老教师的特点,达到"老带新、新促老、互帮互学、共同发展"的目的。

5.师生结对帮扶

我校充分发挥党员、干部、教师的先锋模范作用,为了促进学困生的进步与提高,学校开展党员、干部、教师结对帮扶学困生工作,对学困生的学习及生活进行帮扶。

五、我们的收获

"国培计划"仿佛是一股清泉流进每个教师的心田,滋润着教师们心中的梦。综观"国培计划"研修活动,既有发人深省的专题讲座、辩论互动、观摩研讨、案例评析、论文撰写,也有观摩课堂、名师风采的体验。"国培计划"不仅提升了教师的综合素质,还提升了教师驾驭课堂的能力。"国培计划"为教师们提供了一个集学习、交流于一体的有效平台,在这里教师们能够学到教学方式方法、教学组织形式、师生关系的处理原则、先进的教学思想,可以形成职业价值观,调适自己的心态,感受到职业的魅力。在"国培计划"的引领下,在全校师生的共同努力下,我校最近三年取得了喜人的成绩。

(一)课题研究

未来教育需要专家型教师,这就要求教师既不能脱离教学实际,又要为解决教学中的问题而进行研究。面对新课程的实施,在三年"国培计划"的引领下,我校结合实际开展了"课题驱动式"的教师校本培训,以参与全国教育科学"十三五"规划课题研究为契机,运用政策导向和激励措施,激发教师专业自主发展的内驱力。把课题研究作为联结理论与教学实际的"切入点",鼓励教师一边工作,一边研究,在研究中体验"做研究"的成功与快乐。学校对教师进行了选题指导,以提升课题研究的针对性和实效性。以学科组为单位,群策群力做好课题的申报工作。2017年,我校成功申报了两个州级课题,其中数学组的"山区初中学校数学学困生学习心理研究"被评定为州级重点课题;语文组的"南部山区初中生课外阅读能力培养的有效指导方法应用研究"被评定为州级一般课题。2018年,我校有4个市级小课题立项,即"新课标下农村初中英语教学中词汇教学的调查与对策""转化农村初中数学学困生的有效途径研究""高寒山区初中物理课堂练习策略研究""利用道德与法治课对农村初中生异性交往进行引导的研究"。这些课题的成功申报和研究对山区学校具有积极的引领作用。"国培计划"的引领,打破了我校课题研究方面为零的尴尬局面,为今后的课题研究奠定了基础。

(二)教师成长

通过参加"国培计划",我校教师的专业素养有了较大提升。教师的成长促进了学校教育教学质量的提升,语文、数学、英语三大科目分别在提高平均分、低分控制和英语写作教学方面取得了成效。

以英语学科为例,根据调查结果,我校学生对英语学习和写作缺乏兴趣,很感兴趣的学生仅占2%,不感兴趣和无所谓的占将近一半。由于缺乏兴趣,没有任何一个学生认为英语写作是"小菜一碟",基本能按要求写出作文的仅占8%,认为比较难、无从下笔的占44%。在对待英语作文的态度方面,能认真写作文的只占8%,甚至有10%的学生直接放弃写作文,从来不写,70%的学生是为了应付考试才勉强去写作文。由此可以看出,学生在英语学习中缺乏积极性和自主性。因此,激发学生学习英语的兴趣和提高学生学习英语的主动性成为我们亟待解决的难题之一。为了解决这一难题,我校英语组的教师本着以学生的发展为本的新课程理念,力求将多种多样的写作训练贯穿于英语教学的始终。教师在写作课上树立以学生为主体的思想,精心设计写作教学课程,使学生拓宽视野,增强自学能力,提高综合运用语言的能力。教师们共同实践出了适合我校学生的"英语写作五步教学模式":第一步,列出要点;第二步,造简单句;第三步,用加长法扩展句子;第四步,连句成篇;第五步,通读全文,检查,改错。在2017年的云南省初中生学业水平考试中,我校学生的英语成绩在高分上取得了重大突破,最高分118(全市最高分119),这份成绩的取得在很大程度上得益于学生写作能力的提高。

(三)学生发展

我校教师始终坚持"永远不放弃、不抛弃任何一个学生"的信念,坚决做好"抓两头、促中间"的教学工作。在2015年的学业水平考试中,我校有7人考入市重点中学;在2016年的学业水平考试中,有9人考入市重点中学;2017年有6人考入市重点中学,1人考入红河州一中,居个旧市南部山区第一。七年级、八年级州统测的科目,在红河州175所学校中,七年级数学排名第43名,八年级语文排名第49名。

化学、历史、地理、道德与法治、信息技术、体育这些学科从激发学生兴趣入手,在及格率和低分控制方面取得了不错的成绩。2016年,我校的历史、信息技术、地理三科在水平结业考试中平均分在全市18所学校中均排列第三名;地理低分人数占校比2016年、2017年两年在全市都是第三名;2017年化学低分人数占校比在全市排第三名,道德与法治平均分全市第三名,历史平均分和低分人数占校比在全市排名第二;在2015—2017年体育水平结业考试中,我校的成绩都位居全市前列。

六、我们的困惑

首先,在如何确定校本研修主题方面有困惑,部分教师认为研修是负担,所以热情不高,疲于应付;也有不少教师还是只重视完成备、教、辅、改、考等教学环节,缺少研修的内在动力。

其次,部分教师缺少超越自我的主动性,虽敏于思,但惰于笔,不善于总结与整理,缺乏探讨与研究的积极性。

七、努力的方向

第一,学校将通过努力贯彻"源于实际需求,解决实际问题"的原则来确定校本研修的主题,多听取教师的建议和意见,多向有经验的兄弟学校学习。

第二,坚持以人为本,创造良好的研修氛围。用良好的文化氛围潜移默化地影响教师、发展教师、塑造教师,帮助教师成就事业;充分地发挥部分教师的积极性,带动所有教师积极主动地参加研修活动。

第三,加强教师道德评价,提高教师职业修养。以德修身、以身立教、乐于奉献是对教师的要求。教师不是圣人,但其所从事的职业特点决定了他们必须用高标准严格要求自己,使自身趋于完美。提高教师职业修养是教育事业的需要,也是教书育人的需要。

阳光普照,师生心坎春意浓;甘雨滋润,桃李枝头蓓蕾红。在这温馨的成长乐园中,我们一起沐浴教育的春光,汲取教育的养料,放飞教育的希望。"美丽的家园来源于平凡的生活,要成就未来就必须脚踏实地地努力",八中人正以"用汗水浇灌,用心血滋润"的实际行动继续努力完善一个"师生快乐生活的家园"。相信在"国培计划"隐形翅膀的引领下,八中的教研工作会更上一层楼,进而带动学校教育教学质量的提高;相信经过我们的努力,八中会成为让社会更满意、让家长更放心、让学生更舒心、让老师更幸福的美好家园!

创新集体备课研修模式，全面促进教师专业发展

云南省个旧市鸡街镇中心小学校

鸡街镇中心小学校地处个旧市北部素有"个旧北大门"之称的鸡街镇，学校现有33个完小（校点），覆盖坝区、半山区、偏远山区、民族聚居区，现在校学生超过4000名，教职工357人。我校于2010年开始就在进行集体备课的探索，由于教师对集体备课的认识不到位，对组织与管理缺乏研究，缺少相应的评价管理制度，因此大部分教师只是为了应付检查，集体备课就成了敷衍了事、走个过场的事，没有把集体备课真正落到实处，更谈不上促进教师个人的专业成长，从而导致集体备课一直以来是学校教研活动中的一个顽症。

2016年，"国培计划"示范校建设项目启动，我校作为个旧市"国培计划"网络研修与校本研修示范学校，得到了"国培计划"专家团队的大力支持。为了提升集体备课的效率，学校组织全体教师线上、线下学习，积极探索新模式，决定从小学语文阅读教学的集体备课入手，以"课题带动，专家引领，骨干教师示范，教师专业发展"的方式开展集体备课校本研修，以提高小学语文阅读教学集体备课实效性的对策为突破口，确定我校集体备课课题研修的总体目标为提高我校小学语文阅读教学集体备课的实效性。

经过三年的研究和实践，我校的集体备课已经达到预期目标：（1）规范和完善了我校集体备课的操作流程；（2）构建了我校集体备课的模式；（3）总结与提炼出实施集体备课的关键点及具体注意事项；（4）形成了我校集体备课的管理制度和评价制度，并在形成制度的基础上有所创新；（5）辐射和带动了我镇区域内各小学、各学科集体备课的发展，促进了我镇小学教师的专业发展，研修课题"小学语文阅读教学集体备课实效性应用研究"荣获个旧市科技进步奖。

一、创新集体备课研修模式

(一)第一阶段:通用模式的研究成型

1.制订研修方案

为制订切实可行的研修方案,提高语文阅读教学集体备课的实效,我校对小学语文集体备课的现状进行了问卷调查,总结了我校在实施集体备课以来存在的问题。

(1)教师的觉悟有待提高

教师觉悟的高低是集体备课是否成功的关键。只有教师真正认识到集体备课的重要性,团结协作,才能形成集体备课的有效研讨。反之,集体备课就会走过场,不能真正发挥其作用。

(2)备课组组长的组织协调能力有待提高

备课组组长的组织协调能力决定着集体备课的成败。备课组组长要有一定的组织协调能力,要能调动组内教师的积极性。所以,加强对备课组组长的培养力度是十分重要的。

针对以上存在的问题,全校教师在学习讨论的基础上,制订了"小学语文阅读教学集体备课实效性应用研究"课题实施方案。

2.开启课题研究

我校按预定的计划开启了集体备课实效性应用的研究,利用每周三下午第二节、第三节课的时间进行集体备课,按照课题实施方案开展相关课题研究活动和集体备课交互式教学研讨,具体做法如下。

第一,个人自主学习与集体学习相结合,平时学习与参加培训相结合,加强课题方面的专业知识学习,系统、全面、多渠道地进行理论培训。学习的内容包括语文课程标准、教材文本内容及相关的教育教学理论。

第二,充分发挥现代网络学习功能,利用"国培计划"平台广泛查阅和收集有关资料,组织教师开展以下内容的学习:《桑代克联结理论与语文阅读教学有效性的几点思考》《在备课中如何对语文阅读教学内容进行选择与创生》《关于新课标下语文集体备课的几点设想》《浅谈略读课文的有效教学策略》《集体备课研讨》《集体备课和个人备课的无效现象与反思》《略读课文的特点及教学策略》等。

第三,积极组织教师参加"国培计划"示范校建设项目培训、红河州县市教研员专题培训以及省、州、市各级各类培训,使语文教师对自身应具备的素养和如何提高小学语文阅读教学的实效性有了更深、更具体的认识,开阔了语文阅读教学集体备课研究的视野。

第四,为了方便课题管理,搭建交流平台,创建了各年级备课组集体备课QQ群、课题研究QQ群。主备教师提前把电子教案和课件发至群共享,组内教师有空时就可以提前熟悉主备教师的教案和课件;课题组组长把学习资料发至群共享,让大家根据各自的情况进行学习;课题组成员把课题论文发至群共享,与大家共同分享。总之,大家借助QQ群这个平台,随时可以相互交流,分享研究成果,既方便了课题研究,又提高了效率。参与集体备课的学校已经辐射到辖区内的所有学校,教师只需提前打开QQ群,把主备教师发的教案下载下来,熟悉主备教师的教案和课件,为集体备课的研讨交流提前做好准备。

第五,以集体备课为抓手,以课堂实践为载体,提高集体备课实效。小学语文阅读教学集体备课实效性的研究,需要理论和实践相结合,要求教师必须领会课题的思想,具体落实并渗透到集体备课实践中去,最后通过课堂实践检验备课效益。从课题研究开始,课题组中的每位任课教师至少要上一节语文集体备课的展示课,每次的展示课要求本年级语文教师均参加听课,然后进行评课交流,复备改进,肯定亮点,提出改进意见。其他教师根据自己的教学特色、学生情况再做深入细致的推敲、斟酌、研究,或对教案进行调整,或对知识点进行拓展,或对教学方法进行改换,或对教学片段进行增删,或对教学环节进行调整,再实施个性化执教。课后的反思和总结,可以是不定时、不定点的随意口头式反思交流和总结,也可以是在每次集体备课之前先对上次上课的情况进行交流,最后完成教案上"课后反思"一栏的书面填写。以集体备课提高课堂效率,以课堂实践促进集体备课思路的基本形成。

第六,落实集体备课各环节,抓好"集体研备"是关键。经过不断的语文集体备课实践,我校全体语文教师已达成共识:个人初备是前提,集体研备是关键,教师再备是深化,教学实践是验证,反思总结是提高。

3.提炼出集体备课的通用模式

通过不断的学习、研究、实践应用,形成了适合我校语文阅读教学集体备课的模式:自主精备—交流研讨—课堂展示—复备改进—个性执教—课后反思。

（1）自主精备

开学之前，年级组组长就对本册教材的备课内容按单元进行分工。主备教师主要围绕教学内容深入钻研，梳理出教学内容的知识点和学习目标，确定好教学的重难点，并对教学目标如何完成、教学重难点如何突破做深入的思考，初步设计出教学预案。

（2）交流研讨

在个人备课的基础上，备课组教师在主备教师的召集下针对教学内容拓展、同科教师交流中的信息对教材进行集中研讨，集思广益，畅所欲言，各自发表建议。在这一环节中，主备教师要做好记录，对每一位发言人所提出的好的设计建议、看法、想法都要详细记录。

（3）课堂展示

集体交流之后，在1~2天内，主备教师对大家的讨论内容、交流信息进行梳理，形成共案，打印后分发到备课组每个教师手中。另外，主备教师要选择本单元的一篇课文进行课堂展示，其他教师听课、评课、修改教案，进一步落实单元目标，突破重难点。

（4）复备改进

教师拿到集体备课的共案后，可根据自己的个性情况、学生情况再做深入细致的推敲、斟酌、研究，对教案随时进行调整，可以是知识点的拓展，可以是教学方法的更换，可以是教学片段的增删，也可以是教学环节的替换。

（5）个性执教

教师按改进好的个案实施个性化执教。

（6）课后反思

备课组的每位教师在每篇课文的教学结束后，把教学感悟、反思记录下来，哪怕是一句话或几个字，只要真实、针对性强，都非常有价值。

语文阅读教学集体备课模式的成型，为我校集体备课的实施和发展奠定了坚实的基础，最终物化出《鸡街镇中心小学校语文阅读教学集体备课管理工作实用手册》、教师论文集、图片集、课堂教学实录光盘等。

（二）第二阶段：学科模式的延伸拓展

我校通过对语文阅读教学集体备课的研究，把提炼出的集体备课流程、模式应用到数学学科教学中，经过数学教师的教研实践、总结经验，最后提炼出适合数学学科的集体备课模式:主备+辅备—上课实践—教师再备—再上课实践—课后反思。

1.主备+辅备

主备教师要将教学内容吃透,梳理出知识点和教学目标,确定教学的重难点,并就教学目标如何达成、教学重难点如何突破做深入的思考和设计,然后形成教案。辅备教师要研读通晓主备教师的教案,厘清教材的知识体系,梳理出教学的知识点,在教案上做好批注,辅助主备教师完善教学设计。

2.上课实践

经过主备+辅备共同完成的教学设计是否可行还有待于考证,因此,有必要进行课堂检验,以便得到总结、提高。

3.教师再备

教师听课后,根据所任班级学生的特点及个人风格,对集体备课的教案再做更改和完善,写出适合自己的学情、教学风格的个性教案。

4.再上课实践

教师按照自己的个案再进行教学实践,检验教学设计的有效性。

5.课后反思

对教学进行总结和反思,以便在今后的教学中更胜一筹。

表1 鸡街镇_____小学数学集体备课记录表

日期: 年 月 日

课题		年级		科目		备课教师	
教学目标	知识性目标						
	价值性目标						
知识点	1						
	2						

续表

课题		年级		科目		备课教师	
知识点	3						
	4						
	5						
	6						
知识的来龙去脉	从哪里来						
	归哪里去						
教学内容的关键点							
认知冲突	新旧知识间						
	知识与生活间						
	学生与学生间						
	老师与学生间						
每个知识点涉及的问题							
教后反思							

(三)第三阶段:片区模式的辐射带动

为了更好地起到示范学校的示范作用,以点带面地提高集体备课的实效,学校将校本研修集体备课通用模式、学科模式辐射到扶持、帮助的薄弱学校,每学期安排鸡街片区的骨干教师与倘甸片区薄弱学校的教师一起进行集体备课,开展集体备课交互式研讨活动,形成了倘甸片区的集体备课模式:选择主题—交流研讨—课堂实施—评议改进—再次执教—课后反思。参与备课的教师认为此模式实用性强,符合学校教育教学的需要,广泛地提高了薄弱学校教师集体备课的效益,有利于促进教师个人业务水平的提高和学校的发展。

表2 鸡街镇中心小学校语文集体备课记录表

日期： 年 月 日

课题			年级		科目		备课教师	
教学目标	知识性目标							
	价值性目标							
围绕以下五个环节进行备课（主旨、主线、关键词句、品读关键词句段的方式、写作手法）								
教学内容的关键点								
五个环节提出的问题（至少一个环节一个问题）								

由于示范学校的带动作用，片区学校的教研工作越来越有目标、越来越有成效，到2017年，倘甸片区成功申报了2个市级小课题。

实践证明，以"课题带动，专家引领，骨干教师示范，教师专业发展"的方式进行的集体备课校本研修，不仅使教学设计更科学、更完善，实现了教学设计的最优化，而且实现了学校之间、教师之间的资源共享、同伴互助、共同成长；同时,也由语文学科延伸到了数学学科,由示范学校带动了薄弱学校集体备课的发展,提高了集体备课的实效,促进了区域内集体备课的发展,使学校的集体备课朝着科学、规范的轨道发展,同时也促进了我镇小学教师的专业发展。

二、校本研修创新模式取得的成果

(一)集体备课管理的规范化和系统化

1.规范了学校集体备课的操作流程

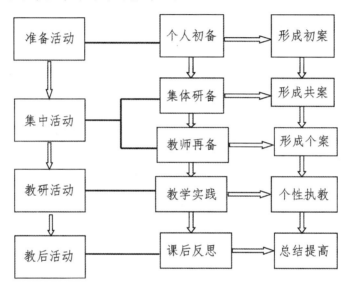

图1 学校集体备课的操作流程图

准备活动:包括备课标(根据课程标准的要求,准确把握编者的设计意图,依据"全册备课—单元备课—课时备课"的思路,准确备出单元、章节的重难点及解决重点的方法、突破难点的手段);备教材(深入研究教材,备出章节之间知识的过渡、衔接、拓展和深化,备出教材的重点、难点、疑点、考点、易错点、易混点和盲点);备学法(充分了解学情,以学生为出发点,站在学生的角度思考,进行学法指导,备出切合学生发展需要的教案);备教法(在充分了解教材和学生的基础上,确定要使用的教育方法;详细列出教学手段,包括课前准备、课后巩固等);备教学过程(教学过程要从教学的导入、各个教学环节的设计、问题预设与生成的处理预案、教学小结、板书设计、练习设计等方面进行)。

集中活动:包括说教学内容(教材目标、教学内容、教材处理);说学生(说学生的知识能力水平;说本节课可能出现的知识障碍等困难及解决的对策;说学生的心理、生理特点及根据其特点所采取的教学对策);说教法(说本课选择何种教学方法及其教育理论依据,无论以哪种教法为主,都是结合学校的设备条件以及教师本人的特长和学生实际而定的。要注意实效,不要生搬硬套某一种教学方法,要注意多种方法的有机结合,突出重点,化解难点);说学法(说拟教给学生什么方法,培养学生哪些学习能力,这种学法的特点是什么,如何在课堂上操作;说教师要做怎样的学法指导,怎样在教学过程中恰到好处地融进学法指导,使学生在学习过程中掌握学习方法);说教学手段(教学手段要有多样性、可选择性,要符合学校和学生的实际,要有具体要求,如课前准备、学生资料收集等);说教学过程(教学过程是说课的重点部分,要求做到说清教学全程的总体结构设计,包括预习、教学、训练、复习的安排;说清教学环节的安排,包括如何引入新课、如何进行新课学习、如何巩固新课成效,以及如何过渡衔接;还要说清教学重点、难点的教法设计、板书的设计、作业的设计等)。

教研活动:为了验证经过备课组研讨过的教案的有效性,备课组进行跟踪和听课检验,以便总结和提高。

教后活动:教后交流反思实际就是对集体备课的总结。备课组教师在集体备课情况下授课,课后要进行交流,对教学进行反思,肯定优点,指出不足,扬长避短,促进今后教学水平的提升。

2.规范了学校集体备课的模式

学校提炼出集体备课的模式:自主精备—交流研讨—课堂展示—复备改进—个性执教—课后反思。

自主精备:主备教师自己围绕教学内容,确定教学目标,突破教学重难点,初步设计出教学预案。

交流研讨:备课组教师在组长的召集下针对主备教师的教学预案进行集中研讨,确定教学设计,形成共案。

课堂展示:集体交流之后,在1~2天内,主备教师根据交流研讨后确定的共案进行课堂展示。

复备改进:教师根据课堂展示的情况,对共案进行再加工,最后制订出适合自己个性和学生情况的个案。

个性执教:教师按改进后的个案实施个性化执教。

课后反思:教师在教学结束后,把教学中的亮点和不足,以及改进的方法记录下来。

3.指出了学校集体备课的6个关键点

学校指出了集体备课的6个关键点:第一,反复研读吃透教材;第二,不同层面备教材;第三,细致深入说教材;第四,反复分析定教案;第五,高广角度展教材;第六,反思交流整体提升。

4.规范了学校在集体备课时的关注点

第一,关注小学语文阅读教学集体备课的内容与范围:教学目标、教学重难点、教学内容、教学方法、教学过程设计、易混知识点、有争议的内容等。

第二,关注小学语文阅读教学集体备课要处理好的两个关系:集体备课与个人备课的关系、主备教师与辅备教师的关系。

第三,关注精读课文与略读课文的区别与联系:略读课文一备如何指导学生利用阅读提示自主阅读;二备如何引导学生围绕要点品味语言;三备如何引导学生积累语言,拓展实践。

第四,关注小学语文阅读教学集体备课应突出的研究风气:注重教师角色定位;注重"集中"和"平时"的统一;注重个性教案与集体教案的结合;注重课前反思和课后反思的统一。

5.学校集体备课管理和评价的系统化

(1)管理方面

第一,制订了集体备课的实施原则。

集体备课要做到"四定"(定时间、定地点、定内容、定中心发言人)、"五备"(备课标、备教材、备教法、备学法、备教学过程)、"五点"(重点、难点、知识点、能力点、教育点)、"一题"(课后作业题)、"六统一"[统一进度、统一目标、统一重难点、统一每一节课授课的共性内容、统一作业(课堂练习题和课后作业题)、统一单元检测题]。

第二,规定了集体备课的组织形式及参加人员。

参与集体备课的人员最好按年级组成备课组,同时每个备课组必须确定一名召集人组织同年级学科教师进行集体备课,召集人可以是备课组组长或年级学科教研组组长。

第三,确定了集体备课中各成员的职责。

备课组组长:全权负责本年级组的集体备课活动,统筹安排,严格把关,制订切实可行的活动计划。

主备教师:提前做好主备教案的撰写工作,要认真钻研教材,准确把握重难点,写好主讲提纲,提出教法建议。

辅备教师:根据集体备课的意见,结合本班实际认真修改,制订教案,既要借鉴别人的东西,又要结合自己的特点。

(2)评价方面

第一,对集体备课内容的评价。

主要考察主备教师对教材的理解和把握是否准确;三维目标的定位是否做到准确、适当、具体、有梯度、易检测;是否对教材进行深度挖掘;教学设计是否合理,能否彰显学生的主体地位,体现以合作、探究、交流为主的学习方式;教学方法的设计能否调动学生的积极性;教学过程的安排是否自然、连贯;对课堂教学中可能出现的问题是否进行预设;导学提纲的编制能否做到知识问题化、问题层次化等。

第二,对集体备课等级的评价。

组长评价:年级组组长或备课组组长按照备课组开学时制订的工作计划及时组织备课活动,根据计划的完成情况进行初级评定。如果不合格,则要求主备教师在当天对教案进行修改,直到合格为止。

教导处评价:教导处对各年级的集体备课完成情况进行终极评定,结果作为优秀备课组评选的重要依据。

分管教学的副校长评价:对教导处评选出的优秀备课教师和优秀备课组给予表彰和奖励。

三级评价把个人的发展与备课组整体水平的提高有机地结合起来,从而有效地提高了集体备课的实效性。

表3 鸡街镇中心小学校集体备课评价表

评价项目	评价内容	评价等级		
		优	良	中
备课过程	1.组织备课完成情况			
	2.初备教案批注修改完成情况			
	3.备课时集体讨论情况			
	4.能否按时备课,保证备课时间			
备课内容	1.教学过程的安排是否自然、连贯			
	2.三维目标的定位是否准确、适当、具体			
	3.教学设计是否有合理的改进意见			
备课结果	1.课堂教学与教学设计是否合理			
	2.教学重点是否突破			
	3.教学效果如何			

(二)促进教师专业发展

以"国培计划"为契机,我校制订了一系列方案促进教师专业发展。

骨干教师:骨干教师要起示范引领作用,要与一位青年教师结成师徒关系;骨干教师每学期要听青年教师至少4节课,要指导青年教师改进教学方法,帮助青年教师写好教案、上好课,并给青年教师上好示范课。在给青年教师上示范课的过程中,骨干教师自身也得到了发展。

青年教师:青年教师要与一位教学经验丰富的骨干教师结成师徒关系,每学期听指导教师至少2节课,要虚心学习和请教指导教师,上好"青年教师课堂教学竞赛课"。在骨干教师的引领下,青年教师加速了专业发展。

中年教师:要多参加"国培计划"网络研修活动,学习专家们新的教学理论,更新教学观念,跟上时代,与时俱进,发挥传帮带作用。

在"国培计划"的引领和带动下,我校成功承办了个旧市的"国培计划"送教下乡活动4次,覆盖了个旧市北郊片区的所有小学,覆盖教师900余人次;3个片区推选出的3位教师被授予个旧市"国培计划"乡村教师送教下乡授课老师,多次在"国培计划"乡村教师送教下乡活动中上示范课,2017年获得个旧市"国培计划"项目实施的先进工作者。2017年,我校有2位教师获得市级骨干教师称号。近3年来,我校有80位教师积极参与课题研究,并成功申报了8个市级规划课题和小课题;3位教师的论文荣获省级奖,9位教师的教学反思选送参加红河州优秀案例反思评选。

(三)课堂教学成绩喜人

教研推动了教学工作的发展。教学工作是学校的中心工作,课堂教学是教学工作的核心,集体备课是发挥集体智慧、提高课堂效率、保证教学质量的有效措施。参加"国培计划"3年以来,我校的教研工作得到了蓬勃发展,学校每学期都开展"骨干教师示范观摩课"和"青年教师课堂教学竞赛课"。通过课堂教学竞赛推选出的教师参加市级、州级不同类型的竞赛活动,都取得了可喜的成绩,分别是:州级二等奖1名;市级一等奖5名、二等奖5名、三等奖1名。教师课堂教学水平提高了,教学成绩自然就上升了,我校在这3年的期末考试中,教学成绩都名列郊区前三名,考取个旧市重点中学的学生人数逐年递增。

(四)学生得到全面发展

参加"国培计划"示范校建设项目培训,教师得到成长,也促进了学生的全面发展。美术学科教师通过参加"国培计划",指导学生参加青少年才艺大赛获得二等奖;体育学科教师通过参加"国培计划",指导学生参加市级田径运动会获得团体三等奖,并有1名学生推送参加州级小学生运动会,获得2个一等奖、1个二等奖;音乐学科教师通过参加"国培计划",指导学生参加市级舞蹈比赛获得二等奖,鼓号队展演获得市级三等奖。这些校本研修活动的开展,不仅发挥了学生的特长,也发展了学生的智力和能力。

三、存在的问题

第一,学校由33所完小(校点)组成,学校较为分散,教师难以集中起来进行集体备课。

第二,学校现在只有QQ群、微信群可供教师交流备课,没有能力开发网络集体备课的互动交流平台。

第三,学校急需高等院校的专家团队对集体备课从高度、深度发展方面进行指导。

四、今后努力的方向

第一,教研推进——学校将以个旧市开展的大教研活动为契机,继续推进"单学科备课""多学科整合备课""片区联动备课"等活动,使集体备课的效益最大化。

第二,专家引领——继续开展线上与线下相结合、走出去与请进来相结合的学习方式,在专家的引导下,更好地发挥集体备课在校本研修中的作用。

第三,师生共赢——继续开展网络研修活动,使教师学习的面更宽,接触的专家更多,教学理念更新,最后融入课堂,让更多的学生得到全面发展。

集体备课是校本研修的基石,校本研修是促进教师专业发展的最佳途径。尽管我们将来在集体备课的过程中会遇到这样或那样的困难,但只要我们坚持不懈、努力创新,"待到山花烂漫时,我校的校本研修一定会在丛中笑"。

网络平台引领教师成长，特色研修营造七彩乐园

云南省建水县机关幼儿园

园本研修是目前常用的一种研修方式，它的本质是园本，目标是研修，主题是教师，关键是过程，它是教师在活动中学习、改进、反思和提高的过程。我园本着促进教师、幼儿和幼儿园整体发展的宗旨，办园以来一直在园本研修的道路上积极探索、实践，从初期的理论学习、集体备课、交流经验到观摩示范课、说课、评课、同课异构，再到解决工作中的实际问题，扎扎实实地开展园本研修活动。我园以营造"爱的世界、七彩乐园"为目的，积极开展集教研、科研、培训为一体的园本研修活动，将校园文化、特色主题活动与常规活动有机整合；鼓励教师积极开展课题研究，探索与教师成长相适应的园本研修模式。通过园本研修活动的开展，我园收获颇丰，近几年来，多篇论文获省、州、县级奖励，并在教育刊物上发表；多个课题立项、结题并在州、县获奖。在园本研修活动的过程中，我园组织收集并整理了家乡题材的活动设计，分小班、中班、大班三个阶段，将之汇编成我园的园本课程。

但是，随着研修活动的开展，我们逐渐发现，园本研修的范围越来越小、思路越来越窄，园本研修进入了瓶颈期，教师们只是被动参与。究其原因，教师和专家近距离交流、沟通的机会少，外出学习的机会有限，教师之间的交流、经验分享也有局限性，教师的专业发展受到了制约。2015年，我园参与了西南大学组织的"国培计划"示范校建设项目培训，并荣幸成为示范园。网络研修给我们提供了一个平台，它打破了地域、时空的界限，将庞大的教育教学资源库展现在我们面前，让专家和优秀教师来到我们身边。在平台上，大家可以不限时间、地点，根据主题自由畅谈、各抒己见、交流思想、互相学习。我园以项目引领为核心载体，通过网络研修和校本研修项目，在教师培训、课题研究和特色打造与研修活动等方面进行积极探索和实践，推动了幼儿园的发展。

一、重内涵,显特色,促进幼儿园和谐发展

(一)充实内涵发展,彰显办园特色

办园理念是一所幼儿园的灵魂,幼儿园特色的形成其实是践行办园理念的结果。我园以"爱"为核心,为幼儿打造"爱的世界、七彩乐园"。几年来,我园一直在不断完善、充实办园理念和校园文化,不断寻求幼儿园发展的新的生长点。借着园本研修的契机,我园通过在研修中讨论——在实际中实践——逐步完善的模式以及主题研修的模式,不断丰富幼儿园的文化内涵,完善校园文化建设体系,使我园朝着内涵发展的方向不断迈进。

1.形成办园理念

通过各种研修活动论证及多年的办园工作实践,我们对幼教工作的真谛有了更进一步的理解,逐步形成了一套比较系统、完善的办园理念,以"尽心尽力为孩子发展,全心全意为社会服务"为办园宗旨,以"团结活泼、严谨创新"为园风,以"守则、诚信、民主、进取"为园训,以"热心服务、勤恳育苗"为教风,以"幼儿为主体,促进幼儿、教师、家长共同成长"为任务,以"增强体质、启迪智慧、培养习惯、发展个性"为幼儿发展目标,遵循"开心的玩是孩子的任务,让孩子玩开心是我们的责任"的保教理念。用童真、童趣、童话呵护孩子的童心,用真诚、善良、美好营造童话世界,用动手、动脑、动口启迪孩子的智慧,用感知、感受、感动创设动感乐园。各种研修活动及培训让教师熟知我园的办园理念,并进行内化理解,反射到自己的教育行为当中,从而使自己不断走向成熟。

2.建设校园文化

在不断完善校园文化建设中,逐步形成了特色化的文化体系。校园文化主要以促进幼儿健康快乐成长为中心,以创设"童话世界、动感乐园"为主题。以自然和谐的春夏秋冬之景装点楼层走道,以"运动健康、运动快乐"为主题创设一楼运动发展区,以"童眼看家乡、巧嘴赞家乡"为主题创设二楼的社会、语言发展区,以"庄稼大丰收、我的成长大丰收"为主题创设三楼的角色体验区,以圣诞、春节为主题创设四楼的区角游戏区,坚持教师、家长、幼儿共同参与文化建设,文化特色不断凸显。

(二)创新教育模式,打造教育特色

我园在完成保教任务的过程中根据本园的优势和特点以及幼儿的年龄特征,在整体上逐步形成了"以幼儿健康快乐成长为本,全方位促进幼儿社会性发展"的特色教育模式。具体开展的活动有如下几点特征。

1.角色体验丰富多彩

著名教育家陶行知说:"教育即生活,生活即教育。"我园为幼儿创设生活中的场景,让幼儿在场景游戏中模拟、学习,在学习中体验生活。我园设置了多种社会角色,帮助幼儿了解社会各个行业的角色特点,体验不同角色的劳动,如导游、教师、服务员等,让幼儿体验劳动收获的乐趣。我园创设了"建水一条街",设置了美发厅、美餐吧、小小幼儿园等功能室,为幼儿创设了模拟职业的场所;同时,还成立了"求职中心"和"劳动报酬中心",让孩子体验劳动、报酬与生活,提高游戏的仿真性,有效调动了幼儿参与活动的主动性和积极性。

2.混龄游戏效果明显

完善的个体发展离不开与同龄伙伴和混龄伙伴的交往,各自获得的益处是不同的。我园认真学习和借鉴省内外幼儿游戏组织的经验,积极探索幼儿混龄游戏模式,效果明显。主要做法有以下几种。

一是每天设置30分钟的自由游戏时间,幼儿可自由选择不同的区域和不同的伙伴进行自主游戏。这为幼儿的混龄游戏及混龄交往提供了空间和条件,使幼儿之间的交往更加广泛。在游戏中,各班教师担任各区域的负责人,负责区域内幼儿的安全和观察、记录工作。

二是每月将小、中、大班的教师和幼儿分组,有组织地开展混龄游戏。在混龄游戏中,我园主要以角色游戏、竞赛游戏、表演游戏为素材,有意识地引导幼儿进行"大帮小、小学大"的活动,教师指导幼儿发挥互助合作的精神,引导他们初步学会判断问题,发现游戏规则,并探索解决问题的办法,使幼儿的爱心、责任心、自主性等在潜移默化中得到发展。

3.男孩区角设置领先

当前,"男孩女性化"现象已引起社会学家及教育界的广泛关注。在幼儿园中,由于教师主要是女性及传统幼教模式等,设计区角或选择游戏都存在着利女性规律,导致幼儿园教育男女不均衡。针对这一问题,我园经过认真研究讨

论,进行了突出"小男子汉"个性为主要目标的"男孩区角"教育探索。一是由男教师主要负责男孩区角,如果男孩遇到问题,就鼓励他们多去咨询男教师,让男教师将阳刚气质传递给男孩。二是在区角创设中,尽量满足男孩认知、情感、社会性、语言、动作技能等多方面发展的需要。三是在材料投放中,更多地突出男孩特性,如在"好玩的汽车"主题区角活动中,让幼儿掌握一定的交通安全知识,养成遵守规则的良好习惯;在战场区角活动中,让他们进入"战争状态",享受战斗和征服带来的自豪感,培养男孩性格中的尚武气质等。

4.礼仪教育别具一格

随着人类文明的进步和发展,礼仪已成了个体素质的重要组成部分,我园结合幼儿园文化建设特点,一方面认真抓好幼儿日常行为习惯的养成,另一方面注重幼儿生活情趣和品质培养。通过探索总结,我园对幼儿进行六个方面的礼仪培养,逐步形成了入离园、升旗、课堂、进餐、午休、集体游戏等六大特色鲜明的礼仪,并将幼儿园其他区角活动与礼仪教育结合起来,从小培养幼儿争做"文明礼仪小明星"。例如,入园时要求幼儿自己步行,和家长道别,并要求幼儿分别向门口保安、园长、教师问好,自觉参与到晨练中,和其他小朋友互相问候;午睡时提醒幼儿睡前小便,自觉换脱衣服,保持安静不影响他人;集体游戏时排队不打闹,东西从哪里拿的放回哪里去,文明协商,合作游戏;进餐时学会饭前洗手,安静、文明进餐,爱惜粮食,不挑食等。这些活动提升了幼儿文明礼仪程度,促进了幼儿良好的社会性发展。

二、勤耕耘,结硕果,推动幼儿园各项工作有效开展

(一)创设角色体验活动,教育理论与实践研究初显成效

目前,无论是学校教育还是家庭教育,其重心都过分倾斜在幼儿的智力发展上,轻视对幼儿社会角色的培养,致使幼儿对各种社会角色缺乏了解,对其所承担的责任不够明确,无法辨别各种社会角色所做事情对社会的利弊影响。部分幼儿生活在以自我为中心的环境中,缺乏自立精神和关心他人、与他人合作的能力。针对这种现象,根据幼儿的年龄特点,我园开展了幼儿社会角色体验实践研究。

1.开展幼儿社会角色体验研究

幼儿社会角色体验研究主要是指让幼儿了解各种社会角色,知道各种社会角色所承担的社会责任,对幼儿进行自强自立、关心他人、与他人合作的教育,让幼儿在仿真的游戏环境中,通过模拟社会角色,学习与他人交往、与他人合作,使其增强信心,促进身心健康发展和社会性发展。

2.社会角色体验研究的具体做法

(1)区角设置

我园根据幼儿已有的经验及接受程度设置了小小旅行社、小小幼儿园、西餐厅、美容美发吧、超市、爱心医院、擦鞋店、送水公司、快递公司等区角供幼儿进行活动。

(2)场地布置

我园设置了"岗位竞聘中心""劳动报酬中心",并根据各个区角的功能布置场地及投放相应的材料。例如,在"小小旅行社"中,投放立体的缩小版建水风景名胜景点朝阳楼、朱家花园、双龙桥等及导游旗;在"快递公司"中投放送货的三轮自行车及包裹、快递单等;在"擦鞋店"中投放擦鞋器、鞋油,力求提高幼儿体验的真实性。

(3)活动组织

每周一下午三点在"岗位竞聘中心"进行社会岗位竞聘,幼儿根据自己竞聘的岗位进行演讲,教师根据幼儿的演讲确定上岗人员。竞聘出的上岗人员每周二至周五在相应的活动时间到岗进行工作。每周五下午三点,已参加工作的幼儿可到"劳动报酬中心"领取相应的"工资",其"工资"可当场兑换物品,也可以留到每年五月举办的"劳动报酬"主题活动时使用。

(4)活动效果

通过竞聘演讲,幼儿的口语表达能力逐步增强;仿真的社会角色体验活动,让幼儿真实体验各种岗位的工作方式。在活动中,孩子们认真参与、积极互动。例如,在"快递公司"角色体验活动中,让担任收件员的幼儿认真用符号填写运单,担任送货员的幼儿骑着三轮车按照地址逐一送货上门,并让客户签单;在"擦鞋屋"角色体验活动中,让幼儿亲自挤鞋油、擦皮鞋,感受劳动的辛苦。在模拟真实世界的微型社会里,幼儿通过扮演各种成人角色,体验各种职业的工作要求和流程,体会到了劳动的价值。这些实践活动训练了孩子的"四种能力",

即动手能力、交往能力、合作能力、解决问题的能力。社会角色体验活动既能让幼儿体验到不同的职业，又能让幼儿通过模拟真实社会的职场环境，学习到书本以外的知识。

我园开展的幼儿社会角色体验活动得到了上级领导的大力支持、家长的赞许认可、同业行家的充分肯定和专家学者的指导鼓励，育人效果十分显著，在云南省具有一定的知名度。例如，全县教育工作会议代表到我园参观；《中国教育报》记者、《中国西部》杂志社编辑到我园参观采访；近几年里，各种培训班学员先后到我园参观学习；我州个旧市、蒙自县、弥勒县、绿春县、元阳县、金平县、红河县、泸西县等地方的幼儿园教师也陆续到我园参观学习，对我园开展的特色教育活动给予高度的评价。随着办园水平的提升，我园在红河州乃至云南省的影响力不断扩大。

(二)借助各种研修平台,大力推动教师专业素质建设

园长陈作华对教师的园本培训工作非常重视，始终把建设一支高素质的教师队伍作为工作重点，提出了"建设高素质的教师队伍、走科研兴园之路"的办园思路。我园采用园本研修和"送出去、请进来"的方式，为教师提供学习培训机会；积极支持教师参加各级各类观摩、评比活动，把部分中青年教师送到北京、上海、广州、南京、长沙等先进地区进行培训，受训教师回来后上公开示范观摩课、进行讲座汇报，把好的理念、好的方法带入我园，促进教师业务素质整体提高。但是，这种培训方式远远满足不了教师们的需求。网络研修平台的建立，突破了专家、教研员与教师，教师与教师之间小范围、短时间互动的局限性，使普通教师与异地的同行、专家们一路同行。专家与教师之间的互动，给教育注入了新的活力，为教师的成长提供了一条新路径，也使部分教师成长为州级骨干教师和学科带头人、县级教学名师，打造出一批优秀的教学人才。例如，园长陈作华先后被评为云南省特级教师、云南省先进教育工作者、云南省教育风云人物、县级学科带头人，多次被评为县级优秀十佳校长、县级师德标兵，并被西南大学网络与继续教育学院聘为2015年11月至2017年5月的"国培计划(2015)"教师工作坊研修主持人，2016年被评为县管专家。2018年陈作华名师工作坊成立，在云南省具有一定的影响力。副园长范红艳被评为红河州优秀教师、州级骨干教师；副园长李红琳被评为红河州优秀教师、县级骨干教师、先进教育工作者、县校园文化建设先进个人、县级教学名师；教科室主任徐兰被评为

州级骨干教师、县级骨干教师、县级教育科研先进个人、县级十佳园丁、县级教学名师;教师张建芳被评为州级骨干教师、县级学科带头人。在我县组织的"国培计划(2016)"——云南省中小学、幼儿园教师网络研修与校本研修整合示范校建设项目教学比赛中,我园的青年教师黄维辉、李筱分别荣获一等奖;在西南大学组织的"国培计划(2016)"——云南省中小学、幼儿园教师网络研修与校本研修整合示范校建设项目教学比赛中,李筱荣获二等奖,黄维辉荣获优胜奖。

(三)常态化的研修模式,不断追求学以致用,重在实效

为了提升每一位教师的专业化水平,全面提高教师队伍的整体素养,我园立足本园实际,加大园本研修的力度,将研修活动常态化,每周进行年级小研修,每月开展园级大研修。常用的研修模式有以下几种。

1.自学研修模式

它是园本研修的主要形式,具体做法是:幼儿园积极为教师自修提供条件,开设阅览室,购买相关理论书籍,举办读书自学活动交流会,促使教师自学,促进教师的自主发展。

2.专题研修模式

我园针对在保教活动中存在和出现的问题,确立专题和目标,让大家带着任务去观察、听课或讨论,之后再组织教师进行再次实践。专题式研修可以以理论学习、实践研讨和专题讲座的方式进行,让教师在发现—反思—实践这一过程中得到交流、提高。

3.案例研修模式

案例研修模式即从典型案例中获得启迪、寻求解决问题的思路的方式。运用这种模式进行研修时,研修者一定要精选出具有代表性、典型性的案例,然后组织教师进行深入讨论。这种模式具有较强的针对性,效果较好。通过教师参与式的研讨,引导教师运用教育教学理念对课例进行分析、模仿、借鉴,从中领悟一些新颖的教学方式,反思自己的教学方法,取得了很好的效果。

4.课题研修模式

我园以州级课题"幼儿行为习惯分层教育实践研究"为抓手,开展系列主题研修活动,鼓励教师积极进行微型课题研究,让教师以自己的保教工作为基础,

组建小研修团队,以州级课题的内容为切入点进行微型课题的选题、研究、实践,从而不断提高教师的科研能力,同时使幼儿在各方面得到均衡发展。从实施效果来看,幼儿园开展的各种研修活动,提升了教师的保教工作水平,有效地解决了教师保教工作中遇到的问题。

(四)课题论文精彩纷呈,各项研修竞赛活动硕果累累

我园教师在教育教学改革方面的积极性很高,他们能在平常的工作中从点滴小事中发现教育的契机,不断积累经验,能将自己的经验物化,并运用到具体的教育实践中。许多教师的论文参加各级各类的竞赛,都取得了较好的成绩。例如,已结题的课题"如何搞好幼儿教育与小学教育的衔接"获建水县科技进步二等奖;"幼儿安全自护教育的行动研究"达到县级先进水平,其研究成果对幼儿教育的发展有较大的影响;幼儿园正在进行州级课题"幼儿行为习惯分层教育实践研究"的研究,各年级都有一个相应的园级课题、微型课题在进行研究。我园参加课题研究的教师达90%,有效促进了教师的专业发展。

园本研修活动的开展,有效地推动了幼儿园保教工作的深入和发展。自西南大学组织的"国培计划"示范校建设项目启动以来,我园教师以高涨的学习热情投入其中,经过一系列网络学习和园本研修活动,参训者都得到了不同程度的发展,取得了很好的成绩。论文获奖、发表和课题获奖数量逐年递增:我园2015年获奖论文合计23篇,发表论文5篇,获奖课题1个;2016年获奖论文合计25篇,发表论文6篇,获奖课题3个;2017年获奖论文合计44篇,发表论文9篇,获奖课题11个;2018年仅1~3月获奖论文就达40篇。

三、汇经验,勤反思,提高幼儿园办园水平

(一)取得的经验

幼儿园发展的关键是教师,只有教师发展了,才能促进幼儿及幼儿园的发展。在这一理念的指引下,我园以园本研修为基石,以网络研修为引领,有效地提升教师的专业水平,促进教师的专业发展,形成了以下几个亮点。

1.以园本研修为切入点,提高教师的综合素养

我园以园本研修为切入点,开展多种多样的园本研修活动,充分调动教师参与研讨的积极性,解决教师工作中的困惑和难题,发挥教师的主动性和能动

性,将教科研工作有机结合,以科研带教研,以教研促科研。在活动中,丰富教师的专业理论知识,提高教师的教科研意识和能力,为教师提供锻炼、学习的机会,促进教师的专业成长,打造一支学习型、研究型的教师队伍。

2.以课题研究为载体,丰富园本研修内涵

我园鼓励教师从实际出发,积极选择微型课题内容进行研究,引领教师逐步走进科研的门槛。同时,我园还邀请县教研室的专家来园举办讲座,指导教师从小处入手,从身边的问题入手,确立自己的微型课题,形成了班班有课题、人人在研究的良好氛围。

3.以研修反思为引领,助推教师专业成长

我园通过研修活动激发教师学习的积极主动性,培养教师良好的自我反思习惯。例如,在开展社会角色体验活动初期,我园设置了导游、驾驶员、交警、美容美发师、厨师等岗位。通过一段时间的实践、反思与研究,教师们根据幼儿的兴趣和接受能力做了一些调整,增设了快递员、教师、服务员等一些与幼儿生活密切相关的岗位。通过一系列的实践活动,幼儿逐渐体会到了劳动者的辛苦,体会到了父母对自己的关爱,知道了要关心他人、与他人分享、尊重和珍惜他人的劳动成果。在体验中,孩子们的实践能力和生存能力都有了很大的提高。更重要的是,幼儿的社会规则意识有了明显的提高,行为习惯养成有了明显的改善。我园根据角色体验活动创编的节目《劳动与收获》荣获州"阳光校园情,青春红河梦"中小学幼儿园文艺展演比赛舞蹈类幼儿组二等奖。

4.以网络研修为平台,不断提高研修效率

我园现有59人参加西南大学网络研修培训。在网络研修培训中,教师在网上学习先进的教育理念和专业知识,进一步解放思想,转变教育观念。这个平台采用专家答疑、欣赏课例、在线交流等学习、交流方式;教师们针对同一问题反复磋商,各抒己见,共同分析、交流、探讨;在专家答疑时段,教师们积极提问,解决了保教工作中的热点、难点、疑点问题,有效地实现了教师专业知识和专业能力的发展。我园以网络研修为平台,探索实践了网络研修的拓展模式——论坛沙龙交流模式,即成立了园级QQ群、微信群,年级、班级QQ群、微信群。这种交流方式比起传统的交流方式,更能引发教师们思想的碰撞。参与论坛的交流,已经成为教师们的习惯,取得了很好的效果。

(二)存在的问题

园本研修是提高保教质量的重要形式,多年来,我们在摸索中实践着,在实践中摸索着,也遇到了不少困惑,出现了以下问题。

一是对"园本研修"的概念理解不够深刻,管理制度不够完善,具体研修中的工作安排与研修的实施过程不够系统。

二是我园编制少,聘请了大量的临时教师,而这些临时教师都比较年轻,缺乏经验,且流动性大,导致部分研修活动出现断层。

(三)未来的前进方向

在园本研修工作中,有收获的喜悦,也有困惑的苦恼。在今后的工作中,我们将继续秉承"没有最好,只有更好"的理念,努力克服各种困难,做好以下几个方面的工作。

一是加强理论学习,对"园本研修"进行深入、透彻的理解和认识。俗话说"活到老,学到老",教师只有努力加强学习,才能不断寻求变化和创新;只有终身学习,才能不断给自己补充新鲜的血液,才能永葆教学生命的活力。在学习的同时,教师要真正地行动起来,进入"研究"的状态,用学到的相关知识和经验来提高自己的研修水平和保教工作质量。

二是完善园本研修制度,加强园本研修的指导和管理,不断提高园本研修的水平。为了保证每一个教师都能按照园本研修方案按时参与活动,对教师进行系统、规范的园本培训,我园将继续完善研修管理制度,其内容包括组织管理制度、保障制度、评价制度等。相关制度的建立,定能调动教师参与研修活动的积极性和主动性,使研修活动的质量进一步提高。

三是积极向人事部门争取编制,减少教师的流动性,并通过各种途径大力培养青年教师,为他们搭建展示和锻炼的舞台,促使他们尽快成长,从而促进教师队伍素质的整体提高,使幼儿园的各项工作得以顺利开展。

教师的成长促进了幼儿的发展,幼儿的成长促进了幼儿园的发展。社会的发展,时代的进步,对幼教工作者提出了更高的要求。作为有教育情怀的幼教工作者,我们深刻认识到,园本研修是一项永无止境的工作。在今后的工作中,我园将不断加大园本研修的工作力度,以解决保教活动和管理工作中出现的新问题,继续以创新园本研修活动、打造园本特色为重点,以提高教师的教育教学水平为主线,不断丰富园本研修内容,创新园本研修模式,为教师的成长提供广阔的舞台,开创我园园本研修的新局面!

基于FTP平台的校本研修模式的探索与实践

云南省建水县曲江中学

红河州的北大门边,低碳怡雅的"西南第一氡泉"旁,闪耀着一颗璀璨的教育明珠——建水县曲江中学。这里,书香满园;这里,绿荫遍地;这里,是雏鹰展翅的高地;这里,是梦想起飞的舞台。历经20余年的积淀与酝酿,成熟而又年轻的曲江中学蓄势待发。曲江中学始终把创办"云南省知名农村初级中学品牌学校"作为奋斗目标,经过28年的奋斗拼搏,成为受社会认可、受高一级学校欢迎的基础性人才培养基地。

教育既是严谨的科学,又是精湛的艺术,而科研的力量就在于把科学和艺术最佳地结合起来。只有真正地投身于科研,教师才能成为一个智慧型、研究型的有内涵的教师,学校才会成为学习型、创新型的有外延的学校。基于这样的认识,几年来,我校高扬"科研立校、科研兴教、科研强师"的大旗,以"树一流名师,创农村初中名校"为目标,将网络研修与校本研修整合,形成了"在互动中提升,在反思中成长,在实践中创新,在创新中发展"的教研新思路,向"云南省知名农村初级中学品牌学校"迈进了一大步。

"西南大学中小学教师远程培训网"是我校校本研修的巨大推手,我校采取的措施是"线上开班,线下协作;线上学习,线下研修;携手西南网修,共同发展"。这种模式使我校教师实现了和专家零距离的对话与交流,解决了时间和空间的障碍,更加贴近教学、贴近课堂,形式新颖,培训的内容更符合教师需求,视频课的讲授精彩且具有针对性和前瞻性。这种模式从根本上改变了我们滞后的教育理念和许多实际问题及困难,我们的教育理念、专业素养、整合技能、创新潜能、知识载体、传授方式都在发生着从未有过的改变。网络研修之旅即将接近终点,曲江中学的187名教师已把一路上的精彩收入行囊,这个行囊鼓鼓的,装着汗水、收获、成长和幸福。短短三年,我们的专业经历了蜕变、提升、丰富的过程,且行且收获,在没有终点的教育道路上,我们兴致勃勃,信心百倍。

在接受盘点的时候,我们十分愿意打开行囊与大家分享我们的收获。

一、组织、规划、管理,明确发展目标指向

(一)成立工作领导小组是开展校本研修工作的保障

学校成立了校本研修工作领导小组,校长任组长,是学校开展校本研修工作的第一责任人;分管教学和科研的副校长任副组长,是学校组织校本研修的具体负责人;教务主任和教科室主任负责日常管理工作,整合教务处、教科室、年级教研组、备课组的力量,确保校本研修工作的有效性。我校非常强调班子成员的表率作用,要求班子成员在教学上做到"五个一",即上好一门专业课;每周至少听一节课;参加一个教研组的研修活动;蹲点联系一个教研组;至少参与一个县级以上的课题研究。教学科研人员能上课、常听课、会评课,每学期听课不少于35节。教学管理人员熟悉班级管理,深入课堂,每学期听课不少于20节。这样,网格化班子成员用无声的语言打动教师,用实际行动感化教师,用事实成果让教师信服。

(二)规范管理制度是提升校本研修质量的保障

为确保校本研修工作的有序开展,真正达到校本研修的目的,结合实际,我校在原有的《曲江中学制度》的基础上,坚持以人为本的理念、和谐为上的目标,推行依法治校、人性化民主管理。

1.方案为先导

我校先后制订了《曲江中学教职工岗位竞聘实施方案》《曲江中学课堂教学改革方案》《建水县曲江中学网络研修与校本研修方案》《教学质量管理方案》《曲江中学微型课题研究管理办法》等,对校本教研起到导航作用。

2.制度为责任

为了更好地提高网络研修与校本研修整合的有效性,我校制订了《曲江中学校本研修总体要求》,包括"例会制度""备课制度""听课制度""评课制度""评价制度""教研组档案制度"等。

3.奖赏为鼓励

《曲江中学教师参加教科研考核办法》《各类先进奖励办法》等一系列条例

的制订,体现了人本为上的理念,尊重了教师的利益分配,调动了广大教师的积极性。

(三)工作规划和方案设计是实施校本研修的关键

学校校本研修工作领导小组成员立足本校实际,强调学校教育、科研、培训"三位一体"互为推进、协同发展的系统观;把新课程以学生发展为本的理念,融入专业不断发展的教师个体与群体的"人本观"中,制订校本研修规划和实施方案,为学校可持续发展提供了明确的目标指向,为建设一支师德高尚、锐意创新的教师队伍奠定了思想基础,也为校本研修工作的有序推进提供了关键性的程式。

二、合格、升格、风格,彰显教师个性风采

针对教师的个别差异,我校指导教师制订适合自己的专业发展计划,对他们实施"师徒结对+三格"培养,促使每位教师都能得到适合自己的最优发展,这是我校校本研修的总体策略。

一是对刚参加工作及工龄在3年以下的新教师,开展"拜师学艺"师徒结对活动,让师德高尚、师技精湛的骨干教师给予他们引领、帮助与指导,使他们快速蜕变成长为"教坛新秀"和"教学能手"。

二是对老教师进行"合格"培训。对年龄在40岁以上的教师,通过培训提高他们的信息技术运用能力,引导他们转变教育教学观念,更新教育教学方法和手段,做网络研修与校本研修相整合的合格教师。

三是对青年教师实行"升格"培养。通过开展各种教育教学活动,采用学习、协作、观摩、实践、研讨、竞赛、反思、考核、评比等方式,给青年教师创造成功的机会。同时,创设条件,提供平台,对事业心强、有培养潜力的教师进行重点培养,让他们尽快成长为学科教学的骨干。

四是对学科带头人、骨干教师实行"风格"培养。为他们量身定制培训方案,要求他们以科研为先导,积极开展课题研究;充分发挥他们各自的优势和特长,整合已有的各种资源,不断提高他们的业务研究水平,着力培养他们成为学科带头人,跻身名师行列。学校现有县级学科带头人2名、县级骨干教师4名、"国培计划"送教下乡专家成员4名。

(一)倡导学习——营造研修氛围

"问渠那得清如许？为有源头活水来。"现代教师只有时时学习、处处学习、人人学习，才能跟上时代的步伐。

1.研修内容序列化

首先，开展师德师风专题教育培训，形成"重师德、铸师魂"的良好风气；其次，组织教师学习现代教育理论、新课程标准、先进教师的教学经验、教学常规要求、教育科研方法、现代化信息技术及新教材的使用等。

2.研修途径多样化

线上博采众家，线下百花齐放。我们采取自学、集中培训和骨干培训相结合、网络研修与校本研修相结合的方式开展业务学习。集中学习做到定时间、定地点、定内容、定主讲人。教师的自我研修实施曲江中学的"六个一"工程，即每周上网学习研究一小时；每学年读一本好书；每学年订购一套学科教育杂志；每学期整理一篇反思文章；每学期上一节公开课；每学年写一篇教育教学论文、案例、教育故事或教育随笔。

3.研修时间法定化

我们主要采取定期学习和自主学习相结合的形式。每周星期四下午课外活动时间为各年级教研组集中研修时间，集体培训则按实际另行组织安排。在学校领导的积极倡导和率先垂范下，广大教师的学习热情高涨，主动学习、自觉学习在我校蔚然成风。

4.研修形式网络化

我校以"以校为本"的理念为指导，以服务校本研修为核心，以网络架构为平台，以案例（课例）包括视频案例（课例）或文本案例（案例）研究为载体，为教师专业成长搭建融教研、科研、培训和信息技术为一体的校本研修平台。

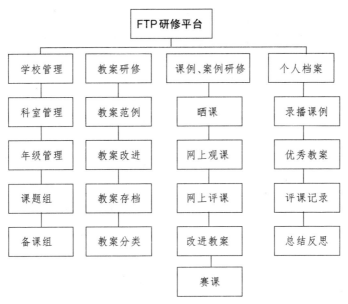

图1　FTP研修平台

(二)聚焦课堂——提高研修质量

"从学中做,从做中学",这是我校对教师提出的新要求。在实施新课程的过程中,我们始终立足课堂,探索"学习—研究—反思—提高"的校本研修新路子。

1.独创教学模式,提升课堂效率

学校独创了享誉全州的"和谐互助兵教兵"学习模式,即"六步十一法"教学模式。曲江中学自2010年以来,不断加大课改的力度,学校独创的"和谐互助兵教兵"学习模式,即"六步十一法"教学模式,经过了多年的改革、实践和创新,促使课堂效率有了质的飞跃,使学校教学质量雄居建水县初级中学的榜首,连续5年刷新了办学史上的记录。"六步十一法"教学模式的具体步骤如图2。

图2　"六步十一法"教学模式步骤图

采用此种教学模式既能构建学生自主、合作、探究的学习方式,也能体现学生个体智力差异和学习风格、能力差异。

为了促进学校教师专业发展,提高教育教学质量,落实"和谐互助兵教兵"学习模式,即"六步十一法"教学模式,我校将教师分成三个不同层次的小组,确定不同的校本研修任务,具体实施如下。

第一组是新教师,因其上岗不久,缺乏一定的教育教学经验,可对其进行同题同教校本研修。我们实行师徒结对和新教师之间互动活动,让新教师在教学经验丰富的老教师的带动下不断学习,积极反思自己的教学行为,在教学中不断长善救失。而老教师也能在这样的活动中实现新老教师先进理念与成型经验的交流互动、共同提高。

第二组是中青年教师,因其已积累了一定的教育教学经验,可以多组织同题异教和异题同教的校本研修活动。如同题异教校本研修,可以使教师在异教中相互学习,反思献策,经验分享;还可以引入竞赛制,让教师在比赛互动中既欣赏又质疑,形成思维碰撞,产生新的教学思想,从而形成更有效的教学策略,促进教师的专业成长。

第三组是有抱负的骨干教师、学科带头人。我校现有县级学科带头人2名、县级骨干教师4名。他们教学能力强、经验丰富、业务水平高,具有一定的教育科研能力。他们可以多方面参与各种校本研修,当新教师的师傅,师徒进行同题同教校本研修;也可以参与同题异教校本研修,做组长进行分析、评课、反思、总结;还可以参与异题同教的校本教研,进行示范、展示、推广教学经验。

2.从"晒课"到"赛课",促进教师成长

每学期每个教师到录播教室上一节录播课,视频上传到FTP研修平台,其他教师认真观看教学录像,认真做记录,通过QQ群或微信群交流研讨,评课,议课。教科室组织校内专家组推出优课开展教学竞赛,请其他学校或县内专家评课,把获奖课的录像收入学校资源库,在校内外推广,供备课组进行教研案例研讨,供外来学校和上级领导观摩指导。学校教务处会把当月上录播课教师的教学设计、课件、教学反思、录像、教师观课、评课、议课的反馈、专家指导意见等整理汇编,装袋返还给教师本人。教师要认真学习,并提交学习心得。

3.线上线下相结合,优化教学常规

(1)线上备课

备课作为教师和教研组的常规工作,对于提高课堂效率、促进教师专业化成长,有至关重要的作用。但传统的备课存在着诸多不足。我校从2013年起,向"中学学科网"购买网上资源,让各年级各学科的标准教案在网上均可查到,要求教师在每节课上课前,必须潜心研究教材、研究标准教案,针对班级、学生和教师个人实际,对标准教案进行修改,并把修改处用红色标注出来,写出修改原因,挂在FTP研修平台上供本年级组教师和同学科教师参考、学习和讨论。在一次次修改、研讨、反思的过程中,真正形成教师之间交流、互助、合作的文化氛围,不断提升教学智慧。年轻教师可以在老教师的言谈中获得经验,老教师可以在年轻教师的言语中获得新知,彼此取长补短,相得益彰。我校形成了网络环境下的备课模式:研究教材—修改教案—FTP研修平台(或QQ群,或微信群)上讨论—反思修改—形成教案。

(2)线下观摩

经过教研组的集体研讨,教师在做好充分准备的基础上进行上课,所在学科的教师参与听课,听课有当堂听课和网上听课。安排教师负责完成教学录像的切片,随后将课堂教学录像及教学设计等上传到我校局域网FTP研修平台上。教师不仅能当堂听课,还可以通过网络反复观摩。通过FTP研修平台,教师不受时间和空间的限制,观摩课堂教学实录,依据课堂教学录像,分析教学设计,实现课堂教学的共同反思。学校观课制度要求教师做到:观课前——看,看教学设计,了解课堂教学的框架和结构,确定观课的重点;观课时——记,记录课堂教学中的成功之处和不足部分,为在QQ群或微信群上交流打下基础;观课后——思,思考课堂教学成功的原因和不足之处。其模式为:课前看设计—课中观成败—课后思原因—课堂巧运用。

(3)教学常规重实效

每位教师必须在上课前一天把教案送备课组组长审核并签字方可进教室上课。每一节课上课前必须在黑板上板书当节课的学习目标,让学生明白本节课的教学内容。每节课教务处安排人员巡视教室里的上课情况并记录,及时反馈课堂教学情况。学校每月要定期或不定期地进行一次月常规考核,普遍检查一次教师的教案,抽查学生的作业;每月召开一次全校班长和学习委员反馈会议。除此以外,所有班级填写当天的班务日志,并及时上交。学校借此收集、分析、反馈各教师教学情况,提出具有针对性的教学改进意见,促进教师迅速成长。

（4）以赛促研

以竞赛活动为载体（如每学年都安排骨干教师、师傅的示范课,全校课改过关课,新教师过关课,青年教师展示课、研讨课、竞赛课等教学活动）,以评优为手段,引发教师不断进取的内驱力,鼓励优秀教师冒尖、成才,不断充实骨干教师队伍。2017年11月,我校举行"曲江中学第18届提高课堂教学效益教学活动",6位新教师上课改过关课,7位学科教师上示范课。学校通过组织教师上课改过关课、汇报课、竞赛课、示范课,促进青年教师的专业成长,切实提升学校的教育教学质量。

三、合作互助、探究创新,突现学科多元特色

我校整合优秀教师资源,以学科建设为主导,将常规教研和课题研究相结合,通过合作互助、探究创新,促使教师在行动中学习,在学习中成长,大力提高教师教育教学能力和科研能力。

（一）同科伙伴互助——促进群体提高

为使"教师合作伙伴"活动落到实处,学校重点抓好四个方面的工作。

1. 集体备课

教师先各自备课,然后教研组集体评议修改,在此基础上推选一位教师根据集体研讨中达成的教学方案进行实际执教,课前须备课组组长签字,课后全员诊断,进行审视和反思。反思课堂中的闪光点与失败处、学生的错例等,提出二次教学建议,然后再推广实践。

2. 相互听课

每位教师每月至少听课2节。

3. 教学研讨

学校开展"和谐互助兵教兵"学习模式,即"六步十一法"教学模式的课堂教学研讨。

4. 讨论交流

教师要做到有想法乐于与同伴说、有看法善于跟同伴讲、有文稿诚于请同

伴改。通过这样的活动,真正发挥了教师的主观能动性,大家在教学研究水平上有了很大提高,为学科研究打下了坚实的基础。

(二)学科研究——创建课程特色

课堂教学改革是学科研究的重点,我们发挥教师的资源优势,根据各学科的特点,积极探索,大胆实践,努力形成叫得响、拿得出,家庭、社会、同行一致认可的学科特色。例如,语文——营造书香校园。以读书为抓手,进行大阅读课的研究和各年级的专项教学研究,积极营造书香校园,进一步深化语文课堂教学研究,突出语文学科的人文性,培养学生良好的语文素质,促进学生的发展。确立特色建设目标:人人爱读书,个个会朗诵、善演讲。音乐——组建声乐兴趣小组。在完成学科教学任务的基础上,注重训练学生的演唱技巧。美术——会制作,善绘画。培养学生动手实践、善于绘画的能力。结合学科研究,每学年我校在艺体节期间都举行一次书画展和手抄报比赛。体育——挖掘传统阳光体育运动项目。在完成体育达标训练的同时,开发传统体育项目,如象棋、武术、跳绳、体操等。在这样的教学研究活动中,学生的特长得到培养,个性得到张扬,学生在各级各类的比赛中成绩突出。2013年6月,我校被共青团红河州委、红河州教育局授予第十二届云南省青少年"希望之星"英语口语大赛红河分赛区选拔赛优秀组织奖。

(三)开发校本课程

我校注重校本课程的开发,开设了形体、书法、心理健康、法治教育等选修课,分年级开设课程,将其纳入课表,与其他国家课程一样,实施学校课程规范管理,并组织了舞蹈队、篮球队、象棋兴趣小组和美术兴趣小组等丰富多彩的课外活动。

四、引领、反思、提升,打造教师新型团队

为了实现创建学习型组织、打造新型教师团队的工作目标,我校不断探索校本研修的新途径和新方法,努力提升教师品位,促进教师的专业化成长。

(一)专业引领,搭建平台

我们从以下两个方面给教师提供学习机会。

1.校内

首先,开展学科带头人、骨干教师传帮带活动;其次,学校实行"全员育人导师制"及全体教师参与"校园安全网格化管理",让全体教师参与到日常管理工作中,多与学生、同事进行交流,在实际工作中提升自己的能力,并促进自身的专业化成长。

2.校外

我校实行"走出去、请进来":一是有计划地安排教师外出学习;二是组织教师观摩名师课堂教学录像、专题讲座;三是学校邀请了县教研员来我校开展讲座,邀请了县教研室的教师到校指导课题研究,使"专家引领"在我校校本研修中得到了有效的落实。

(二)实践反思,理论提升

我们要求教师在反思中做到:记录自己一节课的成败之处,记录教学中的疏漏与失误,记录学生在学习过程中的困惑,记录教学中学生的独到见解,记录教学再设计。教师们乐于在实践中反思,在交流中升华,并积极开展课题研修,撰写教学论文、案例等。

一分耕耘,一分收获。我校校本研修工作的扎实开展,让我们欣喜地看到了教师的变化:教师们不仅树立了正确的教育观,而且更具有现代教育的发展观点,不再只是传授知识的教书匠,而在向有思想的、教书育人的教育能手转变。经过不懈的努力,一批具有自己独特课堂教学风格的中青年教师正在脱颖而出,并逐步成长为县级、州级有影响力的教师。

(三)质量兴校,成果显著

首先,我校初中学业水平考试成绩学科平均分、及格率高于当年全州平均水平,在乡镇初级中学中独占鳌头。

其次,我校对于科研课题的申报和研究工作,始终抓得很紧,制订了《曲江中学教育科研三年规划》。近年来,我校先后完成大课题研究12个,其中州级课题5个,县级课题7个(1个正在研究中)。

另外,我校还重视微型课题研究,将课题研究与学科课堂研究紧密结合,由年级学科备课组牵头积极开展研究,重在将微型课题做精,讲究时效性、可借鉴性。2013—2017年,我校共申报77个微型课题,结题59个,获县级奖励9个。

这些科研成果有方案、有过程记录、有阶段总结、有结题报告及相关论文,对学校教育教学工作起到了较好的指导作用,取得了预期的效果。

2013—2017年,在省、州发表或获奖的论文全校共有287篇,其中,国家级2篇(发表),省级281篇(50篇发表,231篇获奖),州级2篇(发表),县级2篇(发表)。

经过多年的文化积淀,学校的"质量兴校"获得了丰厚的回报:学校连续多次获得州、县级教学质量优秀集体奖,连续5年荣获教学质量突出贡献奖和教育工作目标管理一等奖,多次被表彰为县级先进集体。目前,学校拥有县级"现代教育示范校"、县级"校园文化建设四星级学校"、州级"甲级绿化学校"、省级"语言文字规范化示范校"、省级"文明学校"、云南省"一级初级中学"、全省50所"身边的好学校"之一、省级"现代技术教育实验学校"和教育部颁发的"教改实验学校"等众多荣誉称号,办学水平和声誉在不断提升。

五、存在的问题及发展方向

在开展网络研修与校本研修整合的创新实践中,我们对以下问题进行了思考。

1.构建平台,提高校本研修的实效

网络平台的构建,要进一步强化教师群体的协作能力。校本研修的基础是教师的群体研究,强调的是教师群体协作。我们的FTP研修平台在这方面功能相对简单,能否在研究的基础上,使平台的结构更趋合理,使教师在点评教学案例、解答教学问题、积累学科资源、评写教育叙事等方面更方便、快捷?

2.传承改进,克服网络研修的弊端

充分发挥现代教育技术的优势,积极开展基于网络环境下的校本研修,必将成为现代校本研修推动教师走专业化成长道路的一种极其重要的方式。但与传统意义上的校本研修相比,它也存在许多亟待克服的弊端。

一是机机对话、人机对话导致情感交流的弱化。传统的校本研修,教师们在规定的时间、指定的地点坐下来,进行面对面的交流与反馈,比较亲切,教师在交流中伴随着肢体语言和目光交流,情感也得到了交流,但机机交流就没有

这方面的优势。

二是知识更新速度的加快对教师学习积极性存在着反作用,信息技术提倡的方法多样化使一些信息遗失,影响教研的效率。

因此,我们应该认识到网络环境下的校本研修固然有其优越性,但不可否认,传统意义上的校本研修也有它不可取代的优势,我们要在传承的基础上使两者更好地结合起来,取得更好的成效。

3.常态研修,助力教师的专业成长

我校网络环境下的校本研修经过了一个阶段的实践和探索,取得了一定的成效,如何使校本研修继续深入有效地进行下去,我们应该不断地思考,形成系列化、可持续性的课题,把课题研究引向深入,使校本研修真正成为教师专业发展的常态。

成绩固然令人欣喜,但我们也清楚地认识到校本研修之路依然漫长。在今后的校本研修征程中,我们仍将与时俱进抓校本研修,开拓创新搞教研,为实现"云南省知名农村初中品牌学校"的目标而不懈努力!

"五环自主学习"高效课堂教学模式的探索与实践

云南省丘北县锦屏镇中心小学校

一、现状与需求

丘北县锦屏镇中心小学校是地处城区的乡镇学校,生源范围广,既面向城区,又辐射周边农村。学校教师队伍庞大,教师个人专业水平差异明显。自新一轮基础教育课程改革以来,锦屏镇广大教师的教育理念、教学行为等发生了明显变化,课堂教学面貌明显改观。但在课堂教学的有效组织,课堂的调控把握,课堂教学的设计,学生学习兴趣的激发、维持、提升等方面还存在困难,与高效课堂还有较大差距,教学质量有待提高。为积极推进高效课堂建设,深化基础教育课程改革,加快全镇教师队伍建设步伐,全面提高课堂教学效益,落实"高效课堂",我们以《丘北县推进中小学高效课堂实施方案》为依据,结合我镇教育教学实际,开展了"五环自主学习"高效课堂教学模式研究与实践,期望达到帮助我镇教师实现快速成长的目的,较好地解决"耗时多、负担重、效益低"的课堂教学现状。

二、目标与意义

教学质量是学校的生命线,而确保教学质量的主阵地就是课堂,教学质量的提升要靠高效的课堂教学来实现。我镇在《丘北县推进中小学高效课堂实施方案》的精神指导下,扎实推进课堂教学改革,构建以学生自主、合作、探究为基本学习方式的锦屏镇中心小学校"五环自主学习"高效课堂教学模式。这对有效提升教师的专业水平、推进校本教研的深入开展、全面实施素质教育有着重要的意义。

(一)研究目标

1.总体目标

通过本课题的研究,使锦屏镇全体教师对新课程、新教材的内容有进一步的理解,将新课程的理念逐步转化为教师的教学行为。"五环自主学习"高效课堂教学模式有效性的探索和实践,促使我镇形成一套既能规范我镇教师课堂教学行为,又能培养学生基本素养,继而提高我校课堂教学效率,整体提升全校教育教学质量的教学模式。

2.具体目标

(1)使教师明确"以学生为主体"的新课程教学理念

在组织课堂教学的过程中,构建有效教学的课堂模式,调动学生的主观能动性,使学生的潜能和个性得到最大限度的发挥,充分体现主体性、质疑性、发展性和创造性原则。

(2)全面提升教师在新课程背景下组织教学的能力

使教师的教学行为发生本质的改变,从而完成新形势下教师角色的转变,由知识传授者转变为学生发展的促进者;由学生的管理者转变为学生的引导者、与学生共同探究问题的合作者。

(3)使学生的学习态度、学习行为、学习方式、学习能力有实质性的变化

使学生从被动接受变为主动探究,实现从对问题的单向认知到对问题的多向思考的转变,并能尝试通过合作学习,实现从"学生"角色向"社会人"角色的衔接与过渡。

(二)研究意义

1.有利于教师的专业成长

优质高效的课堂教学是教学工作质量高层次的标准,是学校办学效益的最高体现,是每一位教师实现课堂教学目标的理想追求,也是教师教学工作能力的展现。因此,研究、推广我校"五环自主学习"高效课堂教学模式的过程,既是教师业务素质提升的过程,也是教师专业发展的过程。在这个过程中,教师需要研究课堂教学中的学生情况,研究课堂教学中的教材结构,研究课堂教学中的教学方法,研究课堂教学中的组织形式。通过不断的打磨与探究,教师的专

业素养就会得到极大的提升。

2.有利于校本教研的深入开展

针对传统课堂教学的改革,开展有效的课堂教学活动,这就要求作为课堂组织者的教师本人,必须学习现代教育教学理论,研究素质教育的有效策略与方法,把握新课程理念,提升理论水平;必须积极参加校本培训、校本教研、观课评课、集体备课等活动;必须将现代先进的教育思想实践于课堂教学,创新转化形成自己的有效教学模式,提升自己的教学能力,在全校范围形成勤学钻研、合作推进的校本教研氛围。在参与科研的过程中,教师要承担研究者的角色,通过学习培训、主题教研、集体备课、异课同构、反思交流等方式参与校本教研。通过实践与探索,教师的教科研能力将得到极大的提升。

3.有利于素质教育的全面实施

自全面推进素质教育以来,学校开齐、开足了每一门课程。我们通过对比发现,原先设置的课时减少了,学生自主学习的时间增多了。虽然学科课时量减少了,但教学任务没有减轻。在这种情况下,要保证教学任务圆满完成,我们就要从如何提高教学质量入手,从严保每一堂课的教学质量入手,关注每一个学生发展的质量。因此,提高课堂效率就显得尤为重要。"实现课堂教学高效率、高效益、高效果,使学生真正做到学会、会学、乐学,使学生健康积极发展,获得更多的幸福感和成功感"是高效课堂探索与实践的着力点,也有利于扎扎实实地推进素质教育。

三、内容与实施

(一)概念界定

丘北县锦屏镇中心小学校教师队伍庞大,教师素质参差不齐。个别教师连一节课最起码的教学任务是什么、要达成什么样的教学目标都把握不准,更别说好的教学方法、教学步骤、教学理念、教学行为了。为了细化教学过程、规范教学环节,2012年,根据我镇的教学现状和水平,我校提出了"五环自主学习"高效课堂教学模式,这是一种在新课程理念指导下的高效课堂教学模式。"五环"即基本训练,激趣导入;认准目标,指导自学;合作交流,释疑解惑;变式训练,反馈调节;自我总结。这种教学模式主要是在教师的引导下,学生通过自主学习、合作交流、知识运用等环节自主获取新知。其中,教师的任务是为学生搭建一个平台,让学生自主学习,在"基本训练,激趣导入"中激发学生主动参与学习的兴趣,建构新旧知识的联系;在"认准目标,指导自学"中让学生根据目标有目的地自学,而不是被动接受知识;在"合作交流,释疑解惑"环节中让学生通过合作交流共同解决自主学习中存在的疑惑;在"变式训练,反馈调节"中检测教学目标是否达成,教学效果如何;在"自我总结"中梳理所学知识,总结规律,进一步优化课堂教学。"五环自主学习"高效课堂教学模式旨在指导和规范教师的教学行为,使课堂能充分调动学生的积极性和学习的内趋力,使他们愿学、乐学、善学、会学,最终达到获取新知、提高能力的目的。

(二)主要内容

1.转变教育观念,领会高效课堂教学

传统课堂是"先教后学",而高效课堂强调的是"先学后教"。要想转变这一教育观念,必须抓好教师教学观念和教学方式的转变,领会"先学后教、合作探究、交流展示、精讲点拨、当堂达标"的基本模式要求,逐步消除教师讲得过多、学生参与较少的情况。组织教师学习《丘北县推进中小学高效课堂实施方案》,让大家明确实施高效课堂建设的重要性。组织全体教师分科组深入学习高效课堂教学理论,领悟减负增效的意义,观摩高效课堂示范课,了解不同学科高效课堂的基本要求和标准,明确高效课堂教学改革的方向。教导处将根据高效课堂的特点制订一系列的教育教学评价体系,加大工作检查与落实的力度,促进我校高效课堂活动向纵深发展。

2.以学校教研为引领,构建高效课堂教学模式

教研工作是学校教学工作的有机组成部分,教研水平将直接影响学校教育教学质量。做研究型教师是新时代对广大教师提出的新要求。注重教研工作,能有力促进青年教师迅速成长,提高教师的专业化水平,全面提高学校教育教学质量。

因此,我们要加强校本研修力度,强化教师的研究意识,让教师做到在教学中研究,在研究中教学,教学即研究,研究即教学。我们将在教学中不断反思,在试验中不断总结,在挫折中不断调整,将校本研修扎扎实实地开展下去,构建出适合我镇的"五环自主学习"高效课堂教学模式。

3.加强教学常规管理,规范教学行为

(1)加强集体备课,实现资源共享

"三个臭皮匠,抵个诸葛亮",集体备课是集众人智慧,采众家之长。为进一步发挥教师的集体智慧,培养教师的合作研究精神,促进教学相长,提高课堂教学效率,结合学校制订的集体备课制度,学期初,每个年级、每个学科的教师都必须对整个学期的教材内容、对单元内容有系统的把握,从整体到部分地解读教材,构建知识树,对教材做到胸有成竹。首先,每周五分年级、分学科定时间、定地点、定内容、定主备教师进行单元集体备课,主备教师提前一周对整个教学单元进行备课;然后,进行集体备课;最后,主备教师集众人智慧后进行二次备课,精心设计出一份供集体使用的导学案,并上交教导处。教导处定期对各学科的集体备课情况进行抽查。

在导学案的编写上,侧重对重点知识和难点知识的引导过程。在相应的题目设置中,要体现出对不同层次学生的照顾,同时对题目的选择应紧扣课本,又要高于课本,为高层次的学生设计出思考、合作探究、提升的空间。对题目的设置层层递进、层次分明,注意各种题型的搭配。在课堂小结部分,要留给学生充分的空间,让学生根据自己的实际情况进行总结。课堂检测的题目要少而精,根据学生的实际水平分出层次,难度不要太大,不要让课堂检测的时间超过5分钟。

(2)改进课堂教学,鼓励自主学习

在课堂教学中,首先让学生自学、自悟,学生自学能学会的教师不讲,学生结对学能学会的教师不讲,学生群学能学会的教师不讲。学生在自学过程中经过独立思考解决不了的问题,小组合作交流,同学之间互相取长补短,而我们教师讲的是学生们通过各种方式自学仍解决不了的共性、重点、疑难的问题。

(3)严格作业管理,加强质量监控

严格教学质量的监控,提倡作业分层布置。各科教师要严格控制学生的作业量。作业批改要做到有发必收、有收必改、有改必评、有错必纠。根据学生的情况,适时写出激励性评语,坚决杜绝由学生代教师批改作业的现象。

(4)巩固教学效果,重视培优补差

在切实做好高效课堂教学的前提下,还要重视"培优""补差"工作,即对优等生进行提高训练,对待优生多鼓励、少批评、多辅导、不放任;对于薄弱年级、薄弱学科,学校将加大检查力度,做好质量分析与总结工作。

4.构建科学的课堂评价系统

课堂教学既是提高教学质量的保证,又是教师成长的平台,要让课堂成为教师提升教育生命质量的重要阵地。没有教师教育生命质量的提升,就很难有较高的教育质量;没有教师的主动发展,就很难有学生的主动发展;没有教师的教育创造,就很难有学生的创造精神。只有高效的课堂教学才能实现教师教育生命质量的提升。为保证高效课堂的推进,我校将加强对课堂教学的监控与评价,建立一个目标多元、方法多样的高效课堂教学的评价体系。评价核心是课堂教学的高效性和学生的进步与发展情况,评价方法是以教师自我诊断与同伴互助为主的高效课堂发展性评价。学校将为每个教师建立课堂教学的评价档案,实行领导推门听课制度,要求每位教学管理人员每周必须随机听课一节,并随时与执教者交换意见,没有按高效课堂教学模式授课的必须重上。

(三)教学实施

1.基本训练,激趣导入(3分钟左右)

这一步是为学生先学打基础的,是学生进行"自学"前的准备阶段。对解决"尝试题"的基础知识先进行准备练习,然后采用"以旧引新"的办法,从"准备题"过渡到"尝试题",发挥旧知的迁移作用,为学生解决"尝试题"铺路搭桥。

2.认准目标,指导自学(12分钟左右)

认准目标,即把一堂课的学习目标准确地把握住,这既是对学生的要求,也是对教师的要求。教师和学生只有目标明确,方向才不会跑偏,才会集中精力攻主要问题,课堂才会高效。目标的认定方式可灵活多样,既可课前重点认定,也可课中逐一认定。

指导自学,学生在学案问题的引领下,自学教材或实验探究,不准讨论。在自学教材的过程中,注意对教材内容的体会和感悟,划出重点并进行必要的记忆或理解,防止对照教材寻找问题答案的倾向。在实验探究的过程,注意观察并记录实验现象,并根据现象分析实验的原理,总结归纳得出实验结论。

在这个过程中,教师要深入到学生中间,了解学生的自学情况,特别应关注学困生的自学情况,同时要对学习态度不端正、不遵守纪律的学生予以正面引导。

3.合作交流,释疑解惑(15分钟左右)

合作学习首先是"兵教兵",学生在释疑解惑的自学过程中,有了问题相互之间可以讨论,可以从课本范例中获得启示,也可以向教师请教,解决开始提出的疑难问题,这也是学生自学后的第一次反馈。最后教师抓住普遍性的关键问题认真点拨,做概括讲解,把新知纳入学生的知识系统。

4.变式训练,反馈调节(8分钟左右)

教师根据新授内容有针对性地设计练习或当堂检测题,让学生独立完成。教师公布正确答案,小组内交换批阅,组内评价。通过学生举手统计集中出错的题目,学生自纠后将集中出错的题目分配到各小组,从读题审题、解题思路、错因分析等方面集体研讨后展示。

独立作业是一堂课必不可少的环节,分层测试是从面向全体学生的角度出发,设计不同层次的独立作业题,包括基础题、综合题和拓展题,使不同层次的学生通过学习都有所得,都能从学习中获得成功的感受。这种设计能满足不同层次学生的需要,教师也能从中发现学生存在的问题和反思自己教学中的问题,从而进一步指导学生和改进教学。

这种模式的指导思想是:面向全体学生,充分发挥学生的主体作用和教师的主导作用,改变原来僵死的教学模式,体现"先学后教、先试后导、当堂训练"的思想;充分运用变式训练和分层测试,训练学生的思维,发展学生的能力,使不同层次的学生都获得成功的感受,从而达到减轻学生负担,提高课堂教学效率的最终目的。

5.自我总结(2分钟)

下课前,每个学生在自己的座位上口头总结这节课的学习过程、学习方法和主要收获等,在不同类型的学生中各选一两名单独进行总结,使学生接收的信息得到及时反馈。教学有法,而教无定法。课堂教学中对不同的学生在不同的情况下,教学方法应是灵活多样的、有针对性的,不应该也不可能是一成不变的,我们的教师会根据学生的学习情况进行不断的反思和改进。

四、成果与反思

(一)主要成果

1.初步形成了"五环自主学习"高效课堂教学模式

我们结合生本理念,打造以学生为主体,让学生主动、自主学习的课堂。课堂上体现"四突出",即突出学生、突出学习、突出合作、突出探究。我校着力实现"三转变",即变教师灌输式的教为学生自主性的学,使学生获得学习动力;变"听懂了"为"学懂了""会学了",使学生掌握学习方法;变他律为自律,使学生获得自信、自尊,激发学生内在的学习潜能。对我校各学科课堂的"预习交流,激趣导入;认准目标,指导自学;合作交流,释疑解惑;变式训练,反馈调节;自我总结"等五个环节中要达到的目标有了明确要求,并提出了相应的指导性方法,教师结合自身特点,内化形成有效的课堂教学模式。针对小学生自主学习能力、合作与交流能力还较弱的情况,我们需要逐步培养、逐步展开。为此,我们依据学生认识事物和学习的基本规律,各环节的具体操作内容和方式还可根据具体的教学目的进行调节、变通,设计并提出适合具体授课情境的方法。我校在教学实践中坚持在教中研,在研中教,不断探索和完善教学模式,最终把学生由被动接受知识的地位推向自主探索和获得知识的舞台,使学生真正成为学习的主人,最大限度地提高课堂教学的时效性。

2.转变了教师的教育理念,增强了教科研意识

我校"五环自主学习"高效课堂教学模式的探索与实践,迫切要求教师加强有效教学理论的学习,通过交流培训深化教师的理论观念。我校教师经历了从最初的被动学习向主动研修的可喜转变。我校组织教师进行了一系列有效教学理论的学习,强化了教师的校本培训。我们通过网络研修的方式,在专家、名师的引领和指导下,在教育局师训专干的帮助下,将研修活动开展得多姿多彩。其中,研修沙龙是我们开展校本研修的一个重要途径。我们的教科研沙龙的主题有"数学重点问题解析""部编教材特点剖析""课题研究基本步骤""小学古诗词教学研讨"等。通过学习交流,教师们实现了思想的交流、观点的碰撞。我们要求教师把学习所得认真记录于教师学习积累笔记中,并以教学反思、优秀教案、优秀论文的形式汇编成册。通过校本教研,我校打造了一支研究型的骨干教师队伍,一大批青年教师成长为我校教育教学的骨干力量,在各类评比和活动中崭露头角。学校现有"七乡名师"1人、州级骨干教师2人、县级学科带头人多名、县级名师4人。一大批青年教师在县级各类比赛和活动中频频获奖:马小清、杨慧珍老师在省级优质课评比中获一等奖;罗永荣、王文英、周丽粉等多名青年教师在县级各类赛课活动中获一等奖。每年,我校都有多名教师在县级各类研修活动中上示范课或开展讲座。

3.改进了学生的学习方法,提高了学生的自主学习能力

在推广实施"五环自主学习"高效课堂教学模式的过程中,我们遇到的一大难题就是改变学生的学习方式,使课堂教学变为探索性、自主性、研究性的学习,通过实施一定的课堂教学策略,使每一位学生都能有效地学习,使学生的个性特长尽可能得到充分的发挥。在以往的课堂教学中,每位教师都有各自引导学生自主学习的小窍门,但普遍存在着学生的学习习惯、方法与高效课堂不相适应的现象,主要表现为:不会学;学习效率低;不善于合作学习;不能发现问题、解决问题等。一些学生拿到导学案后,显得手足无措、无所适从,预习速度跟不上课堂节奏,效率低下。学生不能借助学习对子、学习小组合作完成学习任务,多数课堂完不成教学任务。

学生学习方式的转变不可能一蹴而就。学校从两方面入手:一是学法指导和学生习惯的培养;二是科学合理地编写、应用导学案。在教学过程中,我们把导学案提前发下去,要求学生先自学,并记下疑难问题,上课时学习小组分组讨论自学时的疑难问题,仍解决不了的,由组长报给教师;教师在这期间主要巡查各个小组,听取讨论,并进行针对性指导;对教材中可通过分析概括出的规律,为学生提供方案,引导学生开动脑筋,直至把问题解决;对那些学生不易找出或易于忽略的问题,给予启发;对学生经讨论仍未解决的问题,教师不只做简单的回答,应想方设法启发学生思维,使学生在得到答案的同时,也学到解决问题的方法。此举旨在通过学生的思维过程,激发学生学习的兴趣,调动全体学生参与教学活动,实现以教师为中心向以学生为中心的转变。

(二)问题与反思

随着"五环自主学习"高效课堂教学模式的深入实施,我校教师的专业素养整体上有了较大提升,但教师专业水平参差不齐的现象仍然存在,以至于在对

该模式进行理解、领会和执行的过程中,在效果上还存在较大差异。未来我们将继续加大教师培训的力度,特别是要充分利用"国培计划"远程培训的平台优势,让教师学习新理念、掌握新知识、形成新素养,进一步提升课堂教学效率。

科学的实践需要科学的理论来引领,"五环自主学习"高效课堂教学模式尽管已经取得了一定的实效,但未必就是完美无瑕的。未来,学校将通过校本研修活动的有效开展,对本校的课堂教学改革进行全面总结,不断反思和改进课堂教学模式,对素质教育的全面实施和基础教育教学改革的深入推进做出有益的探索。

"三环五步"有效课堂教学模式的探索与实践

云南省丘北县八道哨乡中学校

丘北县八道哨乡中学校是一所农村完全中学,有学生1000余人,教师80人。教师存在年龄、学历、教学经验、教学风格等方面的差异,体现在教学中就是教学能力强、教学经验丰富的教师教学质量较高,而其余教师教学质量一直没有明显的提升。为了促使所有教师执教能力的升华,推动全校教学质量的提高,形成自己学校独特的办学特色,学校领导班子经过多次讨论研究决定本着"走出去,请进来,合理利用"的原则,组织教师到多所优秀学校去交流,学习先进的教学经验。通过长时间的交流、总结、改进、创新,逐渐形成了符合学校实际情况的教师专业成长的路径与策略。在此基础上,为了积极探索示范学校校本研修模式创新,不断满足教师专业发展个性化、常态化的需求,学校决定开展"三环五步"有效课堂教学模式。

围绕"示范学校校本研修模式创新"这一研修主题,结合西南大学关于云南省"国培计划"项目培训成果(专著)材料提交的说明以及学校实际,我们将学校开展"三环五步"有效课堂教学模式以来的特色、成果以及经验简述如下。

一、"三环五步"有效课堂教学模式概述

为了继续探索提高课堂教学效率的有效途径,规范课堂教学行为,创新课堂教学方式,提升课堂育人质量,构建适合当前教育教学协调发展的有效课堂模式,学校举全校之力,开展"三环五步"有效课堂教学模式的探索与实践。

(一)"三环五步"教学模式概念界定

"三环五步"教学模式中的"三环"是指:(1)课前备课环节;(2)课堂展示环节;(3)课后评价、反思及反馈环节。"五步"是指:(1)集体备课,优化教学策略;(2)教师精讲,学生自主、合作交流;(3)课堂展示,学生互评;(4)教师评价及课

后反思;(5)课后反馈及改进建议。该模式着力于教学实际,紧扣教学环节,对于提高学校的教育教学质量、促进教师的专业成长有一定的促进作用。

(二)教学中的"四个转变"

教学模式的研究是当代教学论中的一个综合性的课题,其核心是用系统、结构和功能等观点研究教学过程中的方式方法,考查其理论的或实践的基础,从而形成一种系统化和多样化相统一的教学模式体系。因现代社会对人才的要求而出现的教学任务、教学内容的复杂性和多样性以及教师、学生的各种不同特点,都决定了教学模式不可能是绝对的。任何一种教学模式都不可能适用于一切教学活动,它都具有针对性。否则,教学模式就失去了自身的特点和作用,也就失去了生命力。在《基础教育课程改革纲要(试行)》提出的基础教育课程改革目标中,对学习方式变革给予了高度重视,提出要"改变课程实施过于强调接受学习、死记硬背、机械训练的现状,倡导学生主动参与、乐于探究、勤于动手,培养学生搜集和处理信息的能力、获取新知识的能力、分析和解决问题的能力以及交流与合作的能力"。围绕这一目标的实现,《基础教育课程改革纲要(试行)》中对课程结构调整、课程标准制订、教材编写、教学过程、学习与教学评价等方面提出了明确的要求。这就是说,当今时代,教师在教学中要力求继承合理的传统教学模式,并不断改革自己的教学思想,以形成自己独特的教学个性和教学风格,使模式稳中有变,常教常新。

苏联教育家苏霍姆林斯基说:在学生的脑力劳动中,摆在第一位的并不是背书,不是记住别人的思想,而是让学生本人进行思考,也就是说,进行生动的创造。多少年后的今天,我们思考这段话,仍然会有所启迪。在教学中,教师对于课堂教学目标的定位,要着眼于调动学生主动参与的积极性,要突出"以学生为本",使学生在学习知识、技能的过程中,不断加快发展自身的主体性。教师要重视教学目标对培养学生创新素质的导向功能,其中,既要有认识目标,更要有创新精神、创造性思维、创造能力方面的培养目标。根据这一要求,我们认为,当前只有改革教学活动中的要素关系,才是发展与建构教学模式的关键所在。我们知道,任何一种教学模式都是依附于一定的教学形式而存在的,离开了一定的教学形式也就不存在所谓的教学模式,教学形式又是由诸多要素构成的,教师、学生、媒体(即教学手段)、教学过程等。如果在教学中能实现以下四个转变,充满生命活力的课堂一定会到来。

1.教师角色的转变:由权威型转变为伙伴型

传统的师生关系强调的是师道尊严,教师是至高无上的权威,学生只能绝对顺从,这种不平等的师生关系导致的是学生学习主体意识的缺失。一种积极的教学模式应该有利于学生主体意识的发展。民主、平等、互动、合作更应成为师生关系的新理念,这种理念是先进的教学模式建构与发展的基础。

2.学生地位的转变:由被动听讲转变为主动参与

教学要促使学生的个性发展,学生的个性得到发展是教学的最大成功。学生的地位是受教师影响的,带有强烈的被动性。教师引导学生学什么,学生就学什么;教师引导学生怎么学,学生就怎么学。这种现状制约着学生学习主体地位的形成,若不改变,学生就不可能成为学习的主体,不可能发展个性,不可能有自主性,进而,教学模式的更新也是不可能的。因此。在教学过程中,让学生从被动听讲转变为积极主动参与的学习主动者,就显得十分重要。

3.媒体作用的转变:由演示工具转变为认识工具

教学媒体的运用是教学现代化的重要标志之一,但无论是传统的教学媒体(如实物、图片等),还是现代的教学媒体(如录音、录像、电脑课件等),都是教师进行教学的一种工具,或是一种手段。事实证明,课堂上恰当地使用现代化的教学手段,充分地利用人的视觉、听觉、触觉等多种感官,让学生能在最短的时间内具体、生动、直观、形象地获得知识技能,以求达到学得快、记得牢的效果,是现代课堂教学重要的学习策略。

4.教学过程的转变:由传授型转变为引导型

传统教学观认为,教学过程主要是教师教的过程,因而,人们往往会忽视学生学的过程,对教学原则的探讨多局限于对教作规定,而没有对学的指导。其实,教学过程是教与学双方的活动,学生是主体,教学过程中不应是学生服从,而是教师如何采用个性化的学习方式,充分发挥学生的学习主体的作用,提倡学生的独立探索。在这样的理念指导下,教学过程应从教师讲授知识的过程转变为在教师的主导下,学生通过主动探究去获得知识、发展能力的过程。在这个过程中,教师要从知识的直接传授者转变为学生学习活动的引导者、组织者。教师的主导作用,不再体现在讲授上,也不再体现在对知识"讲深讲透"的直接形式上,而是体现在进行周密、科学的教学设计和精心组织学生学习活动的更高层次的间接形式上,或是体现在帮助学生将无序的知识整理为有序的知识上,体现在帮助学生将错误的知识修正为正确的知识上。这种转变是教师的教学责任,也是模式构建和发展的必要条件。以上就是我们对教学模式的认识,这不仅普遍提高了全校教师的教学水平,还让他们在教学过程中形成了自己独特的教学风格。

(三)"三环五步"教学模式的理论依据

"三环五步"教学模式是以导学案为载体,以导学为方法,以教师的指导为主导,以学生的自主学习为主体,师生共同合作完成教学任务的一种教学模式。其理论依据如下。

1.哲学理论

在课堂教学中,教师教学属于外部条件,是外因;学生是学习的内因,教师的教必须通过学生的学才能发挥作用。如果学生没有学习的愿望和动机,没有学习主动性和积极性,教师的"教"就会由于没有学生的"学"而失去作用。教师只起引导作用,而学生自我发起的学习是最持久、最深刻的自主学习行为。导学案学习过程重知识的探究,重体验,能激起学生的求知、创新欲望,挖掘学生的潜能,培养学生的创新能力。

2.心理学理论

心理学研究表明,高年级学生的观察能力已有了显著的提高,他们一般能根据导学案中的学习目标进行预习,具备初步的预习能力,这就为我们采取"以导为主"的方式实施导学提供了可靠的理论依据。课堂教学就是教师在教学中引导学生,帮助学生克服思考中可能产生的缺点和偏向,同时给予适时、有力的指导。

3.教学理论

2000多年前孔子倡导的"循循善诱"可以认为是导学案教学模式的最早理论根源。导学案教学中的"导"即开导、启迪之意,导学不是传统教学意义上的辅导教学,这里的导学是以学案为依托,以素质教育为指导,以培养学生的创新能力为目的,对学生进行导思、导读、导练的过程。"三环五步"教学模式设置了自学导航、合作探究、达标检测等环节为学生提供了自主学习的机会。现代教学倡导由学生自己建构知识,学习不是学生被动接收信息刺激,而是主动建构意义,是根据自己的经验背景,对外部信息主动地进行选择、加工和处理,从而获得相关知识。

二、"三环五步"教学模式的特点与功能

(一)特点

1.操作性

"三环五步"教学模式所提供的教学程序都是便于人们理解、把握和运用的,这是"三环五步"教学模式区别于一般教学理论的重要特点。"三环五步"教学模式之所以具有操作性,是因为:一方面,"三环五步"教学模式总是从特定角度、立场和侧面来审视教学规律,比较接近教学实际而易被人们理解和操作;另一方面,"三环五步"教学模式的产生不是为了空洞的思辨,而是为了让人们去掌握和运用,因此它有一套系统的操作要求和基本程序。"三环五步"教学模式的操作性特点,使得它可以被传授和学习、被示范和模仿,使得教学模式的运用成为一种技术、技能和技巧,而被教师用来完成教学任务、获得预期的效果。

2.简约性

"三环五步"教学模式是简约化了的教学结构理论框架及活动方式,大都以精练的语言、象征性的图式或明确的符号表达出来。"三环五步"教学模式既能使那些纷繁杂乱的实践经验理论化,又能在人们头脑中形成一个比抽象的理论更具体、简明的框架,从而便于人们去理解、交流、运用和传播。

3.针对性

"三环五步"教学模式具有明确的针对性。教学活动中不可能有一种普遍有效的可以对一切教学目标都适用的万能模式。使用"三环五步"教学模式,需要有鉴别不同类型的教学目标的能力,以便选用与特殊的目标相适应的特定模式。如果超过教学模式的运用范围,或者不具备相应的教学条件,就很难取得好的教学效果。例如,"三环五步"教学模式比较适合于室内教学,却不适用于体育教学。

4.整体性

"三环五步"教学模式是由各个要素有机构成的整体,有一套比较完整的结

构和机制。在运用时,必须整体把握,既透彻了解其理论原理,又切实掌握其方式方法。如果不能很好地领会其理论的精髓,或不能严格地按要求操作,则只能降低教学效果而不能发挥教学模式的应有功能。

5.开放性

"三环五步"教学模式是一个动态开放的系统,有一个产生、发展、完善的过程。虽然教学模式一旦形成,其基本结构保持相对稳定,但这并不意味着该教学模式就从此不变了。"三环五步"教学模式总是随着教学实践、观念和理论的发展变化,而不断地得到丰富、创新和发展而日臻完善。我校教师广泛而深入的教学实践,为"三环五步"教学模式的发展和完善提供了广阔的前景和丰富的养料。

(二)功能

1.理论与实践相联系的桥梁

"三环五步"教学模式是一种设计和组织教学的理论,它将教学方法、教学组织形式、教学手段等组合在一起,并从时间和空间上阐明它们之间的关系,从而使人们在教学理论与教学实践之间找到了中介,促使人们对教学过程的诸要素、诸环节进行重新审视,突破原有的教学方式,探索新的教学方式。

2.示范引导功能

"三环五步"教学模式将一定的教学理论运用于实践,规范了课堂教学实施过程。掌握这种教学模式,青年教师初登讲台就有了进行教学的常用"武器"。在"三环五步"教学模式的示范引导下,青年教师可以很快地过渡到独立教学,从而大大减少盲目摸索、尝试错误所浪费的时间和精力。"三环五步"教学模式的示范引导功能,旨在教给教师教学的"基本套路",并不限制或扼杀教师的创造性。教师在运用这些"基本套路"时,可以根据具体教学条件或情境灵活调整,形成适合教学实际的"变式"。"三环五步"教学模式示范引导功能的发挥,对于青年教师尽快独立教学、学校教学工作规范化、正常教学秩序的建立等,具有非常重要的意义。

3.启发功能

"三环五步"教学模式一般由教学思想、教学目标、教学过程、师生角色、教学策略、教学评价等要素组成,它能启发人们根据这些线索探索新的问题,如教学思想的渊源与发展线索、教学目标的分类与诠释、教学活动在时间与空间上的操作序列、师生角色的分配与活动的比重、教学评价的侧重点等。

4.升级功能

教师通过应用"三环五步"教学模式,使教学活动过程有章可循,形成一个整体优化的课堂。为了适应新的教学目标,就要对与之相应的教学条件、自动程序等诸因素做一些改进,这要求教师提高能力水平,以促进模式转化。此举可带动课堂教学、师生关系、教学评价、教学管理等领域的一系列改革,积累新的教学经验和理论。

三、"三环五步"教学模式的实践探索

为了确保"三环五步"教学模式能顺利开展,努力将其打造成为学校的办学特色,在推行该模式之初,学校结合实际,设计了总体思路、工作目标以及具体措施。

(一)指导思想

为了充分落实学生的主体地位,激发学生自信和挖掘学生潜力,学校以深化教育改革、提高课堂教学的实效性为目标,以细化解读课程标准为基础,针对目前课堂教学方法陈旧、效率不高的现状,采用"自主、合作、探究"新课程理念,进一步深化课堂教学改革,坚持以"三环五步"有效教学模式为抓手,认真编写导学案,全面提升教师的课堂教学能力,促进课堂教学改革的深入开展,努力提高教育教学质量,全面实施素质教育。

(二)加强领导,聚集课堂

第一,成立由校长任组长的构建"三环五步"有效课堂工作领导小组,由教研组组长为组长的实施小组,领导分学科具体负责工作的落实,使学校的教学工作全面聚集课堂。

第二,"三环五步"有效课堂工作领导小组下设办公室在教务处,由教务处具体处理日常事务。

第三,"三环五步"有效课堂工作实施小组以各教研组、年级组为单位,教师全员参与。

各年级、各学科备课组组长作为本集体备课组的组织者、引导者,务必认真带领本组教师认真备课、认真制作切合学生实际的导学案并及时批改作业,每周周五放学前务必认真审核下周的导学案,审核无误后将电子版统一上交教务处存档。领导小组认真学习构建"三环五步"有效课堂的有关理论和文件要求,统一思想,提高认识,具体落实操作过程,教务处全面负责,教研组组长具体负责本组构建"三环五步"有效课堂的相关工作。把实施构建"三环五步"有效课堂作为提升学校办学层次的一个抓手,引导教师加深对"有效课堂"意义的理解,围绕"有效"开展教学实践反思活动。领导小组深入课堂听课、评课,对需重点"改进"的教师跟踪听课,发现问题,寻找亮点,及时反馈、评析,帮助他们看清自己的长处与不足,不断调整、改进,争取真正达到改进与提高的目的。教务处每学期对教师构建"三环五步"有效课堂的情况进行检查,结合月清(月考)、期中与期末考试成绩认真分析教师的课堂教学情况,并进行考核。

(三)思路、目标与措施

1.思路

构建"三环五步"有效课堂的思路是:促进课堂教学效率的提高,促进教师业务水平的提高,促进学生学习能力的提高,促进教育教学水平的提高。

2.目标

首先,让学生养成良好的预习习惯。预习是构建有效课堂的前提,课前预习可以扫除学习新课的知识障碍,可以提高课堂效率,可以培养学生的学习兴趣、自学能力、质疑精神和创新能力。

其次,努力构建平等、和谐的师生关系和有效课堂,使学生自主参与学习过程,力求全员课堂达标。和谐民主是构建有效课堂的基础,主动参与是构建有效课堂的必要条件。

3.措施

第一,结合集体备课,提高备课质量,做好课堂教学准备工作。

第二,结合推门课、公开课、校级展示课等形式,抓好课堂教学的研究和质量。

第三,争取多组织教师外出参加培训,多学习,多总结。

第四,加强常规检查,如作业批改、单元卷使用,认真分析课堂教学的得失。

第五,积极参加各级教研活动,学习各层面的先进理念、方法;积极参加各级论文、课件评选,及时总结经验。

第六,引导学生养成良好的学习习惯。

四、分项实施,重点突破

(一)团队研讨,发掘学生的主动学习能力

基本要求:加强集体备课,实现资源共享,努力构建"自我反思、同伴互助、专业引领、共同提高"的校本教研模式。具体过程如下。

第一,个人主备。主备教师提前两周研究课标、教材、电子课件以及其他参考材料,依据实际情况修订课件中的学习目标、重点、难点和方法提示,修订课件、导学案中的不恰当环节,增减相关的内容等,将具体的指导、启发与点拨的方式方法写入自己使用的导学案中。

第二,集体备课。每周星期三下午放学前各备课组组长组织本组教师集中备课,在会上先由主备人阐述自己的设计思路,再由备课组其他教师集体讨论,提出修改意见。

第三,二次备课。主备教师根据集体意见对自己的课件、导学案进行修改,修改完毕后将课件发到本备课组群共享,导学案打印出来后到教务处审核盖章,最后交复印室复印使用。教务处加强常规检查力度,及时查看各教研组上传的电子课件的制作质量以及导学案的撰写质量,达到全面提高教师备课质量的目的。

(二)构建"三环五步"有效课堂的基本模式

1.课前

预习自学,探究问题。

2.课中

导入课题,明确目标;导学检测,新课新授;教师精讲,合作交流;展示点评,总结升华;诊断巩固,清理过关。

3.课后反馈

一是课堂上创新教与学的方式。充分发挥教师的主导作用,最大限度地调动学生参与学习的积极性,引导学生在自主、合作、探究的学习过程中,全身心投入,积极动脑、动口、动手,教学生学会学习,培养学生独立思考、动手实践的能力,并使其养成良好的学习习惯。二是要优化教学策略。恰当灵活地运用有效的教学方法和手段,精讲精练,及时反馈,有效调控,切实提高教学活动的实效。我们提倡"两个有效",即每一位学生的有效和每一分钟的有效。关注每一个有问题的学生,关注每一学生的问题。闲则生非,课堂不允许一个学生闲,忙了,纪律就好,成绩就好。学校最大的浪费是课堂时间的浪费。课堂上要做到放手但不放任,让学生自主却不自流,让学生全力以赴、全心贯注、全神投入,紧张而愉悦地学习。

4.具体课堂教学程序

(1)明确学习目标,预习课本知识,交流互助

步骤如下:教师可联系前面所学知识,介绍本节学习重点和目标;导学案应提前发给学生,让学生对课本知识提前有所了解;对学生的预习情况进行阶段性检查,使学生养成自觉预习的习惯;学生对导学案上的知识都要进行学习和解答,对于不明白的问题,要在同学间进行讨论和解答,不能解答的可向教师询问。

(2)课堂展示(由上课教师自行设计)

(3)总结与反思评价

当堂检测达标情况,总结、反思本节学习成果。具体步骤是:学生做导学案上的习题,学生做,教师巡视,当堂反馈。

五、构建"三环五步"有效课堂的保障措施

(一)规范教学行为

第一,导学案的编写除了教学的三维目标、教学重难点、教学过程外,重点放在学生发展与学情、社会需要与行情、学法指导与考情,以及学生的认知规律、教学内容的选择、课堂语言的精练上。

第二,研究并逐步推广教案、学案合一。

第三,设立"自助餐"。"自助餐"是教师为学有余力的学生准备的拓展知识、开阔视野、集知识性和趣味性于一体的课外探究性作业。"自助餐"的分量要适中,针对性要强。

第四,教师通过谈话、探究性讨论、作业布置(考试)与批改等方式分析了解学情,尤应注重有讲必练、有练必改、有改必评,最大限度地发挥"以训练为主线"的作用。

第五,继续坚持"四精"原则:精选、精讲、精练、精评。

第六,培养学生练字、诵诗、读书的习惯。

(二)加强教学研究

其一,加强集体备课。各年级、各备课组以备课组组长为中心,每节课教学内容的确定、导学案的设计、作业的选编都要集本组教师的智慧,要围绕构建有效课堂这一目标,积极推行"四步式"集体备课模式:主辅(个人)说课—集体研讨—课案生成—个性反思与设计。

其二,尊重学生的认知规律,遵循由浅入深、由易到难的规律。

(三)重视教师培训

以课程改革为重心,以构建有效课堂为突破口,以集体备课为抓手,充分发挥集体的智慧,促进学校教学质量的稳步提高。

(四)健全管理制度

提高管理执行力,落实随堂听课制度,健全责任追究机制。

六、成果与反思

(一)主要成果

第一,运用"三环五步"教学模式的科目基本上完成了相应教材导学案的编写工作;大部分教师能按要求自觉运用"三环五步"教学模式进行教学,并形成相应的教学课件。

第二,历经期末考试检测,学校教学成绩有了一定的进步,教师相互之间的梯次逐渐缩小。

第三,教师之间合作交流更多,教师的热情更高,在钻研过程中有了更多的成果和心得体会。

(二)经验反思

首先,"三环五步"教学模式是一种新的教学模式,现属于探索阶段,还存在很多问题有待解决。比如,大部分教师还不能自如地使用这种新的教学模式,导学案的编写还存在一些问题没有完善等。

其次,"三环五步"教学模式是一种开放、创新的模式,需在实践中不断改进和完善,相信举全校之力,攻教学之艰,经过探索、融合、创新,"三环五步"教学模式一定会在八道哨中学绽放教学之花。

多元化背景下"分层异步学案导学"教学模式探索

云南省丘北县第一小学校

一、背景分析

深化课堂教学改革,推进实施高效课堂,是促进教育科学发展、提高教育教学质量的重要举措,是学校教育改革和发展的必然选择。丘北县第一小学校位于老城区,是一所具有两百多年办学历史、文化底蕴深厚、办学特色鲜明的学校。目前,学校有在校生3919人,教职工208人,74个教学班。多年来,学校一直秉承"以人为本、厚德善思、传承文化、科学发展"的办学理念,全面贯彻党的教育方针、政策,依法治校,以德执教,促进了学校的蓬勃发展。

随着城镇化的迅速发展,学校主要生源是老城区居民和大量的进城务工人员的子女。学校生源差异较大的特殊性和多元性,给学校的办学带来了极大的挑战和困难。面对这样的现状,学校从转变观念入手,开展校本研究,广泛征求专家、教师意见,认真组织教师学习反思,针对生源素质两极分化严重的特点,最后确立了学校创建高效课堂研究的切入点——"分层异步学案导学"(先学后教,以教导学,精讲点拨,当堂训练)课堂教学改革研究。

二、研究意义

随着城镇化建设的迅速发展,学校生源凸显出多元化发展趋势,呈现出"三多三无"的现象:一是留守儿童多,孩子的学习无人辅导;二是务工子女多,家长对孩子的学习无力辅导;三是教育意识低的家长多,对孩子的学习无心辅导。生源素质两极分化在教学中十分突出。小学教育应该遵循教育教学规律,面向全体学生,让不同层次的学生都能得到不同程度的发展和提高。"分层异步学案导学"教学模式的提出是适合学校的发展,符合校情、学情,紧贴实际的独具学校教学特色的教学模式。"分层异步学案导学"教学模式,不仅能解决学生不同层次的需求,实现教学过程的全面优化,而且对于在课堂教学中开展创新教育,培养学生的动手实践能力,大面积提高教学质量,育"四有""五会""四力"云程好少年的培养目标具有重要的现实意义。

三、"分层异步学案导学"教学模式的概念界定

"分层异步学案导学"教学模式,包含"分层异步"和"学案导学"两个核心概念。

(一) 分层异步

分层异步是针对"一刀切"的教学模式提出的,突破了传统教学方式的局限性,关注学生的个体差异,满足不同学生的学习需求。在教学目标上力求做到全体性、层次性、整体性、张扬个性,在组织形式上采用不同层次的学习小组进行不同形式、不同内容的教学设计和导学设计。多样化的教学目标指向每一个学生的"最近发展区"的动态协调。对于优秀生,不能限制他们的思维空间,应积极鼓励他们挑战更高的目标,不要只停留在原有的学习目标上。这样,在保底的前提下,让不同层次的学生达到不同的水平。

(二)学案导学

学案导学是教师根据学生的实际,以学案为载体,以导学为方法,突出学生自学能力,注重学法指导,以学生的学习过程为主线设计的教学活动方案。它是将课下与课上相结合,学案与教案相结合,学生自主学习与教师讲解与引导相结合,课本知识和生活实践相结合,知识与能力相结合的多方位、多渠道、多角度的教学策略体系。在教学过程中以导学案为媒介引导学生在活动中自主学习、合作、探究,让学生在导学方案的引导下完成学习任务。在具体的实施过程中应该遵循"上不封顶,下要保底"的教学原则,从不同学生的差异中寻求教学的最佳结合点,使所有学生都能在原有的基础上得到发展和提高,能够全面地掌握知识、提升能力、提高成绩,最终实现教学水平的整体提高和学生综合素质的全面发展。

四、"分层异步学案导学"教学模式的实施

(一)潜心研讨,合理分层

分层主要包括学生分层、目标分层、训练分层、评价分层,其中学生分层提倡隐性分层。

1.了解差异,分类建组

(1)学生分层

学生分层主要是根据学生的学习成绩和智力水平将其大致分成三类(A类学生——学习能力较强,1号优秀生;B类学生——学习能力一般,2号待优生;C类学生——学习能力较弱,3号潜能生)。教师对学生分层要做到心中有数,优化组合,避免学生的自尊心受到伤害。倡导隐性分层,让学生给小组取名,如"童心组""梦想组"等。

(2)人员组合分配

各班根据实情进行人员优化组合,可以是A类与A类、B类与B类、C类与C类,也可以是A、B、C三类混合组成学习小组。采取小组合作学习的方式,充分发挥团队合作精神、榜样示范作用,形成竞争意识,促使各层次的学生在小组中互帮互助,迎头而上。通过优生传、帮、带的作用,达到教育的均衡发展,即采用一帮一或互助学习活动,让A、B类学生给C类学生当小老师,利用课堂练习或课余时间互帮互学,从而实现相互学习与监督。学习小组人员的组合搭配,不是固定不变的,而是动态的。在学习过程中,教师可以根据学生不同阶段的特点、表现、需求和发展情况灵活地以弹性的方式,为学生提供合适的学习活动方式,如同质分组、异质分组、同步活动、异步活动、自由组合等,这样使小组学生达到优势互补的目的。

2.针对差异,目标分层

教师在设置教学目标的过程中要体现目标的层次性:基本目标、中层目标、较高目标(不同层次的学生达到不同的目标,不同层次的学生提出不同层次的问题)。目标的制订坚持以人为本,针对本节的课程标准,制订出符合学生实际的学习目标,做到明确,有可检测性。

3.面对全体,分层训练,分层辅导

导学案上的"层递式巩固训练",要根据本班学生的个体差异、认知能力、思维类型等,实行分层设计、分层训练,体现针对性、层次性、梯度性,由易到难,由浅入深,层层递进来满足不同层次学生需求,关注每一个学生,给每一个学生提供表现与成功的机会;鼓励学生挑战"层递式巩固训练"中更高的目标,而不是仅完成学案中相应的层次目标的练习。也就是说,C层学生在完成C层练习的基础上向A、B两层挑战;B层学生在完成B、C两层练习的基础上向A层挑战;A层学生在完成A、B、C三层练习的基础上,对B、C两层的学生进行帮助和辅导。在课堂教学时,要注意学案中的分层设问激凝,对不同层次的学生提出不同层次的问题,让学生都有发问、回答问题的均等机会。同时,"层递式巩固训练"也要分层设计(必做题和选做题),必做题面向全体学生,重在巩固基本知识,培养初步的应用能力,达到学习的最基本要求;选做题面向A和B层次的部分学生,重在发展智力和拓展思维,培养创新能力。需注意的是,教师要把设计的层递式巩固练习落实到处,安排足够的时间让学生完成,并及时反馈,发现问题,及时分层辅导。对A层次的学生,以"放"为主,留有足够的自主学习时间和空间,"放"中有"扶","扶"重在引导其深化理解和深入探究;对B层次的学生,实施半"扶"半"放"的策略,在适当点拨之后,放手让学生主动学习,自主发展;对C层次的学生以"扶"为主,"扶"重在引导其深化理解基础知识和指导归纳学习方法上。

4.多元化的分层评价方式

在分层异步教学的过程中,采用多元化的评价方式,对不同层次的学生进行评价,即小组评价与个体评价相结合;教师评价与学生评价相结合;自我评价与他人评价相结合。注重分层评价,只要学生达到相应的层次目标,就应该加以肯定。对于挑战更高层次目标的学生,要大力表扬,以激发学生的"四力",全面提高教育质量。评价过程采用动态化的方式,本着激励性、灵活性和辐射性的操作原则,把多元化的评价方式融入我们的日常教学管理中和学生的日常学习活动中,以成长记录的方式对不同层次的学生的成长过程不断跟踪并进行对比评价,只要学生在任何一方面的发展已达到预期的目标,就给予肯定评价,以激励学生向更高目标迈进,不断升级,如C类学生向B类学生迈进,B类学生向A类学生迈进。分层也可以不固定,既增强学生的自主性,又培养学生的创造力和强烈的竞争意识,促进教学的互动,有利于建立民主、平等、融洽的师生关系和同学关系,形成互帮互学,携手共进的团体精神。值得注意的是,我们对学生的评价,不能单纯以考试成绩为指标,应多方面进行考察,与我们的"四有""五会""四力"培养目标相结合,指引我们向一个明确的方向前进,实现我们的实践价值。

(二)导学案的组成及运用

导学案的组成相对固定,根据每一课时的具体内容需要灵活地编写。组成导学案的基本要素主要有:学习目标、课前预习导学、课堂自学指导和检测(基础知识)、合作交流(知识重点、难点)、层递式分层训练(教学问题设计、作业设计紧扣目标,覆盖所学内容,由易到难,由浅入深,体现针对性、层次性和梯度性,让A、B、C各层次学生达到各自的发展目标)。[①]教学中,教师要结合学生的学习实际和已有的知识体验创造性地使用导学案,把导学案当"预习学案"来应用,充分发挥"学案导学"的作用。导学案不是万能的,不管是语文课还是数学课、英语课,教师课前的备课是上好课的关键,只有备好课,教师才能做到胸有成竹、运筹帷幄。一定要杜绝把课上成学生做导学案,教师讲导学案。总之,不能从被教案牵着鼻子走演变成被学案牵着鼻子走,教师既要利用学案进行教学,又要灵活应用学案,让学案服务于我们的教学。

五、"分层异步学案导学"的课堂实践

(一)课前导学阶段

课前导学既有复习旧知识的作用,又有预习新课和培养学生自学能力的作用。课前预习的内容分为:"温故"(复习旧知识便于新旧知识衔接)、"知新"(主要是提出新的问题,让学生带着问题阅读教材)、"提出疑难"(给学生预留空白,让学生记下预习过程中的疑难问题,然后带着问题进行新课学习,激发学生的求知欲)。此举旨在使学生逐步掌握正确的自学方法,有意识地培养自主学习的能力。教师要关注预习的落实情况,避免预习走过场,当学生尝到预习的甜头并养成习惯之后,教师就不必担忧了。

---

①注:导学案的设计应结合学科特点,问题的设置应精确、环环相扣、难易适中,真正发挥其预习导学的功能。

(二)课堂导学阶段

自主学习与合作交流是学生学习并获得方法的过程,是达到教与学的统一的过程,是从要我学到我会学的本质变化过程。

自主学习:针对新课前的预习进行检测,或针对简单、易懂、适合自学的知识内容设计一些简单的相关知识点,如熟读课文、掌握生字新词、理解课文内容大意等,以填空或思考题形式让学生在自学的基础上填写学案上预留的空白,大可不必花太多时间去讲(在这环节,应重点关注潜能生和待优生的掌握情况)。

合作交流:针对知识重点、难点,或学生自学有一定难度的知识或生成性问题,引导学生阅读、讨论、交流、表达,形成共识。学生在讨论中不能解决或存在的共性问题,教师应及时汇总,发挥团队协作精神,师生间、生生间、小组间研讨、交流、互帮互学、共同提高。在学习过程中,不同层次的学生需不同对待,对于优秀生,可以设计或提供具有一定难度的问题,引导思考、讨论,或在老师的适时点拨下,使其自己得出结论;对于待优生和潜能生无法自学或学生间合作仍无法解决的问题,教师应采取精讲、点拨、诱导的方式,但不是满堂灌。

(三)巩固深化阶段

巩固深化即导学案中的"层递式巩固训练"。教师针对本节课层次达标的不同,设计出多样化的练习题,指导学生进行及时的消化、整理、补充和归纳。课堂练习题尽量在课堂上让学生独立完成,如课上时间不够就要求在当天完成,达到当堂训练的目的,既让学生巩固所学,又使学生学有所用,并使不同层次的学生获得成就感,也让教师获得直接的反馈信息,为课后的教学提供信息,同时也有利于对不同学生建立阶段性评价提供有力的保障。

总之,构建一种适合学校课改特色的教学模式不是一朝一夕之功,需要长期的探究和实践,不经一事,不长一智。相信在全体教师的共同努力下,丘北一小定能展现出一个新的面貌:学生的身心得到解放,个性得到发展,自主学习的优化意识及良好的学习、行为习惯逐步形成。

校本研修更新教师专业理念

马克思曾说过："人是由思想和行动构成的。不见诸行动的思想，只不过是人的影子；不受思想指导和推崇的行动，只不过是行尸走肉——没有灵魂的躯体。"教师的专业理念影响教师对教育教学的理解与态度，从而进一步影响教师工作的质量。素质教育的全面实施和基础教育课程改革的深入推进，要求教师不断更新专业理念，对自我、对学生、对教学有准确的认识和理解。自主学习和参加培训是教师更新专业理念的有效途径，在此基础上开展有针对性的校本研修活动，进行学校内或学校间的交流研讨，可以更好地达成目标。

信任成就一个合格的"奶爸"

云南省个旧市第八中学　白俊才

时光荏苒,这已经是我步入教师行业的第五个年头了。五年里,我怀揣一颗执着的心在教育的道路上不断前行。这一路,我经历过恨铁不成钢的痛苦和失望,我体会过不知所措的迷茫和恐惧,但是我也深深体会到"柳暗花明又一村"的幸福与喜悦。我作为班主任——一个年轻的"奶爸",身兼传道、授业、解惑的重任,让孩子们全面发展更是我努力的目标和方向。然而,面对一群意识淡薄、基础薄弱、习惯差的学生,我深切地体会到教好书的艰辛与不易。在我感到些许疲惫,有些懈怠的时候,是"国培计划"示范校建设项目给了我信心,同样也是"国培计划"示范校建设项目告诉我"一个合格的'奶爸'不能缺少信任,要学会相信自己,相信每一位学生"。

一、案例

高某,2018届九年级二班的一个性格刚烈、调皮捣蛋、顽固不化的学生。课堂上,他不但不认真听讲,还有意扰乱课堂秩序,甚至顶撞老师;课后,他拉帮结伙,欺负同学。刚开始只要科任老师向我反映高某的违纪情况,我从来不听他所谓的解释,都会把他叫到办公室严厉批评,然后以老师惯用的方法强压让他承认自己的错误。每一次面对我的批评与指责,高某都是低着头并且一言不发。尽管他脸上流露着愤怒与不屑,但在我高压的态势下他只能选择沉默。随着时间的推移,我发现高某不但没有改变,反而变得更加肆无忌惮,无时无刻不在展现着他的傲慢。顷刻之间我意识到我所谓的让他"诚服"是多么可怕的教育方式,在孩子心里早已种下了愤怒的恶果,对我只有表面的屈服而内心充满了不满与憎恨! 凡事都与我的意愿背道而驰……那段时间我深深地陷入了教书以来最大的困惑与迷茫之中,我很痛苦也很煎熬。我掏心的付出却换来孩子的憎恨与叛逆！那一刻我曾有过辞职的念头。面对困难我不知所措,寸步难行。

二、感悟

就在迷茫之际,2017年11月,我有幸参加了"国培计划",并赴西南大学参加了骨干教师集中培训。回望过去的历程,既辛苦又幸福,这次培训,我再一次比较全面地看到了中国基础教育的状况,西南大学搭建的这个平台,使参训学员得以站在大师的肩膀上更好、更快地成长发展。其中一位教授关于"爱与信任"的专题犹如久旱逢甘霖一般深深地打动了我。之后我沉思了许久,反问自己"在师生之间的相处与交流中为何不能多点儿爱与信任",尤其对那些调皮捣蛋、顽固不化的学生,强压教育一定不会成功,因此我决定摒弃以前那种强压的教育方式,就像教授所说的:"要学会用信任的眼光去看待每一位学生。相信学生,相信他们都是金子,总有闪光的时候;相信学生,相信他们都有能力去实现自己的梦想;相信学生,相信他们一定会越来越好。"此后,我在和学生相处的过程中,不断尝试给予他们更多的信任,让他们感受到我对他们的认可和关爱。正是这种信任,让我见证了孩子们点点滴滴的改变和进步。

三、转化

一次,高某因为上课顶撞老师被罚扫地三天,起初他表现得极不耐烦,但是迫于对我之前的畏惧,他还是接受了处罚。接下来的每天,我都会不定时地去教室转悠,检查卫生。每次我都会看见他在认真打扫卫生,甚至把黑板和讲桌的每个角落都擦得干干净净。之后在组建班委时,我提名由高某担任劳动委员和舍长。当时全班同学都不约而同地投来诧异的眼光,他们的眼神似乎在告诉我:"老师,你是不是说错了?"这时一直趴在桌子上从不正眼看我的高某就像被电击似的瞬间笔直地坐起来,不可思议地看着我。我郑重其事地说:"我相信高某一定能够扛起这个责任,我对高某充满信心,我相信高某是这个职位的最好人选!"刚开始他还委婉推辞,但在我的肯定与期待中,最后他愿意承担起管理班级和男生宿舍卫生的责任。经过两天时间,他便拟定了小组名单,还在班务通知栏里张贴了值日生名单,之后他有条不紊地安排公共区域、教室以及宿舍的值日生。一段时间以来,我们班的教室和公共区域都干净、整洁。因为认真负责,我也经常当着全班同学的面表扬高某。渐渐地,我和科任老师们都发现高某开始认真听课、按时完成作业了。曾经那个调皮捣蛋、顽固不化的孩子竟然消失了!一次班会课上,高某还信誓旦旦地说:"老师你是这个寨子的书记,我是这个寨子的主任,我会替你好好管理这个寨子的,不让你操心!"听到这句话的瞬间,我无比激动,甚至眼睛都有些湿润了。后来,在毕业的前一天晚上,高某发了一条信息给我:"老师,感谢你对我的信任和理解,其实在我心里早已把你当成哥哥了,以后我能叫你哥哥吗?"简短的话语,让我十分感动,也让我收获了作为一名班主任的幸福与成就感。

四、反思

高某的改变,让我感受到信任具有巨大的力量,它除了让孩子们取得进步、抛弃坏习惯外,或许还能改变一个孩子的一生。从此之后,我开始更加相信我的每一位学生,我学会了用信任的力量去感染、影响身边的每一个学生。老师的"相信"对孩子来说是一种鞭策、一种鼓励,也是一份爱。而这份爱会鞭策他们在学习的道路上披荆斩棘,健康快乐地走下去。老师的"信任"是给孩子最好的礼物,它意义重大,却不花一分钱。它不会使赠送的人变得拮据,却能使接受馈赠的人变得更加富有。它发生于分秒之间,却能令人永生不忘。没有人因为富裕而不需要它,也没有人因为贫穷而不受益。信任能给你带来和谐与温馨,也能给你的事业带来助益,还能在你与朋友间互通情谊。

教育是心灵的艺术,我们教育学生,要与学生之间搭建一座心灵相通的信任桥梁。信任可以增进师生之间的感情,让学生愿意相信;信任可以营造和谐愉快的学习氛围,让学生愿意学习;信任可以发挥无穷的力量,让学生愿意改变。让我们带着一颗充满信任的心,走进课堂,走近学生,去做一个合格的"奶爸"。

"国培计划"让我和他共同成长

云南省个旧市第八中学　高　燕

　　我和他的故事说复杂也复杂,说简单也简单。新学期,我接任了九年级一班的班主任,他是班上的一名男生,15岁,独生子,性格孤僻、孤傲,内心尤其孤独,同学们都叫他"三孤小子"。他在班上没有要好的朋友。

　　开学第一天,他是由父亲带着来注册的,当时我感到很奇怪,因为他不是新生,注册只要到班主任处报到就可以了,没必要让家长一起来。经过了解我才知道,因为上学期期末时,他有好几次夜不归宿到网吧通宵上网的记录,因此,家长陪同他一起到学校了解情况。我和他的父亲一起对他进行了耐心的说服教育,告诉他九年级是一个关键阶段,要把精力放在学习上,只有这样才能考好学业水平考试。他听完后做了口头保证,保证以后绝不通宵上网,会好好学习,用成绩来证明自己的决心。但我还是在心里暗暗做了一个决定,以后一定要多关注他的一切,不能让他在最重要的一年里掉链子。

　　鉴于他以前的种种不良表现,我在班上"安插"了一位和他同宿舍的同学作为我的"眼线",每天向我汇报他的情况。我也几乎每天晚上都要去查宿舍。一个星期内,他已经有4次晚归的记录了。甚至有一次我去查宿舍,发现宿舍里有很多八年级的同学,而且室内烟雾缭绕。看到此情此景,我对他非常失望。我把他带到办公室后很严厉地批评了他,可是他似乎一点儿也不在意,好像他这样做是理所应当的。上课铃响了,我让他先回去上课。此时的我感到很迷茫,内心的焦躁无法言喻。

　　在我迷茫之际,我遇见了生活学习中另一个美好的"他","他"有一个朴实而美丽的名字,叫作"国培计划"。带着一颗好奇的心和种种疑问,我走进了"国培计划"的课堂。我参加了"国培计划(2017)"——云南省网络研修与校本研修整合示范校建设项目(中小学)骨干教师西南大学高级研修班的学习。聆听了许多专家教授的精彩讲座,观摩了优秀教师们的教学,我如沐春风。在"送教下乡"活动中,我的身份是培训师,在市里做过专题讲座、上过示范课;参加过市学业水平模拟考试英语学科的命题工作以及在市里做过教学质量分析;代表南部山区分享九年级学业水平考试英语复习方法。与"他"的相遇,使我的教育教学理念得到了更新,也提高了我的专业素养,改变了我作为班主任的工作方式,让我明白了要用关爱、关心和关注去帮助"三孤小子"。

　　于是我打电话与他的家长联系,他妈妈告诉我他以前是一个开朗听话的好孩子,学习也很认真。自从去年她和他爸爸闹离婚后他就开始变了,他爸爸是做生意的,虽然会定期寄钱给家里,但是经常不回家,家里就他俩相依为命。我突然明白了他的意图,他不希望父母离婚,所以想通过违反纪律来引起他爸爸的注意。这件事让我意识到我的教育方法不正确,一开始就对他有偏见,没有了解事情的起因就胡乱批评他。意识到自己的错误后,我决定心平气和地和他谈谈,并且首先向他道歉。

　　第二天吃过午饭后,我来到了他的宿舍,他正独自一人在看篮球杂志。看到我他好像很意外,慌忙站起来叫了声"老师"后不知所措地站在那里。我轻轻地拍拍他的肩示意他坐下来,我也一起坐下来。"吃饭了吗?"我微笑着问他。"吃了。"他不安地回答。我假装惊奇地问:"你也喜欢看篮球杂志啊!那你一定喜欢打篮球了,老师也喜欢呢!"这时,他抬起头惊讶地看着我,我继续和他谈篮球和篮球明星。开始是我一直在说,后来变成他滔滔不绝地说。我很开心,因为他肯表达自己的想法了。于是我趁热打铁,转换了话题,我说:"听说你八年级的时候非常喜欢数学,常常举手回答问题,老师非常喜欢你呢!"他不好意思地笑笑。"现在呢? 还喜欢吗?"我小心翼翼地接着问。过了一会儿,他低下头难过地说:"老师,我知道我的成绩在直线下降,我也不想这样的,但就是控制不了自己,一不开心我就想上网,没有心思学习。""那你能告诉老师为什么不开心吗?"我温柔地问。他没有马上回答。我用猜测的口气问:"是不是家里有什么困难?"他哭着说:"我恨爸爸,他要和妈妈离婚,他们都不爱我了,爸爸常常骂妈妈没有管好我。"看到他那么要强的大男生哭得如此伤心,我的心也很痛。等他平静后,我告诉他其实爸爸妈妈是爱他的,既然他们的争吵有部分原因是你的成绩下降,那么你可以努力学习,提高成绩,让他们以你为荣,也许他们就没有那么多矛盾了。他似乎明白了我的话,点点头,擦干了眼泪,还对我说:"老师,谢谢你,说出来后感觉好多了,我以后一定努力学习。"晚自习后,我找到了我们班的体育委员,让他打篮球时叫上他,让班上的同学主动和他交流,同学们也都乐于帮助他。

一个月后他有了很大的变化,他的脸上有了笑容,球场上有了他与同学一起打球的身影,期末成绩比期中成绩进步了15名。通过他的不懈努力,在学业水平考试中他考上了理想的高中,更重要的是他由"三孤小子"蜕变成了阳光少年。

我和他的故事圆满落幕了,我遇见了更加美好的自己,只因为我遇见了能改变我的"国培计划"。"国培计划"像梳子,帮我反思,梳理过去的教育教学理念;"国培计划"像春风,给我送来春的气息,让我长出"新芽";"国培计划"像舞台,给我展示自我、收获自信的机会;"国培计划"像灯塔,照亮我努力的方向。感恩"国培计划","他"让我收获进步,伴我成长!

别让"我爱孩子"成为一句空话

云南省个旧市大屯中心幼儿园　赛丽芝

"有一首歌最为动人,那就是师德;有一种人生最为美丽,那就是教师;有一种风景最为隽永,那就是师魂。不要说我们一无所有,我们拥有同一颗火热的太阳,我们拥有同一片广博的天空。在同一片天空下,我们用爱撒播着希望……"在无意中看到这首诗时,我就喜欢上了它,我觉得它很美妙地诠释了我们教师的形象。

很多幼儿园为了加强教师师德师风建设,提高师资队伍水平,经常会开展各种活动,如演讲比赛、标兵评选、师德自查等。我们幼儿园也经常开展此类活动。去年教师节时,我们开展了师德师风演讲比赛,老师们围绕对待孩子要有爱心、耐心、细心进行了演讲。听着老师们声情并茂的演讲、说到人心坎儿里的话语,我觉得老师们是真的知道了怎样去爱孩子。于是我就开始观察她们每天和孩子们相处的情况。

镜头一:课间活动时,某大班教室门口

孩子们正各自结伴游戏着,班上的 A 老师正从外面进教室,突然,从门后跳出一个小女孩对着她学小狗"汪"地叫了一声,吓了 A 老师一跳,A 老师就学怪兽叫着和孩子嬉闹起来,其他孩子见了也加入了进来。这时一个孩子为躲避"追捕",跑到隔壁班 B 老师的身后,B 老师立即凶巴巴地对他吼道:"给我滚到一边闹去,别来我这儿疯!"她对 A 老师说:"你也是,跟他们疯成这样干吗? 一点儿形象都没有。你看我们班的孩子,哪个敢捉弄我?"

镜头二:语言活动时,某中班的教室里

孩子们正在学习语言故事《山羊过桥》。进行到游戏环节时,孩子们分两组站在平衡木两头,他们需要扮演两只小羊,学习怎样谦让过桥,并且表演故事中

的对话。开头的几组都按老师的"要求"谦让了、对话了,后来慢慢出问题了,有的不能很机灵地互相谦让,站在"桥"中间不知怎么走了;有的不会对话;有的互相推搡,有个孩子甚至把对方直接推下了"桥"。C老师是这样做的:不耐烦地在一边提醒孩子应该怎么做,有的孩子终于完成了任务,很紧张地下了"桥";个别孩子仍然不能完成任务,于是被C老师拽下了"桥",C老师说:"好啦好啦,怎么这么笨,不会过就下来吧!"

镜头三:数学活动时,某大班教室里

孩子们正在学习9的分解与组成。活动的前半部分,D老师准备了很多教具,与游戏相结合,很有趣地让孩子们了解了9的分解与组成。可是到操作练习时,总有孩子不会按要求填数、画图表示9可以分成几和几。有个孩子老填不对,改了一次又一次,就被D老师骂了一次又一次,最后孩子哭了。D老师却瞪大眼睛,训斥着:"哭哭哭,你还好意思哭,上课不好好听,这么简单的题,你都有本事改那么多次,就没见过你这么木的人!×××,你教他写去!"

镜头四:早上入园时,某大班教室里

E老师的班上新来了一个转园过来的小个子女孩,有一段时间每天入园时她都低声抽泣地抱着家长不放手,孩子的家长也不知道孩子为何会这样,这在大班孩子身上是很少见的。E老师总是很温柔地把孩子抱过来,带到教室耐心地安抚孩子的情绪,询问孩子为何老哭泣,开始时孩子说自己也不知道。第二天、第三天……还是老样子,E老师仍然耐心地安抚孩子,陪孩子玩、聊天。在老师妈妈般的关爱下,有一天,孩子终于说:"老师,其实我是因为觉得没有聊得来的好朋友,有些孤单才哭的。"听着孩子小大人般的话语,E老师哭笑不得。其实小女孩每天在班上还是会和其他孩子一起玩的呀,就因为没有"知己"而哭泣?E老师开始关注班上孩子们相互交往的情况……

镜头五:某天的午睡时间,某小班教室外面

小班的孩子经常会因为各种原因在入园时哭哭啼啼的,有的甚至在教室里待着待着又突然哭起来。这天的午睡时间,有个孩子睡着睡着哭了起来,要找妈妈,F老师左哄右哄都没有效果,于是,这个孩子被F老师很粗鲁地拽出了教室,F老师对孩子说:"再哭,再哭就待在外面,烦死了,其他小朋友都被你哭得睡

不着了!"说完关上了门。孩子很伤心地拍着门喊:"妈妈——妈妈——"

镜头六:午餐时间,某中班教室里

孩子们规规矩矩地坐在自己的座位上,小心翼翼地吃着饭。进餐时间过去20多分钟后,大部分孩子已经吃完饭收拾好了自己的餐桌。班上总吃在后面的孩子又被G老师叫到了面前站成一排,G老师开始喂饭,一勺饭进去,孩子的嘴巴已经塞得满满的,有个嘴小的,甚至在恶心,G老师说:"你敢吐出来试试!"

在以上几位老师身上,你看到自己的影子了吗?我们都能判断出哪位老师是真正地爱孩子。还有些镜头,没法一一叙述,它们无时无刻不在讽刺着那些嘴巴里讲着"我会像妈妈一样去爱每一个孩子""我会细心、耐心地对待每一个孩子",实际上却说一套、做一套的幼儿园老师。

经常听到有的老师抱怨自己班上的孩子常规差,在教学活动中不听话、不配合,对老师有抵触情绪。有的老师说:"我们班的孩子非常听话,叫站着就不敢坐,叫安静就不敢讲话,叫乖乖地待在教室里就不敢出教室门半步,上课时很安静。"有的老师说:"我们是老师,就要有老师的威严,不能让孩子在我们面前放肆,跟孩子嘻嘻哈哈的我可做不来……"每当听到诸如此类的言语,我就会觉得内心一阵虚寒。我不知道这样的老师平时是怎样去体现自己对孩子的"爱"的。他们是否知道自己在和孩子相处的过程中,孩子是否快乐?但是我知道,如果我那样对待孩子,我是痛苦的。

事实上,在A老师、E老师的班上,我经常看到的是孩子们上课时与老师的互动很紧密,每个孩子都是积极地参与到活动中,哪怕那个活动不是那么生动有趣,他们都很自主地融入其中。每天哪怕有人哭着来,但回家的时候都是笑眯眯的,甜甜地和老师告别。没有一位家长向园长投诉过她们。而在其他几位老师班上,呈现出的是一种散漫混乱甚至压抑的气氛。在教学活动中,孩子们常规差,缺乏互动,活泼的孩子老捣乱、不听指挥;胆小的孩子没有存在感或者不注意老师的指令,和老师交流有障碍……

一位园长曾经讲过一句话,我非常认同,她说:"我们幼教工作,是一份非常特殊的职业,它需要付出的是无限的爱,如果不能怀着一颗爱孩子的心来工作,那么,就最好不要来从事这份工作!"是否有爱心是一个教师是否拥有师德的评价标准之一,没有爱的教育是失败的。不是每位老师都能做到专业技能技巧优秀拔尖,但是我们必须怀着一颗真正爱孩子的心!我们平时总说要教孩子从小学会爱,学会感恩……如果我们对待孩子的行为都没有向孩子传递出爱,怎么去期望孩子能身心健康、快乐成长呢?

　　孩子不是工业产品,没做好可以返回厂里重新修复;孩子也不是文件夹,装了不要的文档随时可以删除。如果孩子是一片土地,我希望自己把爱变成种子,播种在这片土地上,让他自己去创造属于自己的小天地。我们给孩子一点儿爱,孩子给我们的却是世界!真心呼吁所有一线老师,爱孩子就要通过行动表现出来,不要让"我爱孩子"成为一句空话!

我的语文教学"慢"时光

云南省个旧市鸡街镇中心小学校　马维莎

　　"我是个急性子,所以不喜欢和慢性子的人玩。"这是这学期我们班上一个孩子在作文中的自我介绍。看到这句话我哑然失笑了,多像我啊,急性子,做什么都像在赶时间似的。一直以来我没觉得急性子有什么不好,总觉得做起事来效率还挺高。可这样的"认为"在我接手现在这个班的时候被彻底颠覆了。

　　刚接手这个班时,他们刚刚升上四年级。这个班的孩子很朴实,看起来乖乖巧巧、挺听话的样儿。和我原来带的班级完全不一样,原来那班孩子个性鲜明、能言善辩,做事、学习也被我影响得雷厉风行,一切都是快、快、快! 新学期开始,我一如既往地"雷厉风行"着,总以为顶多一个月孩子们就能跟上我的步伐,所以我们又开始了快节奏的学习生活。结果可想而知,单元测试下来,我第一次有了深深的挫败感……之后,我反思了很多:是不是我的听写次数不够? 是不是我讲得不够多、不够深? 是不是我的作业类型太单一? 于是,我便增加听写次数;上课时更加卖力了,我讲得手舞足蹈、眉飞色舞,使出了浑身解数来吸引孩子们的注意力;作业也分层次布置……忙活了一学期,期末考试"如约而至",孩子们的成绩有了一定的起色,但与预期相差甚远。我感觉自己又一次成了语文教学的"手下败将"。

　　这样下去可不行,找到问题的关键刻不容缓! 下课时间我开始了跟孩子们看似无意的"侃大山"。这一侃不要紧,侃得我冷汗直冒——几个孩子说他们上学期的好多生字还没记住,所以总是容易写错别字。尽管他们也说我的语文课很有趣,他们爱上了语文等,可我的耳朵里、脑海里挥之不去的是孩子生字掌握得不好这个问题。我一直觉得到了小学中高年级,孩子们应该有了一定的自学生字的能力,所以生字部分的学习基本放手给他们。可我忽略了一点,来接手这个班的时候已经知道孩子们的基础有些薄弱,我怎么还要放手? 怎么还要去培养他们自学生字的能力啊? 即便要培养也得慢慢来啊! 语文,一句一句的话,一篇一篇的文章,不都是由一个一个的字组合而成的吗?生字关不过,就急于讲课文,哪怕课文我讲得天花乱坠,不也白搭?

正当我焦头烂额之际,"国培计划"示范校建设项目给我指明了方向,令我对教材的解读、对学情的分析、对上课节奏的掌控比较到位。如某专家说到的"三讲三不讲"——懂了的不讲、能自己看懂的不讲、讲了也不懂的不讲;而需要讲的是有争议的、重点的、能引发深层思考的。还有某专家为我们分析的《中小学课堂教学设计的理论与创新》中的内容,让我知道一个小小的教学目标里原来是有大大的学问的,而我原来就是按照教师用书一抄了事。当中太多的内容给了我太多的启发,我对"教学相长"这四个字也有了更深的领悟,它意味着在实际教学中教师与学生是相互影响和促进的。我的"教"不应该成为我展示个人风采的方式,而是要为我的学生的"学"服务的。

还好,亡羊补牢,为时不晚!于是,我针对这个新班级的特点开始放慢教学的脚步,改变了以往一些教学思路与方法。每一课的生字我不敢再大意,难写、易错的字更是小心为妙。为了帮助孩子们记住它们,我经常会把易错的字编成顺口溜,比如,通过编"小猴小猴你别急,金箍棒已在我手里,成了一支笔"来帮助孩子们记住"猴"字单人旁旁边不能多加一竖等。或者是让孩子们书空,我在黑板上板书,速度由慢变快,反复多次练习……我们就这样坚持着,慢慢地记,慢慢地写……

我的"慢"时光不仅仅体现在生字教学上,课文品读、习作练习中也可以看到我放慢的教学脚步。语文课上,我开始带着孩子们"咬文嚼字、细嚼慢咽",吃透关键字、关键词。自然,孩子们理解文章就容易多了,我们的习作练笔,少了长篇大论,多了"精雕细琢"。我不再要求学生一写作文就是一篇,更多的是片段训练。比如,我给孩子们一段没有任何修饰的对话描写,让他们添加各种各样符合情节的修饰性的提示语。相同的对话,由于孩子们所加入的提示语不一样,各种版本、各种风格的对话描写"出炉"了。一段时间下来,我欣喜地发现,孩子们个性化的语言日渐增多,精彩的描写层出不穷。我们依然这样坚持着,慢慢地记,慢慢地写……

这学期我带领孩子们学习林海音的《冬阳·童年·骆驼队》,看到里边的一句话:"老师教给我,要学骆驼,沉得住气。看它从不着急,慢慢地走,总会到的;慢慢地嚼,总会吃饱的。"一时我感慨万千,我想教学也是这样的吧,慢慢地教,总会学会的;慢慢地学,总会进步的。

"教学是'慢'的艺术,给学生一粒粒种子,然后把它们交给岁月,我们终将看到万涓成水、幼苗成林。"这是我喜爱的窦桂梅老师说过的话。我们在关注"有效性",关注"高效课堂"的同时,也要学会享受这样的教学"慢"时光,不为别的,只因孩子们需要。

一堂难忘的物理示范课

云南省个旧市第十五中学　姜　毅

通过参加"国培计划"，我获得了许多全新的知识与理念，我对新课程标准有了更全面的认识，我将带着收获、带着感悟、带着满腔热情，把学到的知识运用到教学中去。

记得那一天，导师通知我和其他县的几位初中物理教师到曲靖五中参加同课异构示范课，内容是八年级物理第七章第一节"力"。我想，参加了"国培计划"，这一次在众多骨干教师的同课异构示范课中我要脱颖而出，就应该打破常规，用培训中所学的知识结合生活的经验将这一节枯燥的概念课上成集趣味性、学习性于一体的课。因此我根据学生的特点、课程的特点精心设计了几个场景，让学生们在游戏与实践中学习知识。

10月17日上午，那是一个难忘的日子，我的同课异构示范课开始了。

第一个场景：我通过魔术表演手提水桶，让学生理解力是物体对物体的作用。因为有很多老师听课，本节又是概念课，开始学生们显得有些拘谨严肃。随着表演的进行，学生们逐渐活跃了起来。我问学生："通过老师的表演可以得到什么规律？"学生们异口同声地回答："力是物体对物体的作用。"

第二个场景：我用电影《应声阿哥》以及广告中的词"为什么追我"以小品的形式表演"力的作用是相互的"。表演完后，学生们的积极性更高了，轻松地回答出了相应的知识点。

第三个场景：我用课件展示踢足球，引导学生回答力的作用效果……

第四个场景：通过游戏单臂挂水桶体验力的三要素……

学生们在与我的互动中、游戏中开心地学习着。

最后一个场景，我设计的是让两位学生踮起脚尖，同时相互推手，体验力的作用使两人同时向后倒。我说："请踮起脚尖，相互推手。"两个学生没有踮脚就直接相互推手,导致不能体验力的作用使两人同时向后倒。这时我很着急,又说了一次规则"踮起脚尖,相互推手",两个学生还是不能做出我想要的效果。我更加着急了!学生们也静静地看着我,我只好说:"下来一位同学,让老师和另一位同学一起做。再说一遍规则,'踮起脚尖,相互推手'。"我在力的作用下向后倒了,但那位同学还是没有向后倒。着急的我只好又换同学上来做,最后终于做成功了。这时下课铃响了,这节课在没有完成课堂小结和课堂练习的环节下结束了。

下课后,我懊恼地回到了宿舍,心想我教了20多年的书,想在同课异构示范课上用培训中获得的新理念结合学生特点上一节集趣味性、学习性于一体的概念课,却上糟了,太丢人了。以后我还是按老方法上课,学生的体验实验能不做则不做。

第二天下午是同课异构示范课专家点评活动,因为自己上课效果不理想,我不好意思地坐到了会议室偏后的位置,低着头默默地听着专家点评。轮到点评我了,我心想不知专家们要对我提出多少批评。但出乎我的意料,专家们一致认为这节课课型新颖,课堂环节和内容讲授方式恰当,符合学生的认知特点。这节课不但学生听得愉快,听课的老师也听得很轻松,学生也学懂了知识。同时,专家们也提出了中肯的建议,这节课没有完成教学环节的原因有两个:(1)主要是教师的教学机智不够,最后一个体验效果出不来时,教师可以说因时间原因,我们下课后再做,或者改变一下方法,不要两人互推,改成一个人推墙等也能很好地完成体验,不至于耗费很多上课的时间;(2)老师的普通话方言味儿很重,学生听不懂是"垫起脚"还是"踮起脚",所以不能按老师的要求完成实验。老师以后应在这两个方面下功夫。总之,这节课是成功的。

听到这里,我将信将疑,我认为这节课自己上得很急躁,没有完成教学任务,怎么会是一节成功的课呢?是不是专家们为了照顾老师的脸面而说了客套话。评课结束了,就在我走出会议室的时候,曲靖五中的一位老师在我身后说:"姜老师等一下,昨天你上课的班级有位同学要我给你送张字条。"我疑惑地接了过来,心想,我第一次到曲靖五中上课,没有认识的学生啊,怎么回事?我把这张字条打开一看,眼睛湿润了,我用培训中所学的知识结合生活的经验设计的这节概念课得到了学生的肯定。

后来我回到学校,用在"国培计划"中所学的知识对自己多年的教育教学经验进行重新包装、改进、定位,形成了更适合自己的新的教育教学风格,受到了学生的欢迎和认可。"国培计划"学习是辛苦劳累的,但是让我获得了快乐。我懂得了只有不断地为自己充电,才能适应现代化的教学模式。我们应不断地学习,不断地总结,不断地反思,及时将自己的经验记录下来。在整理中思考,在行动中研究,终身学习,这将是我今后努力的方向。

老树出新芽：教师专业成长永远在路上

云南省个旧市锡城镇水塘寨小学　龚金玲

　　2017年12月至今，我参加了西南大学组织的"国培计划（2017）"——云南省网络研修与校本研修整合示范校建设项目。通过培训学习，我深深地感到："国培计划"是我们学习新知识、树立新理念、用最新的科学文化知识武装自己的十分难得的契机。教师应通过不断学习、探索，不断实践，以科学的理念指导自己的工作实践，使自己逐步成为学习型、研究型、专家型教师。

　　没有一个教师不想成为好教师，但是好教师的标准却不尽相同。"做人不做女人，教书不教语文，当老师千万别当班主任。"这是一句教育界的调侃话，然而我很不幸，竟然三样俱全。近20年的教学生涯使我深深地体会到得到学生的尊敬和爱戴是老师一辈子也受用不尽的财富，所以我认为：做人就做女人，教书要教语文，当老师一定要当班主任。下面从教学教研和班主任工作两个方面来谈谈我运用从"国培计划"中所学习到的知识指导自己教育教学的心路历程。

　　以前我总认为语文教学课前认真备课，上课照本宣科，让学生抄写、熟读、会背重点词句，教学任务就完成了。随着学生年级的升高，讲台上的我犹如一位演讲家，滔滔不绝，但学生的一张张小脸毫无表情，一双双眼睛暗淡无神，我感觉到我的语文教学出了问题……而今我利用从"国培计划"中学习到的知识指导教育教学，这使我的教学水平不断得到了提升。

　　我教学童话故事《巨人的花园》一课时，学生们的兴致很高。第一课时，学生主要理解童话的故事情节，了解巨人身上发生的巨变——由自私变得有爱心，使学生认识到：最美的心灵是博爱的心灵，一颗博爱无私的心能给人带来快乐的生活和永恒的幸福。第二课时，主要让学生赏析童话的写作特色，品味生动传神的语言。在这节课上，有两个环节给我留下了深刻的印象。回顾上节课的教学内容之后，我让几名学生有感情地分角色朗读课文，然后找同学评价他们的朗读情况，同学们主要从语气、语调、感情等方面进行评价，但大多数同学的发言都是只指出别人的不足。于是我告诉他们评价时要用赏识的眼光,先说优点,再委婉地指出不足,又指导学生读童话时要注意读出情节、读出画面、读出人物的个性。在我的点拨下,学生开始学会找优点,被评价的学生也是洗耳恭听,不时还会意地点点头。当有一名同学委婉地指出另外一名同学没有读出巨人的特点时,我问他:"你能举例说明吗?"他说:"比如,当巨人从朋友家回来时,看到一群孩子在他的花园里玩耍,巨人问:'你们在这儿干什么?'他没有读出巨人那种粗鲁、愤怒的语气。"我接着追问:"那你能读一下吗?"他尴尬地笑笑说:"老师,我也读不太好。"我说:"没关系,试试看。"于是他读了一遍,确实读得一般,这时,我说:"老师试试看。"于是,我变成了巨人,粗声粗气地吼道:"你们在这儿干什么?"当时,学生们吓了一跳,有的同学小声说:"像,像。"其实,我都不知道我的声音是怎么发出的。接着学生进行个性化的阅读,画出自己最喜欢的语句进行赏析,理解童话生动传神的语言,然后全班交流,明确本文大量运用比喻、拟人的修辞方法,并学会运用叠词。一名同学说,春天来临时,自私的巨人的花园里依旧是一片寒冬景象。由于看不见孩子们,小鸟便无心唱歌,树也忘了开花。有一朵花儿从草中探出头来,看见那块告示后,它对孩子们的遭遇深感同情,于是又把头缩回去,继续睡觉了。这里运用了拟人的修辞方法,说明小花也站在孩子们一边。在肯定这名同学的回答之后,我又表演了一回。我把自己假想为一朵花,做出从草中正在探出头的动作,嘴里说着:"春天来了,我要欣赏一下外面美丽的景色。那是什么?'闲人莫入,违者重罚。'巨人怎么能这样?没意思,回去。"于是我做出把头缩回的动作,学生又被逗笑了。有的学生说:"老师,太好玩了。"我说:"老师演得不像,我只想把大家带入童话世界中。"

这节课,我表演了两次,体验到了表演的快乐,同时也看到了学生投入学习的状态。这是因为我把童话课堂当作表演童话的舞台,让课堂本身也具有童话色彩,让学生徜徉在充满幻想的童话世界里。我想,在教学中,应该根据课文体裁的不同,创设与课文一致的氛围和情境,激发学生的学习兴趣,使其积极有效地参与到课堂教学中来。就像名师霍懋征说的那样,教师要十分注意培养学生的学习兴趣,变"要他学"为"他要学",这样会大大地提高课堂教学的效率。

作为班主任,家访是沟通教师、家长、学生心灵的桥梁,能拉近彼此的心理距离,有利于交换意见,也有助于达成共识,商量解决问题的办法。老师上门家访,让学生感受到老师的关注和重视,这对学生是个激励,对家长也是种触动,容易在教育中形成合力,产生良好的教育效果。我班有个同学,个性倔强,上学第一天就让我大伤脑筋。他从小就有随便讲话的习惯,不做事,总喜欢用嘴巴不停地说,喜欢跟老师作对,可以说他各方面的行为都表现得与众不同,令我头痛不已。我及时与家长取得了联系,我知道只有家长重视、关注,教育才能有成效。在家访中,我向家长反馈了孩子在学校点点滴滴的表现。我首先介绍了几天来发现的孩子身上的闪光点,然后逐一分析孩子各方面存在的不足以及这样带来的不良后果。我用平实的语言和真诚的爱心,使其父母对老师产生了信任感。在家访结束前,我们达成了教育孩子的一致意见,在满意的微笑中我离开了学生的家。在以后的一段日子里,这个学生的不良行为逐步得到了改正。上述的事例告诉我:家访是一种很有效地解决问题的途径,能搭起家长和老师心灵沟通的桥梁,使双方相互了解,形成最有效的教育方法。

其实,作为班主任,我们会遇到各种各样的学生。名师刘可钦说的一句话让我时常反思自己:我们每天要面对很多学生的很多事情,仅仅烦恼是无济于事的。当孩子很亢奋的时候,能否用富含感染力的言语,让他归于平静?当孩子沉闷的时候,能否用有趣的话语或活动,让他兴奋起来?当孩子不愿意学习时,能否用充满激励的言行,唤起他的向往,让他获得一种动力?这些就是作为教师的魅力和幸福。

读万卷书,不如行万里路。教师永远是一个行者,一个乐于学习、实践、研究、创新的行者。我坚信,在今后的教育事业中我会像老树出新芽那样,越长越好!

爱心融进心灵:让每一个孩子拥有阳光的心态

云南省建水县南庄小学　蒋丽芬

作为一名乡村教师,很少有外出研修学习的机会,在学校学习的东西也很少,当我觉得我的教学方法与教学理念需要更新的时候,"国培计划"像一场"及时雨"来到了我身边。2015年,我校有幸成功申报为"国培计划"云南省网络研修与校本研修整合培训示范校,我也很幸运地成了"国培计划"小学数学班的学员。尽管是网上学习,但它让我感受到个人学习和共同参与的快乐。对于工作在一线的老师来说,要想有机会与专家接触、交流,可以说机会是少之又少,但是网络培训却可以让我们坐在电脑前,点击鼠标就能轻松进入专家的精彩课堂,领略教育专家的风采。我们可以在网络的世界里畅所欲言、大胆发问,专家们专业的、权威的、理论与实践相结合的阐述及耐心的解答,使我们解决教学中遇到的问题有了理论上的保证,并有效地帮助我们解决了教学中的困惑。"国培计划"让我成长,让我重新解读了自己所熟知的教育理念,更让我重新审视了自己的教育之路。

去年我接的一个班里有个男生,前任班主任告诉我:"他个性有点儿问题,经常欺负同学,是全校有名的刺儿头,老师和同学们都很头疼……"听了这些话,我想到了专家报告中的一句话:"教师这个职业是最难从事的职业,因为它不但需要教师具有较高的专业素养,还要教师有一颗博爱的心。"所谓"亲其师方能信其道",学生只有喜欢老师,才可能喜欢学他教的科目,不喜欢的老师教的科目成绩就会相对较差。这是我们每个老师都经历过的,也都明白的道理,也可以说是"爱屋及乌"。

通过培训,我更懂得了:教育应是爱的事业,是心与心的沟通,是情与情的传递,教师应是学生贴心的良师益友。师生间只有保持良好的信任关系,老师才能很好地了解学生存在的实际问题,才能及时解决问题。对于部分成绩差、爱捣乱的学生,老师不要总是训斥、批评他们,反而要深入他们的群体,和他们打成一片,了解他们所关心的问题,引导他们解决问题。这样一来,无形之中缩短了师生间的距离,他们才可能在老师面前无话不说、无事不讲。老师要放下架子,和学生建立起民主、和谐的师生关系。老师对学生的尊重、理解、关爱、包容、鼓励,都能激发起学生美好的情感,唤起学生思想情感上的共鸣,促使学生自觉地向着健康美好的方向发展。

想到这些,开学第一天,我主动找到小男孩,和他聊天、谈话,想进一步了解他,想抓住彼此初识这个好时机,对他进行教育。小男孩从表面上看挺可爱、挺机灵的,谈话中我给他加油、鼓气,让他谈谈六年级的学习打算,帮他树立自信心,使他感受到老师没有歧视他。一个星期过去了,我留心观察他的言行举止,发现他并没有我想象的那样糟糕,只是上课很少发言,学习成绩有些差,不愿和其他同学打成一片;他总把自己的座位和别人的拉开一定的距离,上课前我帮他拉好,下节课他又拉开了;早读也经常迟到。面对这些情况,我进行了家访,找到了问题的根源。他的父母经常外出做生意,每天早出晚归,平时他很少得到父母的关心,自尊心强。以前,老师和同学对他都有偏见,认为他不是一个好学生,他觉得很丢面子,便自暴自弃,形成了自卑、冷漠的性格。

了解到这些情况后,我又找他谈心,在学习上鼓励他,在生活上关心他,有时还领他到我家里吃饭,鼓励其他同学主动找他玩;抽时间给他补课,当他有违纪行为时,给他讲道理,帮助他改正缺点;当他有一点儿进步或闪光点时,我就及时给他表扬、激励,使他处处感到老师在关心他。他也逐渐有了好转,明确了学习目的,端正了学习态度。为了提高他的学习成绩,除了在思想上教育他、感化他外,我还特意安排了一个学习成绩好、责任心强、乐于助人、耐心细致的女同学(班长)跟他坐同桌,想发挥同桌的力量帮助他。事前,我先和班长进行了一番谈话:不要歧视他,为了班集体,要尽你自己最大的努力,耐心地帮助他,使其进步。班长满口答应,并充分利用课余时间帮助他学习。有时,班长也会产生一些厌烦情绪,说他不太听话、不太乐学……此时,我就跟她说:对他要有耐心,慢慢来。渐渐地,我发现他课堂讨论积极了,心和大家靠近了,座位也和同学们靠近了,学习成绩也有了很大的进步。值得高兴的是,他还时常会帮助一年级的小同学抬矿泉水到教室,得到了其他老师的表扬;参加班上的劳动更加主动积极了,也不再欺负同学了,数学成绩可以考90多分,这足以说明他有了好的转变。他无论在哪里见到我,都会亲切地叫上一声:"老师,您好!"我总是报之一笑,并说上一声:"你好!"看到他的进步,我感到很欣慰。

　　"没有不会学的学生，只有不会教的老师。"每次听各种讲座，专家们都这样教育我们，经历了这件事，我更深刻地体会到了这句话的含义。通过培训，我更懂得了怎样去爱学生。爱，是教师职业道德的核心。教育学生，要从爱出发，平等的爱、理解的爱、尊重的爱、信任的爱，这些都是教师爱的真谛。教育，是心灵的艺术，要以学生为本，尊重和关爱每一个学生。作为教师，除了关心爱护优秀学生外，还要对后进生投入更多的关注和关心。教育学生的时候，要与学生建立一座爱心桥梁，以此与学生心灵相通，更深入地了解学生。对于一些特殊学生，教师要付出父母一样无私的爱，要用海洋般宽广的胸怀包容他的缺点，要耐心、细致地关注他的点滴变化，走进他的心灵，去感化他；要像朋友一样不断地提醒他、引导他，让他参与到课堂中，让他感受到自己存在的价值，让他以积极的心态参与到各项教学活动中。我们要努力让特殊学生都有阳光的心态，我们要用爱的雨露滋润他们的心田，让他们健康、快乐地成长。

　　一名热爱学生的教师，应以赏识的眼光和积极的心态看待每一个孩子，使他们找到好孩子的感觉。有了教师对他们的信任、尊重、理解、激励、宽容和提醒，他们才能找回自信。我们要用爱开启学生的心灵，获得学生更多的尊重和爱，建立良好、和谐的师生关系。

摆脱思维定式：用发展的眼光看待学生

云南省建水县第一小学　周　倩

　　有一年，我接管了一个四年级的班级，交接手续时，原来的带班老师跟我介绍了这个班的情况，我知道班上有一个比较"特殊"的孩子——小弈。这个孩子经常不能按时到校上课，不能按时完成作业，成绩一直是倒数，家长很难沟通。同年级的老师也都给我打了预防针。

　　开学第一天，我和与我搭班的班主任已经带领学生打扫完卫生了，这个传说中的"特殊"男孩仍迟迟没到教室。半个小时后，我终于见到了小弈的"庐山真面目"：穿着时尚整洁的衣服，长得眉清目秀，看上去挺帅气的，进教室时没正眼看我。收完假期作业，小组长就报告小弈的假期作业一样都没做完。好家伙！一来就给我将了一军，我该怎么办呢？是让他蒙混过关，还是一视同仁，要求他补做？参加西南大学组织的网络研修培训时，专家在授课时说过，学生是发展中的个体，我们不能戴上有色眼镜看学生，不能被思维定式限制了，要用发展的眼光看待他们。下课后，我找到小弈，和蔼地告诉他："在老师眼里，你和其他同学是一样的，老师认为他们能做的事情你一样能做，他们能完成的作业你也一定能完成。"从他诧异的目光中，我感觉到他非常惊讶于我对他说这样的话，他当时没说话，只是轻轻地点了点头。说实话，我对他是否能补做作业心里没底，心急吃不了热豆腐，慢慢来吧！

　　第二天，这个孩子请假了，家长请假的理由居然是孩子的作业没做完。经过了解，以前也经常出现这样的情况，家长会骗老师说孩子生病了，而且这种情况基本都是在星期一，因为周末的作业相对多一点，他无法按要求完成。这时，我意识到了问题的根源是家长的教育方式不对。我和与我搭班的班主任商量后决定与孩子的家长进行谈话。在跟家长沟通的过程中，我发现家长的潜意识里觉得我们对孩子要求太高了，认为我们应该对孩子放宽要求，不要强求他做他不愿做的事。以前我总以为自己的沟通能力还不错，可这一次，不管我从什么角度与家长进行沟通,家长都能找到各种"奇葩"的理由来反驳,但无论家长怎么无理,我始终相信他们也是望子成龙的。这条路走不通,我就换一条路走吧!比起成年人,孩子应该更容易改变,家长不配合,我只能在孩子身上找突破口。

难道小弈这个孩子就真的一无是处吗?之前的老师认为他特殊,也许是因为他们对这个孩子已经形成了惯性思维。我不应该被"套路"了,应该自己客观地来观察他、评价他。在跟他交谈的过程中,我发现他的声音很好听,还说得一口标准的普通话,这可是班上很多孩子的弱项。语文课上我特意点了几个朗读一般的孩子和他一起轮读课文,安排他读最后一个自然段。当他读完的时候,全班同学不约而同地鼓起掌来。我让同学们说说为什么给小弈掌声,有的学生说:"这是我第一次听他读课文。"有的学生说:"他读书音量适中。"有的学生说:"他读得字正腔圆、抑扬顿挫。"听了同学们的评价,他的脸上露出了我从未见到过的笑容。我趁热打铁,让他再带同学们读一遍,这一遍他读得更好了。课后,我发了一条信息告诉他的家长:您的孩子今天在学校表现很出色,他的朗读得到了老师和同学的赞扬。从那以后,课堂上偶尔能见到他举起的小手,能听到他朗读课文的声音,而且他的作业质量也渐渐有了提高。每当看到他的一点点儿进步时,我都及时表扬。当然,孩子毕竟自制力较差,仍会有犯错的时候,在班上我采取"一个班级两种制度",对于自制力较强的学生高标准严要求,对于自制力较差的学生适当降低要求。对小弈的要求是较低的,慢慢地,批评他的次数少了,表扬他的次数多了。

快到期末的时候,我收到了小弈爸爸的一条信息:周老师,太感谢您了,我儿子虽然语文成绩一直不好,但他已经不怕语文了,甚至越来越喜欢学习语文了。谢谢您为孩子所做的一切!这是他的家长第一次主动跟我交流孩子的情况。读着这条信息,我很欣慰,也暗自庆幸:我走出了思维定式的套路,我学会了用发展的眼光看待学生。

前行的路上，我在追寻美丽的风景

云南省建水县南庄小学　白　萍

时光如水，岁月如梭。一支粉笔，一本书，三尺讲台，一块儿黑板，诠释着无怨无悔的人生。凝视着，沉思着……不觉间，整整14个春秋，静听自己心灵的细语：这14年来，从未放弃过，总以满腔的热情默默付出，用自己的知识、智慧和人格引领学生、塑造学生。其间，有过欢笑，有过哀伤，但更多的是成长。静默时分，我总想起网络研修时一位专家说过的话：爱是教育的魂。的确没错，没有爱，我们的教育便成了无源之水、无本之木。讲台给予我磨砺，新理念给予我洗礼，是它们，让我在一次次的失望中重拾希望的勇气；是它们，让我在一次次的喜悦中增加奋斗的信心。

2016年以来，有一句话时时萦绕在我的耳际：要成为教育家，而不是教书匠。我深深地感到，不做教书匠，要成为教育家，就必须与时俱进，不断地提高自己的文化素养，教好语文，以满足新时代学生们的求知欲。语文教学内容包罗万象，涵盖古今中外，不乏天文地理，还与历史、哲学、音乐、美术等知识息息相关。想成为不落伍的、新型的、充满情趣的语文老师，不仅要娴熟地掌握现代化信息技术，还要有深厚的文化素养。课堂知识要保新，得靠教师积淀深厚的文化素养。专家这样告诉我，我也这么想，努力这么做。教学《圆明园的毁灭》时，我用视频播放八国联军入侵北京、英法联军焚烧圆明园的情景，这些触目惊心的画面，无不激发着学生强烈的爱国情怀。教学《最后一分钟》时，我给学生们讲"虎门销烟"和"鸦片战争"的历史故事，增添了语文课堂的情趣。《七律·长征》的教学，我又带领学生一起唱《东方红》，一起感受伟大领袖毛泽东的风采，还在黑板上用流畅的线条勾勒出巍峨的乌蒙山与连绵的五岭山，语文课堂的艺术性在挥洒自如的笔下一览无余。学生们一个个露出幸福而满意的笑容，似乎咽一口唾沫，都能把所有知识咽下去。前行的路上，这是我所追寻的美丽的风景。

我永远行走在课堂上，从未止息。我立志：用语文教人。"孩子需要爱，特别是当孩子得不到爱的时候。"每个孩子都是一个世界，一个独一无二的世界。我会用心探究他们的内心世界，他们拥有什么、缺失什么，我都要一清二楚。随后，便掌握火候，真正做到一把钥匙开一把锁。教育既然不能用放大镜放大孩子身上的缺点，那我就寻找他们身上的闪光点，点亮问题学生心灵深处的火花。对于犯错误与有缺点的学生，施予爱心，宽容他们，谅解他们，能使他们变得优秀。

我的班上有这么一个问题学生，是一个男孩，名叫陈林（化名），性格偏激，凡事都要依他，喜欢用拳脚来解决问题，与同学友好相处不超过3天，女生不敢惹他，男生不敢不从他，是班里典型的"小霸王"。面对老师的教诲，他拒千里之外，逆反心理严重，总以与老师唱对台戏为乐。科任老师不是摇头，就是叹息："自从教书以来遇过难教的，没遇过这么难教的。"面对陈林，老师们都无可奈何，但我的内心却跟明镜似的，同学们不喜欢他，老师们又一味贬低他，他与同学、老师越来越远，身为班主任的我，可不能再火上浇油了。如果这样，只会助长他的恶劣行为屡屡发生，如若这样，我何谈引领学生？何谈塑造学生？

俗话说"寸有所长，尺有所短"，学生的差异性必然存在。问题再严重的学生也有他的优势，我常常想起网络研修时，有位专家说过：教育工作者，语言要"随风潜入夜，润物细无声"。这其实说的是教师语言的艺术与魅力，教师要把握恰当的时机，善用和风细雨般的语言，达到预期的教育效果。

很偶然的一次，班上的几个女生像一群小麻雀似的围着我喋喋不休地吵闹着："白老师，男生不抬水，大家都没水喝，都快渴死了，都快渴死了……"无意间，我发现陈林不知什么时候凑到了旁边，竖直了耳朵，充满好奇地听着。我微笑着看着他，他的神情显出几分悠然自得，似乎心情十分愉悦。一瞬间，我改变了以往对他的成见，觉得这个孩子也不是那么可憎。我试探着拉起他的小手，他没有反抗，反而很和善地走到我身边。我带着商量的语气亲切地问："陈林，你看大家都没水喝了，老师把抬矿泉水的工作交给你，你愿意做这件有意义的事吗？"也许是春风化雨般的声音融化了陈林内心中的坚冰，他不再拒老师于千里之外。那一刻，是一双清澈明亮的眼睛注视着我，小手习惯性地放在嘴里，咬着指甲，还歪着头。我笑，他也笑，眼睛眯成一条缝，这是我第一次感觉到他的可爱。之后，他不言语，只是默默地、很乐意地点点头……那一刻，我如释重负，觉得再难教的孩子也有闪光的一面。后来的每一天，陈林都认真负责地做好这份为大家服务的工作。每次上课，我都会留意矿泉水，从未有过断水的情况，也没有女生来诉苦没水喝。

从那以后,陈林改变了许多,他在一天天进步,和同学们的冲突少了,欢声笑语多了;和老师的距离近了,能让老师感到欣慰而给予赞许的眼神了。原来,同学们友好相处,师生关系亲密无间,是这么美好的事。我很庆幸,这是我前行的路上,追寻到的最美丽的风景。

教育问题学生,我们永远不能强迫他们成为自己理想中的那样完美,应该讲究语言艺术,"随风潜入夜,润物细无声"地引导与重塑,更应该施予宽容、谅解、爱心。岁月悠悠,沧海桑田。留下教学的脚印,回眸的一念间:孩子是未来,孩子是希望。用爱心去抚慰他们,用真心去滋润他们,用微笑去感化他们,用人格去影响他们,给予他们生活和学习的信心和勇气。捧着一颗真诚的爱心去对待他们,与他们共享在一起的美好时光,愿自己能成为龚自珍笔下的那一片"化作春泥更护花"的落花。

阳光依旧灿烂,明天依旧美好,前行的路上,我仍在追寻美丽的风景……

班主任工作案例:教育从细节入手

云南省建水县青云中学　张美琼

只有让花儿在心底绽放,眼中的世界才会姹紫嫣红。只有用真情去对待学生,才能换回学生的真心以对。

一、课堂内

记得那是我第一次担任毕业班的班主任,并且是初三才去接手的班级。那一年,由于特殊的原因,我承担了两个毕业班的语文课并担任一个班的班主任。这对班主任经验不足的我来说,无疑是一个不小的考验,但没办法,只能硬着头皮干下去。

当我跨进教室的那一刻,孩子们可能是出于好奇,竟齐刷刷地将目光投向我,我顿时感到一阵燥热,鼻尖和脊背开始冒汗,我知道,我的脸一定也红得难看死了。一时间,我不知所措,孩子们沸腾起来,教室里一片混乱。我稍做镇定,轻咳了一声,他们稍微安静下来,我微笑着说:"同学们别这么热情,不然我将会着火哟!"有的同学有些诧异地看着我,我摆了一下手,扭了一下身子,说:"我是一根干柴哟!"我诡异地做了一下鬼脸,说:"不像吗? 可我妈说我瘦得像一根干柴,叫我要多吃一点儿,老师们也这样叫我啊!"同学们似乎明白过来了,有的点点头,有的摇摇头。我接着说:"我这根干柴放到毛泽东描绘的北国雪景中不知是否会着火?"接着我板书"沁园春·雪"。虽然这篇课文我上了不止一遍了,但与过去相比,我觉得那节课我上得非常精彩,没有一个学生不认真做笔记,课堂气氛也非常热烈,让我完全投入到课堂中,没有了刚上课时的紧张。下课铃声不知不觉响了,同学们蜂拥而上,围着我问东问西,一下子我似乎成了他们的百科全书。从那以后的每节课,每当我走进教室,他们总会投来期待的目光,期待我带着他们走入精彩的语文课堂。

二、生活中

有一次体育课上,我班比较调皮的一名学生在做引体向上时摔伤了,手臂疑似骨折。当学生告诉我后,我马上跑去操场,看着他额头上的汗珠,我马上掏出手帕帮他擦去汗珠,并让他抬一抬手,他非常吃力地向上抬,但抬不起来。我二话没说,马上带着他往医院赶,又是拍片,又是化验,我带着他在医院忙上忙下,累得满头大汗。这名同学轻声地对我说:"老师,你休息一下吧!"我说:"没事。"我看他强忍着疼痛跟在我的后面,满头都是汗,我心疼地拉着他的手,关切地问:"很疼吧?"他告诉我,现在没有之前疼了。我知道,现在他是疼得麻木了。我被他的坚强感动了,眼泪禁不住流了下来。他看见我这样,说:"老师,别担心,我没事。"结果出来了,确实是骨折,医生说要住院,暂交1000元押金。他一下紧张起来,说:"老师,等我爸妈来了再交。"我说:"没事,我带够钱了。"他满脸懊悔,说:"老师,对不起! 其实今天做引体向上时我爬上单杠坐着才掉下来的,给你添麻烦了。"我说:"以后可别这样调皮了,让自己受罪。"他点点头,哭了起来,我边安慰他边帮他擦去眼泪,他眼里充满了感激。

他住院期间,有一天,我去看望他,看见他坐在床上背书,他看到我,立马从床上下来,说:"老师,你来了!"看着他气色好多了,我说:"好些了吧?"他的母亲拉着我的手说:"谢谢你,老师,孩子都告诉我了,多亏你送来及时,又帮我们垫付医药费。"隔壁的大爷说:"闺女啊,你的这个学生真懂事,还爱学习。"我说:"是啊,大爷,他是一个好孩子!"其实,我心里知道,班上就数他最调皮,也最不爱学习了。一个星期后,他出院回到了学校,每天下课休息时,我走进教室,总看见他低头在做作业,我叫他出去休息一下,他总说,还有一点儿作业没做完,等做完再去。初三上学期结束,他竟然从班级五十多名前进到前二十名,中考时考上一中,现在已经大学毕业在法院工作。逢年过节他总会给我发来一条长长的短信,充满感激与关切的短信,让我感到无比欣慰和自豪。

细节决定成败,细节在工作中尤为重要。有一次学校大扫除,我对班上学生的任务做了安排布置,我按座位顺序安排,其中,一个叫孙艳(化名)的女生被安排擦玻璃,其他同学都各就各位,开始行动,只有她坐在座位上不动。我把她叫出教室,严厉地批评她。她委屈地说:"老师,不公平,其他女生都是跟女生合作,只有我分了跟男生一起擦玻璃。"我说:"这没有什么呀,很正常的。"她却说:"不,我不跟男生一起干。"当时,我还因为她的固执批评了她,但后来我才知道,她生了一场病,头发都掉光了,整日都戴着帽子,皮肤又有点儿黑,很多人都误以为她是男生,她自己也很自卑。我竟然忽略了这些细节,没有保护她的自尊心,无意间对她造成了伤害。我很自责,找到了她,向她道歉,并不断地安慰她。她问我:"老师,您说我的病会好吗?我的头发能长出来吗?"看着她可怜的样子,我把她轻轻地搂在怀中,不停地安慰她。不安慰还好,越安慰她哭得越厉害,我不知如何是好,也哭了起来。她见我被她弄哭了,抽泣着对我说:"老师,对不起!您对我们这么好,可我却不听您的话,还惹您生气,我错了,老师,原谅我吧!"我说:"傻孩子,是老师大意了,老师要请你原谅!"

通过这件事,我明白,班主任工作应从细节入手,切不能马虎。老师似清泉,学生似鲜花,用心浇灌,总会越开越艳。

三、赛场上

那一年,学校举行冬季运动会,其中有广播操比赛和篮球比赛,我利用休息时间把学生带到球场,用小蜜蜂扩音器播放配乐,让他们加强广播操的练习,纠正他们不到位的动作,耐心示范动作要领(那是我事先不知练了多少遍的动作),并且让班上做操比较规范的同学带操,设计队列队形。那一年的广播操比赛,我们班居然得了第一名,这对一个连奖都没拿过的班级来说,简直太让人惊讶、太让人兴奋了。我们班的篮球是强项,但因有一个同学在训练中受伤,影响了班集体的实力。比赛前,我做了动员工作,给他们鼓气、加油,把替补队员刘雷(化名)调来代替受伤同学的位置。比赛过程中,我既当教练又当啦啦队队长,不断调整着战略战术,但因对手实力很强,比分一直都咬得很紧,离比赛结束不到3分钟的时候,双方居然打成平手。我非常焦急,想起我上学那会儿参加篮球比赛时,也有过同样的情形。我的班主任暗示我打一个快攻,我没辜负老师的期望,一个三步篮,球进了,这时我的老师要了暂停,暂停结束,时间也到了,我们就以2分的优势夺得冠军。这时,我也暗示涛儿来一个快攻,涛儿可是我们班的神投手,这时球落入他的手中,他一个转身,轻松地绕过对手,纵身一跃,球进了,一个3分,我立马叫了一个暂停,就这样,我班夺得了冠军。同学们冲向我,把我抬起来,场上一片欢呼,我庆幸,自己还懂得一点儿篮球的战略战术。从那之后,同学们更佩服我了,学习的热情也高涨起来,期末考试时,我班的成绩好几科都跃居年级第一。

一年一晃就过去了,毕业那天,我班举行了毕业典礼,黑板上,学生写上了:"老师,您是一朵美丽的花,永远绽放在我们心底,我们的世界因您而变得姹紫嫣红。"我含泪写下:"你们是百合,是永远盛开在我心田的百合。"

我是一名老师：青年教师的教育感悟

云南省建水县南庄小学　容　莎

　　小时候，我喜欢跟小伙伴们一起玩过家家，每一次我都扮演老师的角色。长大后，伙伴们步入了不同的行业，而我，成了真正的老师。也许，这就是我梦想的起点。曾经的我从来不知道自己有当老师的梦想。我想穿上绿军装，成为英姿飒爽的军中之花；我想身着白衣，在离生命最近的地方救死扶伤；我还想手执画笔，用色彩绘制缤纷的世界。然而，我成了一名老师。一路走来，我终于明白，老师，才是我的梦想，而那些我一直以为是梦想的东西，其实是向往。

　　梦想也好，向往也罢，最终还是得活在现实中。而现实中，我是一名老师。有人把老师比作园丁，用辛勤的汗水浇灌着祖国的花朵；有人把老师比作蜡烛，照亮了别人，燃烧了自己；有人把老师比作粉笔，染白了自己的头发，却点缀着世界。我终于成了一名老师，在我看来，老师只是一个平凡的人，一个也有着喜怒哀乐的人。老师也会在买菜时为了几毛钱而斤斤计较，也会在天热的时候吃一根冰棍消消暑，也会在底线被触碰时大发雷霆，也会在爱人面前撒娇……老师的伟大也正在于作为平凡人却做着不平凡的事。人们常说，爱自己孩子的是人，爱别人孩子的是神。如果是这样，那老师在还没有做人时就已经成了神。

　　我是一名年轻教师，短短7年的教书生涯让我深深爱上了教师这一职业。事实上，教师工作，并不像世人夸赞的那样光芒四射，相反，教师背负着很多压力。我爱教师这一职业，并非爱它的光辉，而是爱自己在教师道路上的成长。细数成为教师的这7年里，有无数的委屈，有数不清的泪水和汗水，有许多无助与迷茫。面对这些挑战，我并没有想过放弃，因为经受着挫折的同时，我也收获着喜悦、感动与成长。

　　作为一名年轻教师，我很荣幸地参加了"国培计划"示范校建设项目。经过近3年的培训，我的专业知识得到了丰富，教学能力有了明显的提升。值得一提的是,经过教育专家们的培训,我能更好地处理师生关系、同事关系了。这让我在教育之路上迅猛成长。

记得在给彝族孩子上课时,那50多双纯净的眼睛盯着我,那眼神里充满的是羡慕与期待。他们也许是在羡慕我这个从山外来的不会讲彝话的老师,可以穿着没有夹杂着泥土色的衣服,见过山外的世界;他们也许还期待着有一天我可以让他们走出大山,也去看看不再是山、不再夹杂着泥土色的世界。那时候,我还只是一个只会握着教案背内容给孩子们听的年轻老师,但我也希望孩子们能通过我的讲解认识山外的世界、感受世界的美好。我在这里一天,就会让他们更幸福一天。我第一次觉得当一名老师是多么了不起。当我为了自己的明天而选择离开大山时,那群彝族孩子眼里的泪花全是不舍,那一声声哽咽全是挽留,那写在纸上的一句句不流利的汉语全是对明天的期待。此时,我才明白,当一名老师,播种的是希望,收获的是明天。

忘不了那个从两岁起就没有了妈妈的女孩儿。女孩儿的妈妈是个漂亮的女子,也曾是我们学校的一名老师。也许是上帝嫉妒妈妈的美,在女孩儿两岁时,病魔就夺走了妈妈年轻的生命。爸爸忙于生计,顾不得陪伴女孩儿成长。从小,女孩儿就与外婆相依为命。

有一天早上下课,女孩儿跑过来拉着我的手,泪眼婆娑地跟我说:"容老师,我想妈妈!"这一句话,像一个惊雷劈在我的身上,疼在我的心里。温暖的阳光照过来,我还是觉得冷冷的。女孩儿接着说,她已经不记得妈妈长什么样了,只知道照片里那个美丽的女子就是妈妈,可那个妈妈连个拥抱都给不了她。女孩儿哽咽着,那双漂亮的大眼睛里满是忧伤。我不由得蹲下身,一把拉过女孩儿,紧紧地拥着她。女孩儿不再哽咽,而是放声大哭。她的泪水顺着我的手臂滚下来,滴落在地上。此时,我只愿仁慈的地母能将她对妈妈的思念及时送达。

孩子们听到女孩儿的哭声,迅速围了过来,"施玛,施玛,你怎么了?""老师,老师,她怎么了?"孩子们你一言我一语,眼里全是好奇与担忧。只见班长对着大家做了一个"嘘"的动作,孩子们立刻静了下来。我轻轻地放开女孩儿,双手捧着她那湿漉漉的脸,轻声地告诉她:"施玛不哭,老师就是你的妈妈,同学们都是你的兄弟姐妹。"懂事的班长赶紧挤过来,拉着女孩儿的手说:"走,我们一起去踢毽子!"孩子们立马拥向女孩儿,你推我挤,把她拉走了。他们有的忙着递纸巾,有的帮她擦眼泪,有的笑着,有的跑着,就像一群可爱的小鸟,叽叽喳喳地奔到了小操场上。灿烂的阳光照着他们,他们发着光。这时,我的眼泪终于忍不住了,轻轻地打转后,悄悄地落了下来。

在女孩儿的记忆里没有母爱,但她渴望母爱。每天放学,当同学们的妈妈在校门口等候时,我想,她也希望自己有妈妈;当她受了委屈时,我想,她也想要有妈妈给她擦泪;当她生病时,我想,她也渴望有妈妈在床前嘘寒问暖……我的拥抱或许没有妈妈的温暖,但我看到了女孩儿的回眸一笑,那一笑,比阳光还要灿烂。

此后,我不只是女孩儿的老师,更是她的亲人,一个像妈妈那样温暖的亲人。那时候,我发现"老师"是一个母亲般温暖的词语,我也终于明白专家们讲到的老师的"博爱"。

难以忘记那一次过关课成功后的激动。当我在众多老师的掌声与赞许的眼神中走下讲台时,我看到了师父眼里轻轻闪过的泪花,我感到了她扶着我的肩头的双手微微地发颤。不太善于表达的我,没有亲口对师父道谢,没有给师父鞠躬,只是给了师父一个傻傻的笑,可笑里却满是对师父的感激。第一次成功的背后是师父一字一句、一个眼神、一个动作的指导。那时候,我才知道老师也有老师,也体会到了有老师的老师是最幸福的。

第一次讲课、第一次与孩子心灵的对话、第一次与家长的沟通、第一次与同事的探讨、第一次外出学习、第一次磨课、第一次尝到成功的味道……这种种经历在我的思绪中日渐清晰、深刻。老师,只是一个平凡的人,却走着不平凡的路。"老师"就这样刻入我的生命,成为我生命中不可割舍的一部分,它已不知何时悄无声息地成为我心底最真最想留住的"梦"。

当一名老师,能够拥有牡丹一般的高贵雍容;当一名老师,能够拥有玫瑰一般的绚丽多姿;当一名老师,能够拥有杜鹃花一般的娇艳欲滴;当一名老师,能够拥有青莲一般的亭亭玉立。

我是一名老师,不管外界如何评价老师这个群体,不管社会给了我们什么样的压力,不管网上将我们中个别人的过失如何放大,我依然热爱这个职业。

我是一名老师,尽管身边有负能量,但我仍会用我微弱的光来传播正能量。

我是一名老师,我的梦想就是穷尽我所有的努力和智慧,帮助孩子们健康快乐地成长。也许我的爱和智慧不能让所有孩子的眼睛里都充满阳光,但我会努力让看到阳光的孩子都感受到温暖。

我是一名老师,我热爱老师这一职业。我是平凡的人,也是最幸福的人。

我是一名老师,我愿穷尽一生去努力学习、播种希望,我愿做孩子们的指路灯,与孩子们共同成长。

在实践中领悟：如何做一名优秀的教师

云南省建水县曲江中学　普建元

　　参加西南大学组织实施的"国培计划"远程培训，我感到很荣幸，因为这是我学习的平台，是我提高的机会，是我成长的智慧之源。在西南大学的网络研修课程中，我认真聆听了教育专家的精彩讲座，领略了他们幽默风趣的教育风格，学习到了许多先进的教育理论，也与很多优秀教师进行了交流，不但加强了理论和专业知识的学习，而且和本班的教师进行了问题探讨。培训专家们精湛的教艺、先进的理念、独特的课程设计给我留下了深刻的印象，使我受益匪浅。我主要有以下几个方面的收获。

一、真正地融入学生当中

　　教师要懂得尊重和理解学生，在此基础上与学生进行心灵的融合，在心理上与学生形成一种稳定、持续的良好关系。记得我在上"有理数的加减法的简便运算"一课时，我创设了这样的情境：选择全班公认的数学成绩最优秀和最差的同学进行口算比赛，比赛结果是数学成绩最差的同学获胜。顿时全班学生对此疑惑不解，纷纷举手表达自己的意见。尽管两组题目难易程度不同，但我发现并肯定了学生的进步，对学困生提出了表扬，鼓励他们继续努力。那时我看到了他们开心的微笑，从那以后他们的成绩有了很大的提高。

二、注重培养学生的学习兴趣

　　教师不但要提出可供学生思考的问题，更应该在每节课的开始创设悬念情境，激发学生主动探究的兴趣。教师导入新课的教学语言要巧妙合理、生动形象，能充分吸引学生的注意力，触发学生的兴奋点，激发学生的学习兴趣。传统的章回小说，或评书艺人，常在讲到关键时刻，突然停住并说："欲知后事如何，且听下回分解。"这是卖关子,也就是设置悬念,以便引起读者或听众对下情的探究。这对我们教学工作很有启发。作为一名数学教师,如果能使学生越听越想听,就说明学生的学习兴趣被充分调动起来了。要想达到这种境界就需要在教学过程中不断地创设问题情境,使教学过程变成一个设疑、激疑、解疑的过程。 教学过程中,教师要注重创设问题情境,要用恰当的提问语,组织学生参与学习过程,充分发挥学生的主体作用,掌握学生的学习方向,帮助学生自主探究知识,寻求问题的答案。

三、立足课堂,培养学生的思维能力

我注重优化数学教学方式,从数量上说,坚持少讲;从质量上说,坚持精讲;从内容上说,坚持变式与一题多解(这也是我校校本研修的课题,并且取得了很好的成效)。在整个教学活动中,既注重知识的系统传授,又给学生思维以充分的"自由度"。一是提供给学生明确的思考对象,有效集中学生的注意力,激发学生的学习动机;二是提供给学生独立思考的机会,使每个学生的潜能都得到充分发挥;三是给学生必要的启发引导,事先设计好有利于学生继续思考的问题,不直接给出解决问题的具体方法。比如,题目要求解决什么问题? 你是怎样想的? 还有其他方法吗? 有什么规律吗? 等等。这些问题使学生的思维活跃起来,使学生的脑子积极转动起来,促进思维的深入发展。

四、善于求同存异,发挥学生的潜能

作为传道、授业、解惑的教师,只有不断更新自己的知识,不断提高自身的素质,不断完善自己,才能教好学生。如果自身散漫,怎能要求学生认真?要提高我们自身的素质,就要多听取学生和老教师的各种意见,不断总结,不断开辟新教法,摒弃旧的教学方法,把先进的教学模式引入课堂。通过认真听取专家们的讲解,我认识到,课堂上要培养学生的求异精神,如果学生求异出了错,也不要批评指责,而要点拨启发,保护学生的自尊和自信。这样学生不仅得到了知识上的收获,更重要的是得到了精神上的支持和情感上的满足,体会到了成功和创造的欢乐,有利于继续发挥创新潜能。

记得在培训期间,有一次我讲轴对称图形时,事先布置学生课下剪一些平面图形,有正方形、长方形、平行四边形、圆、各种三角形、梯形等。课堂上,我让学生通过剪、折、拼弄清楚哪些图形是轴对称图形。当大部分学生通过折、剪已

验证平行四边形不是轴对称图形时,我予以肯定。突然有个学生站起来说:"老师,平行四边形是轴对称图形,它有两条腿(也就是对称轴)。"话音刚落,哗,全班学生都笑得前俯后仰,有的甚至喊:"你又做梦呢?"那一刻我也愣了一下,心想这孩子又出什么洋相!同时专家们的教学理念又告诉我:让孩子畅所欲言!于是,我让该生亲自上讲台演示。呀,不错,他做的这个平行四边形确实有两条腿!这时,学生们都疑惑了,急于想知道原因。

我趁热打铁,让学生通过量一量,看一看该生做的这个平行四边形与大家的有什么不同。大家兴致盎然,通过仔细观察、测量、讨论得出:他剪的平行四边形是四条边相等的平行四边形。两条对角线就是它的对称轴。我借机告诉大家:他剪的图形是菱形,也是轴对称图形,以后你们会学到的。一般来说,平行四边形是指两组对边分别相等且平行的四边形,它不是轴对称图形。我即刻表扬了这个学生的求异精神,并要求同学们以后不要嘲笑他,而要向他学习。顷刻间,孩子们掌声雷鸣。

五、注重自身学术研究和教学研究

通过这次网上研修学习,我真正地认识到教育是一个需要创造和充满创造可能的职业,对学生的研究、对知识的重组和活化加工、对学习过程和教育工作的事先策划、对课堂教学过程动态生成性的把握以及对自己教育教学行为的反思,都离不开教育科研能力。教育研究意识与能力的培养也是教师专业化的必然要求。教师的研究大多是结合自己的实践工作与教育对象展开的,首先表现为对自己的教育实践和周围发生的教育现象的反思,教师要善于从中发现问题,对日常工作保持一份敏感和探索的习惯,不断地改进自己的工作并形成理性的认识。在此意义上,积极参与学校的课题研究,同时撰写论文,提高自己的教育教学研究能力。

用宽容与关爱赢得学生

云南省丘北县锦屏镇中心小学校　刁　星

　　我是一名小学数学老师,已从教15年,在这15年的教学生涯中,有心酸也有甜蜜,有悲伤也有幸福。泰戈尔说:"花的事业是甜蜜的,果的事业是珍贵的,让我干叶的事业吧,因为它总是谦逊地低垂着它的绿荫。"教育事业就是叶的事业,每一名教师都是一片绿叶,孕育着祖国的花朵。带着对叶的事业的执着追求和向往,我无怨无悔地在这个平凡的工作岗位上做着平凡的事情。

一、学会宽容,用爱来理解学生

　　有人说:"你的心在哪里,你的幸福就在哪里。"当我用心去感受教育的脉搏时,我感觉到不管是快乐还是忧伤、充实还是迷茫,都是我生命中源源不断的幸福。我们班上有这样一位男生,聪明伶俐,不过脾气很怪,上课时他能积极发言,动脑思考,对一些难理解的问题,他总最先明白。可是他有个不好的习惯,不爱写作业,无论是家庭作业还是课堂作业,一概不写,不但不写作业还喜欢撒谎。一次上课之前,我检查家庭作业,又是只有他一个人没有做。我让他站起来,很生气地告诉他要么把试卷抄一遍,要么以后上数学课时都到后面站着。他几乎连想都没想就愤愤地说:"我到后面站着上课。"教室里一片哗然,我感觉到了我的失策,于是也跟着笑起来,走到他面前笑着对他说:"那要是让上级领导发现了说我体罚你怎么办,你想个两全之策吧!"他有点儿不好意思,回到座位上说:"那我还是抄一遍试卷吧!"教室里又是一阵狂笑,我顺势说:"你要这么说那我就不要你抄了,以后作业要按时完成,能做到吗?"他几乎是喊着说:"我用人格担保,一定能!"这次教室里响起的不仅是笑声,还有一阵阵热烈的掌声。到现在,他的作业交得都很及时。在与他的一次交谈中,他就那件事对我表示感谢:"老师,谢谢您! 是您让我改掉了以前不做作业的毛病。"我对他说:"是你

的真诚让我远离了愤怒,老师很感谢你,是你自己找回了那个充满阳光又积极
向上的你,希望你的人生永远都是这样阳光和积极向上。"

二、换位思考,用心来反思教育

事后的一天早上,我刚一进教室就见他拿着一个大苹果笑盈盈地向我走
来,嘴角微微上扬:"老师,谢谢您! 是您的宽容改变了我,是您让我改变了,是
您把我从歧途上拉了回来,千言万语也道不尽我对您的感谢,就请您收下这个
汇聚了谢意的红苹果吧!"我刚想张口说点儿什么,他以为我要拒绝,又说:"听
我妈妈说吃苹果能美容,您就收下吧!"此时的我欲辩已忘言,心情或喜或悲,作
为一名老师,我的心胸竟然不如一个五年级孩子的心胸宽广,为此我感到无比
惭愧。然而,让我感到欣慰的是他是一个不计前嫌、讲义气、重感情还会为别人
着想的小男子汉。

我常常在想,如果我是他我会怎么做,也许我根本做不到对老师的宽容,他
的宽容让我无地自容。这孩子的宽容让我反思:作为老师是不是只要教给学生
知识就行呢? 设想一下,如果他们仅仅是考试的机器,那么他们的人格会健全
吗? 他们的情感会丰富吗? 每当我走在大街上,看着熙熙攘攘的人群,我常常
会想到我的学生:都说孩子是祖国的花朵,是未来世界的主人,他们离开校园以
后,将会给这个世界带来什么呢? 我不知道他们是会用真、善、美守护自己的精
神家园,还是会加速这个世界的浮躁与急功近利。其实,我应该向这个孩子学
习,学习他的宽容。学无止境,对于老师来说,面对一拨又一拨学生,如果只是
停留在已有的教育认知水平上是远远不够的。学生的心理越来越复杂,我们不
能简单地估计和衡量。这次经历让我在一种很复杂的心情下反思自己的教育,
当时欠冷静,虽然孩子有错,批评教育他是作为老师应尽的职责,但是我当时教
育的方式欠考虑,并没有想过教育的后果。如果没有这孩子的宽容,那么我与
他的矛盾就会被激化。

三、宽容与爱相伴,赢得学生

有人说:"在学校中,一个开始有自己思想、情感的学生,最不能容忍的是教
育者的思想落后与言行的粗俗。"这道出了人文素养对于一个老师的重要性。

"学校无小事,处处有教育。"一个简单的道理,一句看似平凡的话,却意味

无穷。的确是这样,老师的一言一行都影响着学生,因此在教学中我处处留心,争取做好榜样。

如果一个老师把热爱教育和热爱学生结合起来,他就是一个完美的老师。由此看来,"德"是人类灵魂的基石,道德品质的培养和提高,不管是对教师自身还是对学生来说都尤为重要。教师只有热爱学生,才能去关心他们的成长,才能尊重学生的人格,引导学生成才。谁爱孩子,孩子就爱他,只有爱孩子的人,才能教育孩子,老师应用自己博大的爱去温暖每一位孩子。每一个孩子都是可爱的,虽然他们有的可能学习成绩不理想,但他是运动会上的冠军,是劳动中的能手,是道德修养的引领者,谁能说他不是个好孩子呢? 虽然书本知识的学习是很重要的,但是给学生营造一个宽容的学习环境,促进学生的人格成长与个性发展同样是不容忽视的。

宽容是作为老师必备的人格品质。学生的心智尚未成熟,在一些问题的处理上也许会犯错,老师不能无视或草率处理学生的错误,要带着宽容的心去对待,不能因为一次错误就给学生贴上一个标签,要给予学生犯错的机会,更要给予学生改正错误的权利。

课堂应变：善恶的选择就在一念间

云南省丘北县民族中学　田文粉

　　来到西南大学参加"国培计划"示范校建设项目骨干教师集中培训时,聆听了专家的讲座:课堂教学如何有效促进生成。在课堂上,专家讲到了因势利导,顺水推舟;迂回曲折,留好余地;幽默风趣,掌握分寸;转移焦点,发动学生。这使我想起了我曾经上过这样一堂课。

　　那是一个夏天的下午第一节课,我提前来到了计算机教室,将电脑打开,等待着同学们的到来。这堂课有些特别,刚上课5分钟,一个男学生突然哇哇地吐,满地的污物。他旁边的同学一下子站了起来,捂着鼻子,嘴巴里嘟囔着,一脸嫌弃地准备走开。我愣了两秒钟,赶紧走过去轻拍他的背,让学生找纸巾给他擦嘴巴。见此情景,同学们七手八脚地拉着这个孩子,让他离开满是污渍的座位。有的给这个孩子捏手;有的拿来矿泉水,让这个孩子漱口;有的拿来扫帚和拖把。这时有个同学说:"别忙扫,我下去抬点儿土来弄一下再扫。"紧接着拿了个小桶就往楼下跑去。没过5分钟,土抬来了,同学们你争我抢地将地板打扫得干干净净。过后我让另一个学生陪着他到医务室看看。这件事整个过程持续了大概20分钟。

　　这时我想这堂课的内容是完成不了了,便微笑着说:"同学们,你们真棒,我们的班级就是一个温暖的大家庭! 你们说呢?"这时同学们可有话说了。小李同学说:"老师,我坐在他的旁边,他吐的东西都溅到我脚上了,我当时觉得太恶心了,想快跑。"旁边的几个同学也不好意思地笑了。我半开玩笑地说:"都想跑吧?"同学们哈哈大笑。"可为啥没跑呢?"我继续问。张同学马上说:"老师都过去了,我们想看看,你要怎么批评他、收拾他?"王同学说:"可我们没想到老师不但没说他半句,还给他轻轻捶背,找纸巾给他擦嘴巴。"这时大家七嘴八舌地说:"看到老师这样,我们也不好意思了,想着同学有难处应该帮助,而不应该嫌弃他、厌恶他。"我说:"你们都是最棒的,看到脏的、臭的东西要躲开,这是人的本能,但在本能反应后我们能用理智来冷静地处理事情,这就说明你们是善良的、有爱心的,同学们都很棒!"

小小的一件事,让我联想到了人对善与恶的选择,就在一念之间。那这一念之间怎么选择,就在于我们老师在平时的教学工作中要做到因势利导,顺水推舟;迂回曲折,留好余地;幽默风趣,掌握分寸;转移焦点,发动学生。

教育从爱和信任开始：一张银行卡引发的思考

云南省丘北县民族中学　邱思远

孩子在成长的过程中难免会遇到这样或那样的问题和困难,如何帮助孩子成长？如何帮助孩子改正错误？如何让孩子正确地处理问题,勇于承担责任？这些都是教师需要思考的。

教育实践告诉我们,首先要创设民主平等的师生关系,改变传统的教育观,把学生看作完整的个体,平等地对待每个学生,给学生更多的关心和抚慰,以"无错原则"理解他们的行为。同时,教师要了解学生的心理,了解学生的特点,相信他们的能力,把心理调适和良好的行为习惯养成结合起来,帮助他们克服学习和生活中的困难,彼此进行心灵上的沟通。

2015年9月中旬的某一天,第六节课上课的铃声刚刚响过,我快步向七年级一班的教室走去,准备上课。推开门进到教室,就看到一群学生围着一位姓全的男生在七嘴八舌地说着什么。这位男生一边哭着,一边走上来,我先劝慰:"别哭,慢慢说。"这位姓全的男生流着眼泪向我讲述了事情的缘由:"今天早上我们宿舍罗同学的银行卡不见了,其他同学都说是我偷的。"我轻声地安慰他:"咱们先上课,下课老师帮助你解决,好吗？"下课后我把同宿舍的其他几位同学请到了我的办公室,他们都向我表白自己没有偷,其中有两位同学偷偷地对我说:"就是全同学干的,以前他就偷过其他同学的东西。"我把全同学找来,直截了当地问他:"银行卡是不是你偷的？"他说不是。我苦笑着对他说:"你到底偷没偷？"他还坚持说没偷。在我看着他的时候,他的眼神既无辜又似乎在躲避着什么,是害怕？是怀疑？我更加坚定了自己的判断。但我转念一想,再逼问下去也不会有好的效果,不如换种方式。"全同学,老师一直都很喜欢你,也相信你是个诚实的孩子。如果拿了别人的银行卡,老师也相信你有不得已的原因,不管怎样老师都愿意和你做朋友。"全同学的目光柔和了许多,但对于银行卡一事他一言不发。"你看这样行不行,不管是不是你拿的,老师和你一起到宿舍里面找一找。"他听后怔怔地看着我。很快,我就在他床上的枕头套里面找到了丢失的银行卡。"走,咱们回教室吧,就说是你在罗同学的床下面找到了银行卡。"仝同学拿着那张银行卡站了很久。"快去吧!"我催促着。"老师,我错了,罗同学的银行卡是我偷的。"仝同学的眼泪流了下来,之后他告诉我不肯承认的原因是怕老师批评他,怕家长打他。我及时对仝同学进行了深刻的思想教育。

通过这件小事,我获得启示:就像巴特尔所说,爱和信任是一种伟大而神奇的力量。教师载有爱和信任的目光,哪怕是仅仅投向学生一瞥,幼小的心灵也会感光显影,映出美丽的图像。只有怀着一颗宽容的心,才会去了解事情的真相,才能够对症下药。同时,要用一双敏锐的眼睛去捕捉事件微妙的变化。我们处理此类事件,一定要非常敏感。有时候周围同学的一些窃窃私语,或者当事人的一个小动作,都要捕捉。另外,我们在处理事件时还要不断地调整处理方法,一旦发现方法不合适,就要马上调整。学生的心理问题恰似一团烈火,用批评或其他让他难堪的方式来进行教育,只能让这团内心的火燃烧的更猛烈。作为教师的我们应该用尊重、理解、信任的情感教育熄灭这不该燃烧的心火,让他们敢于担当责任,顺利地渡过每一次难关。

践行赏识教育,促进学生发展

云南省丘北县八道哨中学　黄丽春

参加西南大学组织实施的"国培计划"示范校建设项目,使我提高了认识,厘清了思路,学到了新的教学理念,找到了自身的差距和不足。新课程表面上降低了难度,实际上对老师和学生的要求更高。新课程给予老师的较大的自由空间,与老师创新能力不足的矛盾,已成为制约新课程实施的"瓶颈"。为此,每一位老师都需要重新学习才能适应新课程。所以,老师的专业成长很重要。根据专家们的讲解以及本人多年来的教学积累,我觉得教育教学质量的高低与是否践行赏识教育基本理念有着密切的联系。

一、案例叙述

1993年,我踏上了三尺讲台,至今已工作20余年,送走了一届又一届学生,工作成绩得到了学校、家长、社会的认可。20多年的教学经历给我最大的感悟就是:没有赏识,就没有教育。

(一)相信你能把墙变白

去年,我担任初三(2)班班主任,班上有一位顽皮男生,说他顽皮,是因为他的恶作剧层出不穷,并以此为乐。刚接手班主任的第一天,当我走进教室时,眼前全是黑的,连教室的墙壁也被涂成了黑色。同学们面面相觑,只有那个男生一脸幸灾乐祸的样子。这意外的情景让我的脚步停在了门口,心头一阵惊慌和紧张,该怎么办呢?

这时,我想起了毕业典礼上校长讲的一则故事:一位老师去少管所给孩子讲课,由于深感责任重大,心里有点儿紧张。这位老师很快在难堪中冷静下来,诚恳地说:"同学们,这是我给你们上的第一堂课,一个人随时都可能摔倒,但仍然可以站起来!"教室里鸦雀无声,接着爆发出热烈而持久的掌声。

这时,我看了看同学们,他们都不约而同地把目光盯向那个男生,男生一副无所谓的样子。同学们都在等着看我的好戏,看我会不会像前面的老师一样气急败坏地冲向校长室。我并没那样做,而是捋了捋头发,从难堪中冷静下来,登上讲台,诚恳地说:"我很高兴,我们班有这样一位幽默的同学,这位同学非常聪明,非常有创造力,这么多年了,很少有人想到把墙刷成黑色的,可是我们班这位同学想到了。我相信,这位同学将来肯定会大有出息。而且,我也相信,这位同学既然能把墙刷成黑色的,那么,他肯定也能把墙还原成白色的。让我们用掌声来表示相信他。"大家一起热烈鼓掌。我的目光有意识地瞟向那个男生,他的脸红了。这么多年来,他第一次听到这样的话。第二天,当我来到教室时,发现墙壁又变白了。

素质教育不仅在于提高学生的素质,更在于提高教师的素质。每个孩子的本质都是好的,每个孩子都应受到同等的重视。墙由黑变白,在老师的宽容和同学的接纳下,孩子的心由冷漠转向感动。

(二)太好了,除了不对的地方

美国有一种自然教学法:只要是学生乐意做的事,老师的评价永远是这句话:"太好了,除了不对的地方。"比如,"太好了,只少数了两个""太好了,十道题只错了九道"……

以前我百思不得其解,如今终于明白了其中的奥秘。为什么"太好了"的评价对孩子有着如此神奇的魔力呢?其原因就在于:不管学生表面上多么骄傲,内心都是脆弱的,常常担心自己不行。一句"太好了",仿佛是春雷一声响,学生的情感闸门一下全部打开,你接着"乘虚而入"——说出"不对的地方",学生就听得进去,容易接受。

有的老师,就怕学生翘尾巴,教育学生时第一句话往往是:老师不得不承认,你有一些优点,但是……一个"但是"后面全是缺点,滔滔不绝,潜台词就是"太糟了",除了对的那一点点儿。学生一听这话,情感闸门全关。学生就像小乌龟一样一下把头缩了回去,刀枪不入,老师的千言万语只能变成耳边风。其实,我们的教育失误就是从这个不当的评价开始的。

(三)孩子"怕"的是赏识、幽默和感动

班上有一位同学名叫晓晓,经常迟到。这一天,他又迟到了。同学们都在嘲笑他,我却大声说:"我坚信晓晓是一个不想迟到的好孩子,今天他迟到一定

有什么原因,不信大家问问他,他想不想迟到?"这时,他涨红了脸,脖子一挺,头一昂说:"哪个想迟到? 我保证明天不迟到。"全班同学哗哗地鼓掌,我当场和他拉了钩。

哪知第二天早晨,他又迟到了。当他蹑手蹑脚地走进教室时,全班同学哄堂大笑,并一起用期待的眼光看着我。我真诚地说:"晓晓同学过去迟到的原因还可以和大家讲,昨天才表态不迟到。我相信他今天迟到的原因肯定特殊到不仅不能和大家讲,而且也不好跟老师讲,我们能不能给他一阵理解的掌声呢?"晓晓涨红了脸,老师、同学的宽容和信任点燃了他的自尊,从此,他再也不迟到了。

二、教育感悟

上述几个案例有助于我们理解和践行赏识教育。在教育教学实践中,赏识教育最基本的要求就是尊重孩子。学生的成长道路犹如跑道和战场,我们应该为他们多喊"加油",高呼"冲啊",哪怕学生一千次跌倒,也要相信他们能一千零一次站起来。从某个角度上来讲,孩子们怕的并不是打骂、训斥和抱怨,而是赏识、幽默和感动。我认为,当今社会中,"赏识"本身是孩子最渴望的精神需求,而很多人在实际操作中,把赏识仅仅理解为表扬和鼓励,于是,走进了误区——为赏识而赏识,结果得不偿失。

赏识造就成功,抱怨导致失败。不仅是好孩子被赏识,而是赏识使孩子变得越来越好;不是坏孩子被抱怨,而是抱怨使孩子变得越来越坏。教材不是法典,不是圣经,用教材,而不是教教材。好的教学不是在教知识,而是在激励学生学知识,教育的灵魂在于教人创新,而不是复制,有什么样的教学就培养出什么样的学生。那么,赏识教育到底能不能批评学生呢? 能,不仅可以批评,而且可以大胆地批评,奥秘在于"士可杀不可辱",应该在"看得起、够朋友"的前提下批评。好朋友的提醒是生命中最珍贵的礼物,孩子会以感激的心态接受这份礼物!

让我们乘风破浪,充分利用这次"国培计划"的有利时机,把学到的教育理念、方法和技术真正有效地应用于我们的工作实践中,进一步促进学生的发展和自身的专业成长,让教育教学工作再上新台阶!

在实践中领悟班主任的教育真谛

云南省丘北县第一小学　何丽芬

一直从事小学教学工作,始终怀着一腔热血,引领学生们一同成长。为了使自己能更准确地掌握基本的课堂教学规律,增强学生的管理能力,当好一名班主任,成为一名学习型、反思型的教师,十多年来,我坚持在实践中总结经验,领悟作为班主任的教育真谛。

在教育实践活动中,作为班主任,我经常反思,在"春蚕到死丝方尽,蜡炬成灰泪始干"的赞扬声中,教师应该怎样真正地落实对学生的爱与关怀呢?如果爱可以用简单的几句嘘寒问暖来代替的话,那么爱的分量就太轻了,它承受不了社会以及历史的磨炼。我以为,爱要落实在热情、思索与点滴中。从事教育工作,只有拥有饱满的热情,才会将爱情不自禁地释放给学生,帮助学生解决最棘手的问题,排解学生的烦恼,促进学生健康成长。

一、案例叙述

一天,一群学生跑来告诉我:"老师,您快去看看吧,××又打架了。"听了此话我没有丝毫动怒,第一时间赶到现场。从××的眼神中,我发现了一些恐惧、一点儿无辜、几许羞愧,又有一点儿反抗,他张了张嘴,欲言又止。也许是因为这个复杂的表情吧,我打消了批评他的念头,一改常态,给他举了一些伟人聪明能干,最后成了了不起的人物的例子。这时他调皮地说:"我也会成为一名科学家。""科学家"三个字刚说出口,同学们纷纷反驳道:"就凭你,吹牛吧!""不可能。""为什么?"我问。"他不遵守纪律!""他学习不认真!""他打人!"一向无视别人评价的他听了同学的话,低下了头。他听懂了,集体的舆论震撼了他的心。见了此情此景,我便趁热打铁地说:"我们每个人每天都在变化,要么向好的方面变,变得遵守纪律,努力学习,积极向上;要么向不好的方面变,变得懒惰、散漫,上课不遵守纪律,不努力学习。不进则退就是这个道理。"老师,我错了。"
××同学小声地说。他的声音虽然很小,但我听得清清楚楚。"老师知道你是个
聪明、懂事的好孩子,老师很喜欢你,同学们也很喜欢你。只是你有些小缺点,
那你的学习怎么办呢?"孩子迟疑了一下,并没有立刻回答我的问题。"让老师和
同学们一起来帮助你,好不好?""好!"声音响亮而清澈。"那好,知错能改,是个
好孩子。"我第一次发现,他是那么直爽。在他回教室的那一瞬间,阳光射进窗
口,我仿佛看见了希望的曙光。我感到自己以往的付出是多么微不足道,而回
报却是如此丰厚。带着爱与宽容,我想我可以跟孩子一起成长。

二、教育感悟

这个事件深深地触动了我,我认为教师要用欣赏与发展的眼光看待学生,
多发现学生的闪光点,多表扬、少批评,从而让学生喜欢学习、热爱学习、自主学
习,从而实现教而不教,成就学生的同时也成就教师自己。作为一名班主任,我
们应努力做好以下几点。

(一)成为每一位学生的榜样

陶行知先生说:"千教万教教人求真,千学万学学做真人。"要想让学生做真
人,教师首先应该起到楷模的作用;要想让学生说真话,教师首先应该说真话。
有人曾说:"学生的眼睛犹如照相机,耳朵犹如录音机,脑子犹如电子计算机。"
简短几十个字,却生动、具体地概括出了现代学生的特点。现代的学生思想活
跃、见识广。教师的一言一行、一举一动,学生都会看在眼里、记在心上;教师的
谆谆教诲、友善关爱,学生都会刻骨铭心。所以,教师应该成为每一位学生的
榜样。

(二)关注每一位学生的心灵

在学生犯错误时,教师不要一味地批评、斥责,教师应该和学生一起找出错
误的原因,然后帮他们分析,让他们自己意识到自己的过错,这样学生不但不会
和教师形成对立关系,反而会认真地改正自己的错误,更重要的是教师赢得了
学生的尊重。在教育在活动中,教师要多一分耐心,拥有一分宽容之心,让孩子
充分陈述自己的理由,发表自己的见解,这样无疑会让更多的学生养成善于思
辨的习惯,大胆地去思考。只有这样,学生才能真正成为学习的主人。

(三)尊重每一位学生的人格

自尊心是人格的基本成分,应该获得无条件的尊重。保护学生的自尊心是促进学生人格健全发展的必要前提。教师不要以为小学生还小,什么都不懂,不知道什么叫自尊、什么叫自爱。其实他们心里很清楚,只是不善于表达罢了。自尊心较强的学生,无论学习条件如何,他们都会刻苦努力,不甘于落后。教师在教育学生的同时,要善于保护学生的自尊心,让学生成为一个积极进取、人格健全的个体。

第四辑　校本研修丰富教师专业知识

　　知识素养是教师专业素质的重要组成部分。教师知识体现教师作为一种专门职业的独特性。教师知识不仅是教师从事教学活动所必须具备的智力资源，而且其丰富程度和运作情况也直接决定着教师的专业水准。时代在发展，社会在进步，教师知识的内涵也在不断拓展，一般认为，教师知识结构主要包括思想理论知识、系统专业知识和教育实践知识。终身学习和躬身实践是教师丰富和熟练运用专业知识的必然途径。乡村学校校本研修常态化，旨在帮助教师养成终身学习、研究创新的职业习惯，通过学习、研究和实践提升教师的专业素养。

幼儿园教师如何做好家长工作

云南省个旧市大屯中心幼儿园　王　艳

　　幼儿园孩子的家长来自社会的各行各业,兴趣爱好不同,成长背景不同,文化水平不同,教育观点也不同。幼儿园教师要做好家长工作,并不是一件容易的事情。

　　这个学期我调到中一班任班主任,好多家长对我不是很了解,有时和他们说话,他们爱答不理。比如,我班小智同学的妈妈,刚开学时,她会每天至少打一次电话询问孩子在园的情况。孩子刚进入幼儿园,做母亲的关心这是很正常的。我总是耐心地听她询问,与她沟通。有一次,小智和涛涛在玩耍的时候,眼角被涛涛抓了一下,出现了一条很小的抓痕。他妈妈给我打电话并拍照发给我,好像指责我没有看护好孩子。我先是向她道歉,又向她解释孩子在幼儿园玩耍相互之间免不了被抓或被推等,我会注意孩子的一举一动的。但这样的保证是不够的,以后的几天,她每天都会打电话来让我看好她的孩子。一次,她又打来了电话,我没接到她的电话,所以她对我的态度越来越不好,有时我跟她说什么她都爱理不理的,于是我感到很困惑和为难,怎样才能做好这个班的家长工作呢?

　　3月,我参加了西南大学实施的"国培计划"远程培训,认真聆听了专家讲的"幼儿园班级的家长工作"这门课程。其中讲到老师在与家长交流时要注意:家长的社会地位无论是高是低,老师都要平等交流、真诚对待,既不要自卑,更不能吹嘘,要有勇气和信心去解决幼儿园发生的一切事情,不要瞻前顾后,只要自己做事情是公正、平等的,是对得起孩子的,只要自己真诚地对待家长,任何家长都会理解和信任你的。具体来说,要做好以下几个方面的工作。

一、懂得尊重和理解

要做好家长工作,使家园合力作用发挥到最大,尊重与理解是前提。家园合作要以老师对家长的尊重与理解为起点。有时候,我们会埋怨有些家长不来参加幼儿园的活动,不帮我们收集资料,很少与老师见面、沟通……并把这类家长归为"不配合者、不支持者",而渐渐地忽视他们。其实,我们可以换位思考一下,家长们都有自己的工作,有些可能工作压力较大,下班后又要忙于烦琐的家务,空闲的时间本来就不多。因此,家长的"不配合、不支持"也是情有可原的。作为老师,我们应该尊重家长,给予他们理解,而不是心生埋怨。针对这样的情况,我们老师可以有针对性地安排活动。

二、建立平等的地位

在幼儿教育活动中,老师与家长同样是教育者的身份,地位应该是平等的。双方以平等的身份互相尊重是建立积极健康的合作关系的前提。老师如果过分地以专家自居,不能够理解、尊重家长的教育方式和理念的话,就会在教育方式方法等问题上与家长产生分歧。老师虽然受过专门的教育,有一定的教育知识和经验,但是,我们不能自以为是,认为自己是教育的行家而高高在上,总觉得家长没有水平,溺爱孩子,一味地指责家长。这样可能会引起家长的反感,不能真正发挥家长的作用,很难形成教育孩子的双向互动,也不可能使家园共育取得良好的效果。实际上,幼儿园的老师受过专业的训练,在专业知识和教育技能方面有一定的优势,但是,家长是看着孩子长大的,对孩子的了解要比老师深刻得多,在家庭教育实践中也积累了不少经验,如果老师能以平等的态度与家长对话,充分了解他们的需要和愿望,家长也一定会真诚地配合老师,真正做到家园配合,共同教育。

三、注重沟通方式的多样性

为了实现家园同步教育,家园双方要围绕着孩子的发展经常联系,相互沟通,老师要让家长了解具体的教育目标及幼儿各方面的发展,使家长与幼儿园取得共识,从而更有效地促进孩子的发展。因此,老师如何和家长沟通就成了我们工作中的重要内容。与家长沟通不要只局限于单一的交谈或电话访问,这难以达到良好的效果。我们应采取多渠道、多样化的沟通方式,让家长更好地了解自己的孩子在幼儿园里的情况。

(一)善于利用来园离园时间

早晨家长送孩子来园后一般会匆匆忙忙地离去,可是你是否留意到有时也有家长逗留在教室门口,这其实是给了我们一个讯号:有事要交代老师。我碰到类似情况时,总是主动迎上前询问,让家长感到老师的主动、负责和细心。我想这样家长会有一种亲切感,也会拉进老师和家长之间的距离。离园时间更是一个交流沟通的契机。我会把孩子一天中突出的一些表现告知家长,即便是需要说到孩子的不足,我也总是先肯定他的一些进步再婉转地提出建议,这样更有利于与家长沟通。从被动地回答家长的询问转为主动地和家长聊孩子的发展,让家长切切实实地感受到老师关心和关注到了他的孩子。

(二)利用家园联系园地

家园联系园地也是幼儿园与家长沟通的一个重要窗口。老师们似乎已习惯花更多的心思来设计栏目、寻找内容,而忽略了家长参与的深度与广度。我们可以准备一块小天地,如"夸宝宝"栏目可记录孩子在家里的表现,"育儿心得"可让家长畅所欲言等,同时这也能为家长提供相互学习的机会。

(三)发挥班级微信群的作用

爸爸妈妈有时会由于工作繁忙而忽视对孩子的教育及与幼儿园的及时沟通。在现实中,我们也注意到,大部分幼儿由爷爷奶奶负责接送,这在无形中削弱了家园有效沟通的力度。为此,我们站在新的角度思考了家园关系,建立了班级微信群,内容包括班级信息、班级相册、教学内容、活动掠影、给我留言等。我们还开发了"我的育儿经""网上论坛"等家园联系项目。 通过网络,家长可以谈自己的育儿经验,可以向老师提出建议或意见,可以推荐好的家教文章,更可以在群里与诸多家长、老师展开讨论。实践证明,班级微信群的建立方便了家长对幼儿园保教情况的全方位了解,解决了家长与老师沟通受时间限制这一问题,提高了家园互动互助的效果,得到了家长的一致好评。

(四)让家长学会和孩子共同成长

陈鹤琴先生指出,家长是子女的第一任老师……幼儿从父母那里学说话,认识周围的事物,模仿父母的言行,在父母的影响下形成性格。这足见家长在幼儿教育中的作用。家长来自各行各业,可谓人才济济,是幼儿园一份丰厚、宝贵的教育资源,它是幼儿园教育资源的很好补充。但是在实际的操作过程中,利用家长资源却是困难重重。因为家长的知识水平不同、素质不同,对于老师的安排也会有不同的看法、不同的态度。那么,怎样调动家长的积极性,使他们重视、关心和积极、参与幼儿园教育呢?

通过参加"国培计划",我学到了不少知识和方法。我认真地借鉴专家老师的建议和意见来开展家长工作,每天利用家长接送孩子的时间与家长沟通;召开家长会,开展一些亲子活动,发挥微信群的功能把孩子在幼儿园的精彩表现发给家长看;认真观察每个幼儿,发现幼儿的问题,及时与家长沟通联系。渐渐地,家长改变了对我的态度,对我的工作表示认可和理解并很好地支持我的工作,积极配合我共同教育孩子。总之,做好家长工作是一门艺术,每个老师都必须掌握这门艺术。

一名乡村幼儿园教师的学习成长之路

自从我踏入大屯中心幼儿园的那天起,我就在憧憬未来,希望给幼儿一片蓝天。社会的发展,教育教学理念与方式方法的转变,对从小学教师转为幼儿教师的我提出了严峻的挑战,因此我要与时俱进,不断学习。

在这里,我们许多乡村幼师,奔跑在教育的路上,却永远赶不上城里的教育水平。为此我不停地学习,从写教案开始,将教案细化,每次活动我都认真地备课,组织活动,即便如此,活动还是经常不能达到预期的效果。我开始怀疑我选择的教育事业是否像我想象中的一样,难道小学教师就不能当好幼儿园教师了吗?我陷入了沉思。正当我一筹莫展、倍感着急、不知所措的时候,遇到了我人生中的知识源泉——"国培计划"。它像一股暖流向我们乡村一线教师涌来,开启了我们的专业成长之路。在教学过程中,我体会到了作为乡村教师的辛酸、乡村幼儿带来的甜蜜、开展家长工作的各种苦楚,以及乡村幼儿园管理和教育教学活动中的滋味。此次"国培计划"学习让我获益匪浅。

一次好的教育教学活动,起源于一份好的教案,以前写教案,目标写得很广、很泛,抓不住重点,知识点太多、太大;用书、笔、挂图呈现内容,形式太过于单一;活动以问答式、说教式、教师主讲、幼儿辅答,教师小结的形式来开展;设计的问题答案是对或不对、好或不好,这样的提问太过于局限,将幼儿关在框框里,打不开思维,最终活动达不到预设的效果。通过"国培计划",在教学中我不断更改教案,从优质教案中学习,从优质课中学习,从骨干教师教育教学活动中学习。我细细品尝每个细节的滋味。

通过不断学习、不断品味,收获的喜悦溢满心头。通过学习各位优秀教师的教案我发现,作为幼儿教师要不停地学习,与时俱进。一份优秀的教案,需要花费很多时间和心血,要经历多次反思和从头再来。我认识到教学目标必须符合幼儿的年龄特点,符合本班幼儿的实际情况,不能太大、太广、太多。教师要多用游戏来呈现教育教学内容,毕竟玩是孩子的天性。在活动中,当教师用游戏等形式来教学时,幼儿会非常积极地配合教师。

比如,我们班上的诚诚宝贝很聪明,但玩性大,以前每次活动都非常头疼他,因为他总是不听话,活动中行为自由散漫,不配合,我对他束手无策。在"国培计划"的路上,我发现蒙自市机关幼儿园的教学就是以游戏为主,每个活动都设计成游戏,孩子在玩中学、在学中玩。这种教学方式对像诚诚这样的孩子效果很好。回来后我大改设计思路,每次活动都设计成游戏的形式。每次活动中小朋友们都玩得很开心,学得很轻松。从此诚诚不需要我再带在身边,活动后他都能够知道本次活动讲了什么、要记住什么、要学会什么,并且还收到了不错的家长反馈。诚诚妈妈说:"以前宝宝回家后都不愿意讲幼儿园里的事情,现在不一样了,宝宝回家后,乐于讲述他在幼儿园的一日活动中学到了什么、玩到了什么、谁和谁合作了、谁和谁分享了。"真没想到这样的活动,解决了我的困扰。

说句心里话,这样设计活动别致新颖,活动中教师一点儿也不累,活动前的准备更丰富多彩了,各种各样的道具也应运而生,小石子、小木棍、树叶、饮料瓶、废报纸等,这些物品贴近生活,幼儿易于认知。例如:"数石子认数字"的活动,首先,小石子便吸引了幼儿。活动中我说:"宝贝们,我们一起来玩一个数石子的游戏,一颗石子表示一,两颗石子表示二……"幼儿的兴趣一下就提起来了,而兴趣是最好的老师。对比以前的一就是一、二就是二的认数字活动,前者生动活泼,幼儿很感兴趣;后者一板一眼,难以让幼儿产生兴趣。

读万卷书,行万里路。知识的海洋永远那么宽广,让我体会到学习永远不能停止,并且还需将所学到的运用于教育教学中。我始终感觉,在活动中总还是缺少点儿什么,就如同一碗过桥米线,缺少点儿盐,再鲜美的汤,都需要点睛之盐,多了咸,少了淡,我的教育教学活动也差了点儿盐。正当我深感迷茫、无路可走之时,有一位"贵人"从天而降——"国培计划"。放下所有,将自己划归为零,踏上学习之路。在"国培计划"学习中,有专家的专业引领、导师的耐心指导、学员的团结学习,我收获了专业知识,提高了业务能力。

幼儿园的教育对象是幼儿,任何活动都要站在幼儿的角度去设计,目标、重点、难点、过程都要贴近幼儿的现实生活。例如,我之前设计的一堂社会活动课"看不见的世界",第一次设定目标时,我站在了自己的角度来设定,不切幼儿实际,教学效果并不理想。课后我不停地反思,再反思。这时,西南大学和个旧市的"国培计划"专家给我提出了很多宝贵的意见。拨开云雾见晴天,最终我确定了活动目标与活动过程。经过无数次的试课,一份站在幼儿立场的教案应运而生,虽然活动中还有许许多多的问题,但跟以前的活动相比,已经获得了质的提升。

　　转变思维,精写教案,便是我目前急需去钻研的。在幼儿教育教学的路上,我们砥砺前行。教育幼儿,不仅需要耐心、细心、爱心,更需用专业知识做支撑,设计出幼儿喜欢、知识点到位的教学活动。

用爱心帮助学生建立自信

云南省个旧市锡城镇水塘寨小学 刘 勇

"随风潜入夜,润物细无声。"与时俱进的"国培计划"给我一种全新的感觉和体验:足不出户,就能聆听专家的讲授,与同行交流讨论。某专家在讲授《小学教师专业标准(试行)》与小学教师专业成长的关系时提到"顿开茅塞"的故事,令我深受启发。我开始反思自己的教学行为,用心去感悟孩子们的每一丝变化,用真情去激励孩子们的每一点进步。我开动脑筋,全身心地投入教学中,努力为孩子们创设一个有利于其成长的学习环境。

为帮助胆小自卑的孩子自信起来,我和他们一起分享了一个小故事。

花园里有一朵小花,她的花瓣小小的,只有几片。她很自卑,因为花园里的其他花都比她美丽,比她漂亮。她常常低着头躲在暗处,怕别的花嘲笑她。

这时一阵清风吹来,她身边的牡丹对她说:"小花,别老低着头,来享受一下风的轻抚,这样会吸引美丽的彩蝶在你身边飞舞。"

小花摇摇头说:"不,我不行。有你这么美丽的花在身边,我就是抬起头也没有彩蝶来欣赏。"

牡丹听了摇头叹息。

这时一群人走过来赏花,玫瑰急忙对小花说:"小花,快抬起头,这样才能得到人们的赞赏。"

小花的头低得更低了,声音小小地说:"不,这些人是来看你们的,有我夹在你们中间,也许人们会因为我的丑陋而把我连根拔起。"说着小花委屈地哭了起来。

牡丹和玫瑰只好挪了挪身子,尽量给她让出空间。可是小花却恐怖地喊道:"别,别走开!要是没有你们的花瓣挡住我丑陋的身体,我会暴露在人们的目光下,我会羞愧而死的。"

牡丹和玫瑰齐声说:"如此,即使人们不把你拔起,你也会忧郁而死的。"

读到这儿,我想起了初次见面的贵州籍学生小荣。这是一个家住马矿,上学要走一个多小时的山路,却从不迟到、风雪无阻的好学生;一个自卑、内向,永远低着头,从不敢发声,总坐在教室最后一排的高个子大男孩。几次走近他和他聊天,他的手居然会颤抖,一个多么胆小的孩子。不行,这样的学生怎么能够适应社会呀?我一定要帮助这个孩子自信起来。自卑是一个人成功道路上必须逾越的障碍。老师帮助学生克服自卑是义不容辞的责任。那如何才能引导他正确认识自己,增强自信呢?

　　首先,设法点燃他心中的希望之火,激起他的自信心。自卑感强的学生特别需要老师的关爱和理解。知道他爱看书,可是他家里兄弟姐妹多,仅靠父母打工挣钱供养5个孩子念书,拥有课外书简直是不可能的。我特意选了几本名人从自卑到自信的励志故事书作为奖品赠予他。或许是因为看了许多名人小故事,渐渐地,上课时他竟然能够主动发言了;课后和我交流时,目光也不躲闪了,一副害羞的样子,笑起来挺可爱。

　　其次,鼓励他广交朋友。利用他爱打球的特点,用集体的力量帮助他实现性格的转变。我经常有意识地在学生中营造一种平等、和谐、融洽的氛围,为他克服自卑创造良好的外部环境和条件,鼓励他与同学交流。同时,鼓励他参加校外运动会,获奖后的他更加开朗自信了。

　　最后,给他创造成功的机会。我有意识地把一些班级工作交给他做,及时地肯定他的胜任。适当的赞美是滋润自信心的雨露,一次次的成功体验,培养了他十足的自信心。在讲故事比赛中,我鼓励他讲自己的上学故事。当听到"天,一直下着雨,一路上,我连滚带爬,当满身泥浆的我走进教室的一瞬间,却看到同学们投来异样的目光……"时,我眼睛湿润了……一次次的成功,让自卑的他越战越勇,终于克服自卑,成了一个快乐、开朗、自信的孩子。

　　孩子是未来的希望,每个孩子都有自己的性格特点。作为一名教师,要用爱心来对待孩子,用诚心来打动孩子,用热心去帮助孩子,用微笑去面对孩子,用自己的人格去影响孩子。在平凡琐碎的教学工作中,我体味到了特有的快乐和幸福!正如龚自珍所说:"落红不是无情物,化作春泥更护花。"

教师的自我修养:乡村中学教师的专业成长报告

云南省建水县曲江中学 赵 勇

2001年,我成了一名农村初级中学的语文教师。怀揣教书育人的理想,一直默默耕耘着。"十年树木,百年树人",我始终朝着名师方向努力。"路漫漫其修远兮,吾将上下而求索",虽然成长之路不会一帆风顺,但我心中一直装着美,追求着美,我是美丽的。我认为,一个教师,把最简单的事做好,就不简单;把最平凡的事做好,就不平凡;把最小的事做好,就是大事。以下是我作为教师的自我修养的四个阶段。

第一阶段:转变角色,认同职业

工作的第一至第三年间,是我实现由大学生向教师角色的转变,逐渐认同教师的职业责任的角色适应阶段,也是练就教学基本功,让自己成为合格教师的阶段。在这个阶段,课堂上,我只关注自我,教学就是简单地灌输知识,学生被动地接受预设的书本知识,很少有生成性问题。这个阶段,我弱化了对学生的养成教育、独立人格的培养,总是认为把自己的所学教给学生就是一个优秀的教师。后来,我不断地加强自我修养,对教师的职业有了新的认识,理解了教书育人的内涵,把握了课堂教学的规律,逐渐地适应了教师角色。

第二阶段:积累经验,提升技能

工作的第四至第八年间,是我形成独特的教育教学经验和技能的阶段。在这一阶段,我扎入对教育理论、现代教育理念的学习中,不断进行实践,积极反思,尝试着进行校本研修,形成了一套自己的教育教学方式,从而构建了自身的经验体系,在教育教学业绩上有所提高。课堂上,创造友善和互助的学习氛围。我每天提前到教室,和学生聊天,了解学生的生活、心情、学习状态,让学生喜欢我,从而激发学生学习语文的兴趣。为学生提供平等、民主参与的机会,不放弃、不抛弃任何学生,既给积极的学生,也给内向、不积极的学生或者待优生回答问题、质疑的机会。针对学生的知识层次,设计不同层次的问题,让学生有话说、敢说、学会说。使用积极的教学语言,避免当众为难学生,对回答问题错误、没有完成学习任务的学生,耐心地去帮助其树立信心,让学生感受到温暖。每堂课,学生都有所学、有所悟、有成就感,从学习中感受到了快乐。因此,我逐渐胜任了教师岗位的工作,专业技能趋于成熟,也具有创新意识和自主精神,能够独立地和主动地开展多项复杂工作,能够灵活地处理事情;遇到困难与挫折时,有了耐受力及调节力;形成了分析自我、反思自我、接受自我以及运筹、调控自我的能力。

第三阶段:承前启后,继往开来

第八至第十二年间,是我在教学上承前启后、继往开来的阶段,是我在学校"成名"的阶段。我用现代教育理论指导自己的教学实践,并对学科教学有独特见解,形成了自己的教学特色和风格。我被聘为语文教研组组长,主持了语文组的教学改革。教学上,我大胆地尝试在初二实行"语文分块教学",由3位老师进行一个班的语文教学,各自负责自己擅长的专业知识领域。我在现代文、散文阅读理解教学方面有专长,就负责班级的现代文、散文阅读理解教学。教学过程中,每个老师都向学生展示自己的风格与魅力,学生也能从每个老师的教学中学到知识。通过一年的实践,实验班的语文成绩比平行班级的要好得多,学生的综合素质提高也很快。另外,随着课堂教学的改革,我又把教学与班级管理结合起来,实行小组合作自治管理与学习,培养学生的自控能力和主人翁意识。这个方法是学习电视剧《亮剑》中李云龙管理独立团的经验,按照6人一组进行分组,每组选一位组织能力、学习能力强的做组长,平时的学习都以小组为单位,按班级的每日规划完成学习任务。每天对小组的学习情况进行评价排名,组长也要对本组的学习情况进行总结反思,并记录组员的学习情况。每周小组长要把组员的学习情况分类上报给各个分管班级的班委,由班委进行总结反思,解决存在的问题,不能解决的报给我,由我主持解决。在解决问题的过程中,体现学生的主动性、自觉性,每项学习改进措施都能够让学生乐意接受。因此,我多次被评为校级优秀班主任、校级优秀教师,还被评为建水县优秀教师。

第四阶段:终身学习,持续发展

第十二年至今,是我构建持续发展计划的阶段。"十年磨一剑",这是我人生的"大跃进",我被学校聘为教务主任、年级主管、教科室主任。"高处不胜寒",学校在给我提供平台的同时,也赋予了我更大的责任与挑战。我不断学习、探索,在教学中实现了先进的理论与科学的实践的融合,不断地把学习成果与校本研修整合起来,从而推动了语文学科教育理论与教育实践的发展,形成了自己独特的实践操作体系、教学思想或教育理念和完整的教学体系。我积极实践适合学生的教学方法,进行教学改革,让教学不断适应时代发展的要求,提高课堂效率,提高教学质量。我结合网络研修与校本研修,运用"师徒结对"小组互助合作展示反馈的学习模式,探索"20+20"的学习教学方法,利用"互联网+"现代化教学理念来促成我与学生的可持续发展。课堂上我是主持人、组织者、指导者、设计者、教学中的首席,学生是学习的主人,我相信学生、发展学生,不唱独角戏,让学生建立自信心;我由"讲"到"动",课堂成了学生快乐"享受"的地方,不再是被动接受知识、枯燥无味的"看守所";我打造"艺术课堂",让学生享受快乐,受到尊重,让学生展示、动起来。给学生课堂学习的时空,让他们探索、拓展知识。课堂内容也由"纯知识型"向"能力、情感、价值观型"转变,达到了有效教学的三维评价标准:基本评价标准、终期评价标准、核心评价标准。我的教学是立体式的教学,课堂是开放的课堂、民主的课堂。这激发了学生学习的动力,变师为生,变教为学。一切为了学生的发展,一切适应学生的发展,一切促进学生的发展。我更关注全体学生的生存能力,注重培养学生良好的学习习惯,帮助学生建立明确而持久的学生动机,引领学生掌握科学的学习规律和学习方法,提高学生的学习效率,关注全体学生的生命价值,对学生的生命质量负责,为学生的终身发展奠基。

学无止境,教师的自我修养是永恒的。我认为,热爱教育是我成长的源泉和投身教育事业的原动力,获得支持是我成长的摇篮和成为名师的有力后盾,坚持学习是我成长的途径和自我超越的平台,投入实践是我提高业务的硬道理和自我完善的必然要求,激活反思是我重构提升的智慧和自我审视的规律。

"国培计划"示范校建设项目,让我每天沐浴着太阳的光辉,呼吸着雨露的清香,感受着生命的神圣美丽。活到老,学到老。我的成长之路才刚刚起航,感谢西南大学,让我感悟到教育的真谛,让我的人生充满了目标,让我领悟到作为教师的自豪与幸福!

理解孩子从观察孩子的行为开始

云南省建水县机关幼儿园　李　筱

　　本次"国培计划（2017）"——云南省（幼儿园）网络研修与校本研修整合示范校建设项目，分阶段的学习、选择性聆听必修与选修课程的模式，让我每一天都能听到不同类型专家的讲座，并能做好听课记录。每一次课我都会被专家和幼教精英们的精彩分享所折服。在幼教专家的精心引领下，在辅导教师的细心指导下，我还与同行们开展了许多幼儿教育问题的讨论，积极发帖、回帖，主动阅读班级学员们的研修日志和发表的教学困惑与感悟。我深深地感觉到"国培计划"的魅力在于真实、实效、及时、互动。在这样的学习氛围里，我更进一步地了解和掌握了幼儿教育的发展方向和目标，进一步在教学方法上尝试创新，并反思过去工作中存在的不足。

　　"观察既是教师应具备的重要能力，也是教师把握幼儿已有经验、了解幼儿发展状况的基本途径。""观察能让教师进一步了解幼儿个体的差异、行为特点，便于因人施教。""观察能让教师通过幼儿的行为了解他们的需要和发展水平，这样才能设计出适宜、有效的教育活动。""留心孩子的行为，才能理解孩子。理解幼儿从观察做起。"这些是我在本次"国培计划"中聆听"幼儿行为的观察分析"一讲时所做的课堂记录。由此可以看出，观察幼儿行为的能力是作为一名幼儿教师必须具备的基本素质。

　　学以致用，在听完"幼儿行为的观察分析"这一内容后，我想，教师除了在幼儿进行区域游戏时应注意观察其行为外，在幼儿吃饭、休息时也要观察孩子的行为，这样才能更好地理解孩子、了解孩子。

　　我们机关幼儿园在搬入新的校区以后，各方面条件都有所改善，尤其是卫生间变得比以前更宽敞、设备更齐全了，孩子们上卫生间、洗手都十分方便。但最近连续几天卫生间的地面上、墙上总是湿的，在与班级的保育员李老师沟通后，还了解到肥皂盒里的肥皂总是会掉到水池里，而且没几天肥皂就用完了，用得特别快。到底是怎么回事？我利用集中教学时间询问幼儿，孩子们都说不知道。我知道这个问题不能忽视，这也是幼儿异常行为的表现之一，于是，我决定要弄个水落石出，找出问题的根源所在。

我开始关注孩子们每次进入卫生间的过程。接连几天，我站在卫生间门口看着幼儿一个个搓肥皂、冲洗干净手之后都走了出来，没有找到问题的线索。或许是老师一直站在卫生间门口，孩子们在老师的"监督"下不敢进行自己的活动。

后来，一天下午，我故意在教室里忙里忙外，大约过了2分钟，我悄悄地走到卫生间，看见黄鑫（化名）小朋友在洗手时把两只手捂在水龙头上，水龙头里的水一下子冒出来，溅到了墙上、地面上，接着他两只手握着一块肥皂使劲儿地搓呀、挤呀，不一会儿水池里就多了几块碎肥皂块。这时我走到黄鑫身旁，但他还没发觉，于是，我微笑着轻轻地问了一声："黄鑫，你在干什么呀？"他马上回过头，把手伸出来对我说："我洗手呢，马上就洗好了。"说完便去用毛巾擦手。我当时十分生气，本想对孩子进行一番说教，但从观察、记录幼儿行为的角度出发，我克制住了自己的情绪。于是我在锁定"目标"后的第二天又进行了一次观察，终于确定问题的根源在黄鑫。从近段的情况可以看出，黄鑫已经不是第一次这样做了，而且当老师发现时，他反应也特别快。在常规培养中，在日常的教育教学活动中，可以说老师时时刻刻都在培养孩子的节约意识，"节约纸张""节约粮食""节约用水""节约用电"这些话题每天都会和孩子交流。黄鑫的这种行为让我产生了教育的失败感。

可是，作为一名幼儿教师，我也明白，孩子天生好奇心强，喜欢探索，也许他这么做有自己的想法。要想搞清楚孩子的真正目的，就必须控制自己的情绪。所以，当天我并没有在全体幼儿面前批评他，而是耐心地询问他："告诉老师，你为什么在卫生间里玩水、玩肥皂？你一定有什么新发现对不对？"原本神情紧张的他听我这么一说似乎轻松了不少，他很自豪地对我说："我发现用手堵住水龙头，溅出来的水花像喷泉一样，特别好看。我想，如果再加点肥皂泡就一定更漂亮了！"果然，他的确有一番自己的见解，这时，我很庆幸当时自己没有因为一时的冲动而盲目地批评他。听了他的解释，我笑着问他："那你进行新发现的时候有没有注意到我们卫生间的地面上、墙上都被溅上了水珠，而且肥皂也被你挤碎了掉在水池里，这多浪费啊！"他抬起头看看我，又低下头抠着衣角，嘴巴张了张，说着什么，但声音太小，我没听清。于是，我对他说："没有关系，大声说，老师不批评你。"他说:"我也发现水都跑到外面了,可我真不是故意的。"

这时,我突然想到英国一位非常机智、敏锐的儿童观察者薇薇安·格斯·佩利说的话:识别儿童在兴趣、学习需要、学习风格以及面对相同经历时出现的反应上的差异,是教育儿童的最好途径。《儿童的一百种语言》的作者之一美国著名的幼儿教育专家乔治·福尔曼提出,对儿童"寻常时刻"的"记录"是理解儿童学习的一个不可多得的窗口。想到学习过的这些话语,我觉得作为老师,我们应该想出一个更妥善的解决方法,以便既满足孩子的好奇心和探索需求,又达到一定的教育目的。

事后,我对这件事情进行了分析:玩水几乎是每个孩子都喜欢的一项活动,因为玩水大大地诱发了孩子的探索兴趣。但是,在成人的影响和老师的教育下,他们似乎明白了玩水是一种错误的行为,因此,即使是那些特别爱玩水的孩子,也是在偷偷地玩,怕被大人发现而受批评。也许是一个偶然,让黄鑫发现用手堵住水龙头溅出来的水花像喷泉一样漂亮,后来,他可能觉得水龙头溅出的水花还不够美,于是就想到了用肥皂泡装饰一下水花。他这种探索的精神我们还是应当给予鼓励和赞赏的。只是因为他年龄小的原因,在尝试的过程中根本无暇顾及水花四溅所造成的后果,所以,这时我们老师就必须给予必要的引导。

于是,我实施了两方面的教育策略:

第一,满足黄鑫小朋友的探索求知欲望——设计了"喷泉"实验。根据实际情况,这个实验在幼儿园我们根本无法进行,于是,我布置了亲子作业,请家长带领幼儿在家中进行探索、实验,并把实验结果带到幼儿园(有条件的话可以拍照或录像,让班上的幼儿观看)。

第二,利用讲故事《小水滴》、唱歌曲《小水滴》等形式,引导幼儿了解水来之不易、水的千变万化,并且让幼儿知道水对人类及社会的重要意义,从而使幼儿养成节约用水的好习惯。

经过家园协作与老师教育后,我在一段时间里又进行了观察、了解,卫生间里再也没见到湿湿的一大片了,水池里也没有碎肥皂了,班上的孩子的节约意识更强了。特别是黄鑫小朋友,洗完手后总是自觉地走回教室,再也不留在那里玩水了。有时,他发现有的水龙头没关紧,还会帮忙关紧。

通过对幼儿这样一个行为的观察、记录与评价、反思后,我发现4~5岁幼儿作为一个独立的个体,自我意识开始萌芽,他们有自己的思想、情感、兴趣、要求与愿望,同时,这个时期的孩子也有较强的好奇心及丰富的想象力和创造力。

作为老师,我们要尊重他们,珍惜他们的探索欲望,当他们的探索欲望与现实相冲突时,老师千万不能消极地加以制止,应给予他们鼓励和引导。这次对黄鑫小朋友的生活行为记录,让我深刻体会到了"留心孩子的行为,才能理解孩子"的含义。此时老师对孩子的态度以及对孩子行为的反应,会直接影响孩子的发展方向。精心地"阅读"儿童是每一个幼儿教师的基本功,教师只有在充分观察及了解幼儿的发展水平、行为特点、兴趣倾向和学习风格的基础上,才能设计出适宜、有效的教育活动。相信通过学习与教学实践,今后在观察幼儿行为及分析幼儿行为的能力上,我又会有新的进步与提升。

用智慧启迪智慧，以生成应对生成

云南省建水县第一小学　杨桂英

　　"教师外出学习（培训）—返校汇报交流"，是我校一直推行且行之有效的教研方式之一。《建水一小教师外出学习（培训）制度》第三条明确规定：外出学习（培训）教师，学习结束后应及时将学习情况进行汇报。通过汇报课、移植课、讲座、交流等多种方式在学校内传达学习精神，传递教育新信息，使全体教师了解教育新动态，及时更新教育理念，指导教学行为。

　　2017年11月28日，在建水县教育局的组织下，我校语、数、英三位副校长带着虔诚，走进了重庆，走进了美丽的西南大学，参加"国培计划（2017）"——云南省网络研修与校本研修整合示范校建设项目骨干教师集中培训。在这紧张而充实的7天里，我时刻被教授、专家的学识感染着。专家的报告和讲座，使我的教育理念在短短的时间内不断更新、不断升华。在学习培训中，我有醍醐灌顶的顿悟，有豁然开朗的欣喜，许多以前未曾想过的问题突然摆在了面前，曾经迷惑的问题随着不断的研修学习有了清晰的答案，可以说这次学习培训给我带来的影响是巨大的。我不仅收获了知识，开阔了视野，更重要的是在学习中更新了理念，在互动交流中激发了干事创业的热情。学习回来后，我们分学科开展了一系列的交流汇报活动，数学教研组以"用智慧启迪智慧，以生成应对生成"为主题举行了一系列教研活动。

　　回来第一周，我就将某教授的讲座"课堂教学有效互动与促进生成"进行移植，组织全校数学老师学习，让老师尝试将新理念运用于课堂教学中，并注意收集和记录教学中的互动生成案例，三周以后举行"数学课堂动态生成精彩片段交流"活动。以下是活动中呈现出的"互动生成"案例。

小五舍、大四入

建水一小　杨桂英

　　在某一节练习课中，我组织学生复习求近似数的方法，过程如下：

师:用什么方法求近似数?

生齐答:用四舍五入法来求。

师追问:谁来具体说说四舍五入法?

生(小磊):四舍五入就是小于4的舍去,大于5的入进来。

这时,众生七嘴八舌、得理不饶人:不对不对,你怎么乱说……应该是小于等于4的舍去,大于等于5的入进来。

小磊红着脸低下头,嘟着嘴不停地嘀咕着什么。我走近一听:"这多难记呀,什么'小于等于、大于等于',我来改一下……"

我立刻请他说说他的想法,他弱弱地说:"我觉得'四舍五入'很难记,常常会把'等于'忘记掉,我想干脆把它改成'小五舍、大四入'。"

师(吃惊):小五舍、大四入? 我们大家来分析一下,看看有没有道理?

于是我带着同学们细细推敲,举例验证,大家都觉得"四舍五入"其实就是"小于5就舍、大于4就入",小于等于4不就是小于5吗? 大于等于5也正好是大于4呀,"小五舍"就是小于5的舍去,"大四入"就是大于4的入,这多好记呀,而且还朗朗上口……

我们的课堂在其乐融融的氛围中进行着,我看见学生们涨红的小脸上闪烁的是思维灵动的光彩,我相信,在我的脸上也溢满了欣慰的笑容,这笑容是精雕细琢后收获的喜悦。

加法交换、结合律

建水一小　梁菲

我在上"加法结合律"时,引导学生顺理成章得出$(a+b)+c=a+(b+c)$,一学生说:"老师,等号左边$(a+b)+c$只要写成$a+b+c$就可以了,本来就先算$a+b$,根本不用加括号。"

一句话引起了全班的议论:"对呀,咱们学混合运算时曾讨论过,老师,书上错了!"

"你们觉得应该怎样表示加法结合律呢?"我反问。

以下是众生热烈的讨论:

"$a+b+c=a+(b+c)$。"

"我觉得加法中谁和谁先加都行,所以$a+b+c=a+(b+c)=b+(a+c)$。"

"这样一来,算式中还运用了什么定律?"我问。

"加法交换律!"同学们异口同声地说。

"对! 又有交换又有结合,看来不能只叫结合律了?"

"叫加法运算定律吧!"

"怎样用文字表述呢?"

"三个数相加,把其中任意两个数相加,再加第三个数,和不变。"

"我觉得不止三个数,更多也可以,几个数相加,先把其中的几个数相加,再和最后一个数相加,和不变。"

"不好不好,不够准确"。

"可以这样说:'几个数相加,先把其中一些数相加,再和剩下的数相加,和不变。'"

我总结说:"对! 这就是加法的运算定律,其中既有交换,也有结合,就叫加法交换、结合律。这是你们自己发现并总结的,就叫四(3)班定律吧!"

我们的课在快乐、和谐的氛围中进行着,下课铃响时,调皮的男生捏起拳头对着教室里的喇叭比画捶打的姿势,嘴里念叨着:"不准响,我们不想下课。"

以上案例只是我们众多精彩课堂中的两朵小花。在这些精彩的课堂中,教师不仅把学生看作对象、主体,更重要的是把学生看作教学资源的重要构成和生成者。教师在教学过程中的角色,不仅是知识的"呈现者"、对话的"提问者"、学习的"指导者"、学业的"评价者"、纪律的"管理者",更重要的是课堂教学过程中信息的"重组者"。其实,教学过程中的一些"死胡同"和"节外生枝",往往是教师与学生、学生与学生的思维互相碰撞而产生的转瞬即逝的"火花",它具有鲜活的灵性和生命力,我们必须重视课堂教学中的这种生成性资源,重视对它的保护、利用、开发和挖掘,这样,才能使我们的教学在"山重水复疑无路"时,走向"柳暗花明又一村"。

写好作业评语，提高教学质量

云南省建水县青云中学　武雪峰

中学语文作业评价是实施语文学习评价的重要组成部分，是课堂教学的延续，也是师生交流互动的又一种方式。评价是向学生反馈学习情况的一种形式，其目的是为了促进学生全面发展。近年来，我将对学生语文作业的评价方式收集整理，用不同的方式评价学生的作业，激发学生学习语文的兴趣，提高教学质量。经过一段时间的艰苦摸索、尝试，我发现用写评语的方式与学生进行无声的交流，对学生的影响较大，能够改变学生对作业不上心、对作业写好写坏不在乎的现状。

一、激励性评语

在批改作业时，发现作业做得认真或有独到见解的同学，我会毫不吝啬的写上"你真棒，继续努力""老师相信，你能行""出彩""成功"等字眼。写得稍微需要改进的，我就写上"只要认真写，你会写得更好的""只要再细心一点，成功将会属于你"等句子。每天的作业都是如此，几天下来，学生们写作业的状态发生了翻天覆地的变化：写得好的，看到这些鼓励性的评语，更加努力；写得马虎点的，看到老师这些鼓励性的话语，也变得努力了。几个月下来，家长看到孩子发生的变化，纷纷打电话来，说这学期孩子的进步真大，回家也知道写作业了，过去要家长督促或看管的现象不见了。

在我记忆中，2008届的马清柔（化名）同学，写得一手好字——秀气中透出阳刚之气，不过就是对语文学习没有兴趣，成绩不理想。我坚持在她的作业本上写下"你的一手好字，已经为你打开语文学习的大门""你的书写，折射出语文的魅力"等句子。一周后，她上课能集中精力听讲；两周后，她主动地在课堂上发表自己的看法；一个月后，她会在课下积极学习语文，主动向老师请教问题；

期末,她的语文成绩名列班级前十名。我陷入了沉思:我们并不需为学生做太多,只需几句鼓励性的语言,也许就可以改变学生的命运,我们的作业批改就应该本着"以人为本,以学生为本"的理念,多一句表扬,少一分批评。苏霍姆林斯基曾说:"成功的欢乐是一种巨大的情绪力量,它可以促进儿童好好学习的愿望。"让学生们时刻感受得到这种快乐,时刻督促自己努力去做好每一件事,这便是激励性评语取得的良好效果。

二、指导性评语

学生在学习中的不足会通过作业的形式表现出来,有很大一部分学生并不是不愿学、不想学,而是不知道怎么学。教师对学生作业的不足要指明改进的方向,授予方法。如"你能否根据(按)……去做"或"请你从……去想",学生看了恍然大悟,起到一针见血的良效。例如,2012届的刘艳艳(化名)同学,初三刚转到我班,语文期末考试只考了89分。通过观察我发现,她花在语文学习上的时间并不少,但作业的质量不高。我在批改她的作业时,并不是简单粗暴地打叉,而是通过她的作业,发现她学习时的问题,教给她方法,如有关新闻标题的归纳这样的题目,我会在作业本上批注"用'……地方发生……事'或'……人做……事'的形式来写";有关寻找人物性格特征的题目,我批注"可以找作者或文中相关人物对'他'的评价,可找该人物的语言、外貌、动作、心理等描写,可看'他'做的事件等,来看'他'的性格。"通过师生一年的努力,刘艳艳同学中考语文以112分的优秀成绩名列年级前列。是啊,批改作业时,多给学生提指导性的意见比批评更见成效。"授之以鱼,不如授之以渔",教给学生方法,让他们用所学的技能翱翔在语文知识的宇宙。

三、启发性评语

批改学生作业,表面上看是教师对学生作业的审阅,实质上是通过作业了解、洞察学生的内心世界,了解学生的技能、方法、情感态度、价值观、人生观和对真善美的认识。在审阅、衡量、批判的同时,要对学生如何做人、如何生活等方面批注启发性的语句,与学生进行心灵沟通,解决学生的疑难。如现在我班的谭鹏(化名)同学,只由父亲一人照管,做事毛躁,有头无尾。面对他凌乱的作业时,我按下内心的愤怒,在作业本上写下"只要用心,你也可以写一手漂亮的字";面对他因粗心而错的作业我写下"搬开你前进的绊脚石——粗心,奋勇前进";面对他的进步我写下"你的进步很大,老师知道只要你认真去做,再大的困难都能克服,人生也是如此"等。一个学期过后,他的作业有了较大的改观,成绩提高了不少,做人做事也稳重了,现在还当上了班干部,成为我管理班级的得力助手。

评语并不是一成不变的,只有写得明白、具体、实事求是,既具有激励性和启发性,又体现教师对学生的关切之情,才能取得预期效果。语文作业批改中使用评语,要从学生的解题思路、能力、习惯、情感、品质等方面综合着手,在评语中体现素质教育。这样不仅有利于激活学生的发散性思维和创新意识,更有利于沟通师生之间的思想感情,对调动学生的学习积极性、促使学生养成良好的学习习惯、提高教学成绩也有着重要的作用。

总之,在语文作业批改中,不宜仅用简单的勾、叉或"重写",应根据实际情况写上恰当的评语,促使学生进步;更不宜对错题多的学生出口大骂、采取鄙视态度或相体罚等,这样,只会适得其反。作业批改,巧用评语,定能事半功倍,促使学生走向成功。

留守儿童行为问题案例分析与关爱策略

云南省丘北县锦屏镇中心小学校　刘永超

"我知道在远方的你们,劳累万分,但是,我更希望你们能够多多陪伴我,有你们的陪伴,我会有种说不上来的开心与喜悦。希望你们能够早日回来看看我,关心我!"这是我班的小棋同学在题为《爸爸妈妈,我想对你们说》的作文中所写的内容,不难看出,这个孩子是一名留守儿童。

批改了她的作文之后,我便开始关注她,因为这是个特别内向、敏感的孩子。因父母外出打工,她被寄养在奶奶家,是一个典型的留守儿童。近年来,随着外出务工人员的增多,留守儿童数量呈逐年上升趋势。大量的留守儿童由于父爱、母爱的缺失以及家庭教育的缺失,在心理和行为习惯等方面存在着一些问题,有的甚至产生了一些心理障碍。作为一线教师,我们有必要也有义务把更多的关注投向留守儿童,给予他们更多的关爱。

一、行为问题

(一)不主动与人交往

小棋同学平时总是沉默寡言,集体活动时,总喜欢一个人躲在角落里发呆。2015年6月1日,是一年一度的儿童节,对孩子们来说,这是期待很久的快乐日子,在游园活动时,孩子们都愉快地加入各种活动中,但我在孩子们中没有找到我们的"特殊"孩子,于是我便走向教室,去寻找她。当我打开教室门时,便看见她独自一人在教室的角落玩耍,于是我走近并问她:"怎么不和其他同学一起参加游园活动呢?"此话一出,孩子什么也没说,只是一个劲儿地哭,从她眼里,我看到了委屈,更看到了由于长时间缺少父母关爱而产生的孤独。我对她进行引导,在我的细心安慰下,她勉强跟着我走到了活动的现场。

(二)不积极参与课堂活动

两年来,每当老师在课堂上提出问题时,孩子们都积极举手发表自己的见解,热烈地讨论,而小棋同学只是端端正正地坐在座位上,一言不发,目光有些游离。我微笑地看着她,她后来察觉了,很不好意思,目光赶紧躲开。偶尔我直接点她的名字让其来回答问题,她依然一言不发,任凭我如何开导,她都视我不存在一样。

(三)成绩起伏较大

从该生两年的成绩来看,刚进入一年级的第一学期,语文75分,数学考了较为理想的97分;第二学期期末语文有所进步,取得了85.5分,但数学成绩下降,考了82.5分。进入二年级后,第一学期结束时语文仅仅考了67分,数学考了88分,综合评价位于我班中下水平;第二学期,在学校老师们的关心下,在其自身的努力下,在期末评价中语文取得了91分,数学94分,一下子跃居我班中间靠上的水平。从这一组数据不难看出,该生的成绩波动很大,没有稳定发展的态势。究其原因,相信跟她特殊的家庭情况不无关系。

二、原因分析

(一)亲情缺失

小棋的父母长期在外务工,很少与小棋相处,尤其是近两年来,小棋与父母之间的心理距离远远超出了时间和空间的距离。父母亲情缺失加上奶奶很少带小棋出去与小伙伴玩,造成小棋对奶奶特别依恋,分离焦虑严重,久而久之,有了退缩性行为:害怕老师,害怕与小朋友交往,不愿参与班里的一切活动。

(二)生活贫困

爷爷早已不在人世,奶奶常年体弱多病,不能承担过重的体力活,父母务工的微薄收入每个月寄回家的大部分得支付奶奶的医疗费用,剩下的就作为平时的生活开支,小棋和奶奶过得相当拮据。

(三)家庭教育方法不当

小棋的父母常年在外,他们只为小棋提供简单的食宿,对小棋平时的行为习惯、生活习惯以及学习习惯的培养基本上是缺失的。即使托付于奶奶,隔代抚养大多以生活照顾为主,加之奶奶在知识、精力上也难以承担品德培养、学习辅导之职,这就使得家庭教育几乎处于真空状态。

三、对策及成效

现实案例表明,关爱留守儿童的工作刻不容缓。我校积极承担教育责任,几年以来,通过种种方式关爱留守儿童,教育他们学会做人做事,使其树立正确的人生观。在我校254个留守儿童的关爱工作上,每个孩子由一名老师承担教育与关爱的责任。经过近几年的反复实践和经验总结,我们发现以下工作措施是富有实效的。

(一)真情关爱,做到三个优先

第一是学习上优先辅导;第二是生活上优先照顾;第三是活动上优先安排。用爱心换取信任。人们常说:"亲其师,信其道。""在家靠父母,出门靠朋友。"孩子还小,对父母的依赖感很强,如果缺少了父母的关爱,孩子就失去了最信任的对象,孩子的心灵要承受很大的压力。我们要做到既是他们的老师,又是他们的父母,让他们那颗孤独的心得到安慰。帮助孩子树立自信,融入集体,找到和同龄人交往的快乐。当发现他们偶尔接受同学的邀请并高兴地参加活动时,及时给予表扬和鼓励。

(二)结对帮扶,提升关爱成效

上文提到,为有效落实我校254个留守儿童的关爱工作,我们采取责任到人的举措,即每个留守孩子由一名老师承担教育与关爱的责任。我校对留守儿童的关爱工作实施一对一帮扶,一对一关爱,融合集体与个人之力量,让关爱与温暖充满留守儿童的内心世界,促其走向光明,迎接新希望。

(三)整合资源,争取社会支持

对留守儿童的关爱和教育是一项系统工程,需要整合多方面的资源和力量,需要家庭与学校合作、学校与社会合作、家庭与社会合作,形成三角合力。留守儿童的父母应摆正工作与孩子的关系,认清童年经历对人一生发展的重要作用及亲子关系在儿童教育中的重要作用,学习一些必要的家庭教育知识。父母平时在外地应多与孩子联系,尽量多创造条件与孩子在一起,尤其要注重亲子沟通的质量。父母还应告诉孩子外出打工的辛苦,教育孩子从小要像父母一样不怕吃苦,并为有这样爱自己的父母而自豪。与此同时,学校和社会应共同关注并努力寻找能够为留守儿童解决点滴困难的力量,整合点滴,汇聚成涓涓细流,灌溉和滋润这一群特殊的孩子,让他们在大爱的环境中健康茁壮地成长!

城区留守儿童教育问题的案例及反思

云南省丘北县锦屏镇中心小学校　龙成娥

我是锦屏镇中心小学校的一名语文教师,从教12年,我深刻体会到高尔基说的"爱孩子这是母鸡都会做的事,要教育他们却是一项伟大的事业"这句话的内涵。而城区留守儿童的学习问题,更成为学校、班主任和科任教师最棘手的问题。

一、城区留守儿童形成的背景

在改革开放大潮的推动下,城市化和地区发展不平衡带来的劳动力转移,导致了许多农村留守儿童的出现。一些外出打工的父母为了让孩子接受更好的学校教育,想尽办法把孩子转来城区小学,租房子让爷爷奶奶照看或者让孩子寄住在亲戚家,而这部分城区留守儿童的情况比农村留守儿童更糟。农村留守儿童,同班大部分孩子的情况相似,各方面没有较大差异。而城区留守儿童所处的班级里,大部分孩子享受着父母的关爱,而只有他们极少几个是"与众不同"的特殊群体。没有完整的亲情,缺失父母的关爱和教育,他们的情绪、人格、行为和心理健康等与一般群体存在差异。

二、城区留守儿童存在的问题

我所任教的学校——云南省文山州丘北县锦屏镇中心小学校,属于县城内的乡镇小学。2015年底,为了响应上级政府部门对危房学校的拆并和重建政策,我镇下属几个危房校点被拆除,学生分流到其他学校。2016年初,我担任五年级九班的语文教师兼班主任,这个班是由从锦屏镇马头山村、大嘎勒村、小新寨这三个乡村拆校分流来的37名学生组成,学生的学习基础参差不齐,情况复杂。其中有个叫小娅的女生最为特别,她经常独来独往,在班上几乎没有什么朋友,只要谁一碰她或者她看不顺眼,就脏话连篇,破口大骂,甚至因为一些极小的问题而动手打人。每次我上课,她总是低着头,不跟同学交流,无论我讲得多么精彩,也无法吸引她。为了改变这种现状,我真是绞尽脑汁,经常找一些理由表扬她,希望我的赞赏能打动她那颗封闭的心,但对于她来说仍然无济于事。

更糟的是一个星期四的早上,上着课的数学老师突然打电话给我,说:"龙老师,你快来教室一下,小娅打同学。"我匆忙赶到教室,看见一个叫小文的同学脸上有被抓的伤痕并低声抽泣着,而小娅双手紧紧地捏成拳头,双眼直冒怒火,数学老师在那里苦口婆心地劝说着。看到这个场景,我生气极了,说:"小娅,你真不让人省心啊!"后来通过了解我知道,原来是小文拿作业本时不小心碰到了小娅的桌子,小娅就破口大骂小文,小文顶了一句,她就动了手。我狠狠地批评她作为一名女生竟然如此粗鲁,不顾及别人的感受。然而,她大声吼道:"不要你管,我爸都不管我,你凭什么管我?"说完就冲出了教室。这时我叫数学老师安抚小文并给他的脸做简单处理,而我就追着出去找小娅,看见她一个人站在走廊上。我走到她旁边,静下心来平静地跟她交流今天发生的事,教导她不能这样做。她始终不说话,眼睛红红的,但没有掉下一滴眼泪。通过观察我猜想我的教导应该有了一定的效果,10多分钟以后,她默默地回到座位上。

三、城区留守儿童的教育策略

针对小娅的问题,我通过家访和侧面了解,知道小娅的妈妈在她7岁时去世了,爸爸和后妈外出打工,几年时间里未曾回来看望过她,她成了一名留守儿童,一直寄住在大伯家。因为这些特殊原因,大伯一家非常宠爱她。其他同学告诉我:"她一年级时学习成绩很好,还当班长呢!二年级她妈妈死后,爸爸外出打工,她就一直这样,学习成绩也越来越差,以前的老师都管不住她。"现在就算别人对她好,她也始终觉得自己低人一等,总觉得别人看不起她。别人对她的关心,她也认为是同情和怜悯。为此,我深刻反思,这样的留守儿童,他们不希望得到别人异样的目光和怜悯,他们希望得到的是别人的尊重。

后来,在学校开展的少年刺绣课上,我惊喜地发现她竟然报名了,而且绣得很好,至今不太会绣花的我激动地捧着她的绣花布,由衷地赞叹着:"你太棒了,把鸟儿和杜鹃花绣得这么活灵活现,我真佩服你,我还不会绣花呢!什么时候你教教我?"她呆呆地望着我,嘴角带着一丝微笑,目光中带着一丝柔和与自信,就在那一刹那间,我明白了孩子那颗冰冻的心也需要保持一点儿骄傲,她需要的不是为了表扬而表扬,不是因为同情而关心,她需要尊重,需要在尊重的前提下发自内心的关爱。此后,她渐渐地和我说话了,我从她的口中知道她妈妈是个壮族绣花能手,她算是遗传了妈妈的优点;还知道她爱打篮球、跑步;她还告诉我很想爸爸,很多年不见爸爸,是不是爸爸不想要她了,她想有个自己的家。此后,我和她的沟通越来越多了,我慢慢地走进了她的心灵,暖化了她的内心。

对于她的学习、生活、思想以及心理状况,我付出了更多的关心。因为她学习成绩差,我就坚持每天中午抽一些时间来耐心辅导她的学习,对于她犯的错误我不是大声批评,而是和蔼可亲地循循善诱。她遇到困难也会及时告诉我,我都会尽力去帮她。记得有一天,我发现她没上课间操,急忙跑去问她:"是不是哪里不舒服?"她害羞地告诉了我原因,我才知道她来例假了,我跟她讲了一些女性卫生知识。我与她是师生,更是朋友。我告诉她:"一个人能走多远,看他与谁同行;一个人有多优秀,看他由什么人指点;一个人有多成功,看他与什么人相伴,有几位好同伴。"希望她多结交一些品行好的朋友,学会与人多交流沟通。一个学期下来,她改变了许多,不再说脏话,和同学相处得十分融洽,学习成绩好的同学还主动轮流辅导她。

在大家的关心下,奇迹在她身上发生了,她成了一个活泼可爱的小精灵。她的学习态度越来越端正,学习成绩直线上升。2017年6月的小升初县级水平测试,她以语文97分的优越成绩进入了中学。她激动地打电话给我说:"龙老师,真的感谢你一年多来对我的教育和关心,是你给了我自信,给了我温暖,让我学会用心来看世界,用心来爱身边的人,我很庆幸能成为你的学生,谢谢你!"

通过对小娅这位城区留守儿童的教育,我体会到任何有效的方法和方式都离不开理解和宽容、激励与赏识、参与和期待,教育的秘诀是尊重学生。在尊重的基础上,以鼓励的方式培养孩子的自信。对待城区留守儿童,教师首先要尊重他,用爱心陪伴他成长。

一名乡村英语教师的个人成长报告

云南省丘北县八道哨中学校　孟福江

我热爱教育教学工作,立志献身于祖国的教育事业,一直战斗在英语教学的第一线。在工作期间,我一直严于律己,为成为一名优秀的英语教师而不断努力。

一、自我成长经历分析

(一)第一阶段:适应期

我专科毕业后,被分配到丘北县官寨中学任教。凭着扎实的英语基础知识和对教育事业的热爱,我很快就进入了角色,开始了我的教学生涯。

我热爱教学,对教学充满了激情,喜欢和学生们打成一片,很快熟悉了英语教学工作。在教学中,凭着娴熟的技能、技巧和认真的教学态度,我成为学校的教学能手,也因此有较多机会参加各种讲课比赛。在工作的第四年,我所教的九(1)班,在年末的县统一考试中名列前茅,班上涌现出了一大批英语爱好者和许多英语尖子生。由于教学成绩突出,我得到了校领导和学生家长的好评,同时我的同行也给予了我很高的评价,认为我的教学水平在全县中学英语教师中已属中上。

在这所中学里,虽然工作很累,但我得到了很多教学锻炼的机会。在这里,我懂得了一位英语教师要想取得优异的成绩,除了要掌握扎实的英语基础知识和恰当的教学方法外,还必须有爱,把爱注入教学中,让学生喜欢你,喜欢你教的科目。工作的第五年,我已经成为学校的一名英语骨干教师。

(二)第二阶段:成长期

2000年8月,由于工作的需要,我到丘北县八道哨中学校竞聘初中英语教师。记得 8 月某日的晚上,我接到招聘学校的通知,要我第二天上午上一节英语示范课,这时我才开始备课。整晚我都在考虑上课的每一个环节,设想在课堂上会出现的各种情况以及相应的应对措施。第二天早上的示范课上得很成功,得到了招聘小组同行们的认可,同时校长也给予了我很高的评价,都认为我可以留在八道哨中学校任教。这样,我顺利地进入了这所中学。

在这所中学里,我的专业基础知识不断得到巩固,业务能力不断得到提高,整合教材的能力也得到了加强。回顾个人专业成长之路,我认为以下方面非常重要。

1. 读书

读书、学习对我们每位教师成长的重要性是不言而喻的。在这里,我读了许多有助于自己专业成长的书,如《实用英语教学论》《英语学习论》《外语教学与学习》等。从这些书中,我学到了许多专业知识和教学技巧,为我的专业成长奠定了坚实的基础。另外,受我校大环境的影响,我还反复学习了《义务教育英语课程标准》,每次学习都用不同颜色的笔勾画记录,我希望通过对《义务教育英语课程标准》的学习,努力接近英语教学的真谛。

2. 整合

英语课程整合是一个非常时髦的话题,更是一个比较复杂的命题。一个优秀的教师一定要有自己的课程特色。我们可能还没有能力直接去编写一套教材,但我们可以以《义务教育英语课程标准》为依据,以现有教材为主要素材,结合教育教学的实际进行整合,这也是我们每位老师通过努力能够做到的。我看过不少优秀教师的课堂实录,大凡优秀教师都是教材整合的高手。如果我们的眼中只有一本教材、几篇孤立的课文,那我们的英语教学是枯燥的、乏味的,是缺少灵气和缺乏生活气息的。我们应当根据教学实际整合一个话题甚至一个单元,整合课内与课外,整合英语和生活。况且,英语是一门语言,是交流沟通的工具,本应与生活相结合。一个英语老师成熟的标志,就是能独立处理教材。

3. 终身学习,积极进取

我虽然积累了丰富的教学和班级管理经验,但教育理论知识却很贫乏,教育观念也有些落后。我是个积极进取的人,决定去参加成人高考,希望通过系统的学习更新自己的教育观念、丰富自己的专业知识。终于,我如愿考取了西南民族大学,两年后顺利完成学业并获得本科文凭。这是我在专业成长道路上迈出的坚实一步,但我深知,要成为一名优秀的英语教师,未来的路还很长,我会继续努力。

二、我的经验与成果

在教学生涯中,经过了几年奋斗,我逐渐积累了一些自己的经验和方法。我积极进取,不断探索教学方法,总结教学经验,落实新的教改精神,坚持理论与实践相结合的教学原则,推行素质教育,认真贯彻落实"减负提质"精神,重视抓好学生的德育工作,努力提高教育教学质量。

在2005—2006学年,我担任八年级三班和四班的英语教学工作,为了进一步搞好教学,提高学生素质,针对农村学生基础差、对英语不感兴趣的弱点,在上课之前我给学生讲述英语在当今社会的重要性,并向学生介绍了一些有效的学习方法。例如,在记英语单词时可用筛选法、比较法、分类记忆法和循环记忆法等,激发他们学习英语的兴趣。

在教学上,我认真写好教案,及时查阅资料,认真上好每一节课,同时注重对学生综合素养的训练。比如,在上到相关的课文时,向学生介绍祖国的美丽景色、大好河山,激发学生对祖国的热爱之情,从而培养他们的爱国主义思想。在教学中采用教师的主导作用与学生的主体作用并重的教学方法,使学生思维得到全面的训练,从而提高他们的能力素养;通过研究英语语言使用国家的风俗习惯、风土人情,让学生了解这些国家的文化,进而提高学生的文化素养。

在课堂上,我充分利用英语交流这一手段,训练学生养成文明礼貌、尊重他人、关心他人的良好素质。课后,我耐心辅导学生,认真批改作业,对学生进行考核。对于英语,我提倡学以致用,把学到的英语知识应用到实际生活中。经过我的努力和学生的积极配合,在2005—2006学年度的县统考中,我带的班级取得了可喜的成绩,荣获八道哨中学八年级英语第一名,我所任班主任的三班综合考评获全校第一名,学生各方面的素质跃上了一个新台阶。

三、感恩"国培计划"

在我的工作生涯中,我参加过多次继续教育培训和专业技术培训,但对我的专业成长最有帮助的一次培训是:"国培计划(2017)"——云南省网络研修与校本研修整合示范校建设项目。本次培训,我全程参与骨干教师集中培训和全员网络研修。在这次培训中,我借助西南大学提供的研修平台,不断完善自己,提高自己的教育实力。从专家的讲课中,我找到了许多解决教育教学问题的方法,特别是"中小学课堂教学设计的理念与创新"和"课堂教学如何有效互动与促进生成",更是教给了我许多教学技巧和方法,让我懂得了如何处理课堂上的突发事件。

"国培计划"使我提高了认识,厘清了思路,学到了新的课程理念,找到了自身的差距和不足,促进了我的专业成长。在参加"国培计划"过程中,我有幸倾听了众多专家和学者的精彩报告,使我对新教材有了更多新的认识,对课题研究也有了更详细的认识。"国培计划"启迪了我的心智,熏陶了我的情感,丰富了我的精神。

首先,"国培计划"让我懂得作为教师必须要有开发课程和整合课程内容的能力,只有这样才能用好教材、用活教材。同时,教师还应该不断地学习,不断地增加、更新自己的知识,这样才能将教材中有限的知识拓展到无限的生活中去。

其次,在"国培计划"中,专家们的报告使我明白每个学生都能够学习,并且能够学好,成为优秀的学生和未来社会的人才。因此,教师应着力于将经验内容转化为学生容易理解和接受的内容与形式。专家们的讲座,让我认识到教师应由经验型向专业型转化,传统型的教师已不适应新形势的需要。我们要不断提高自身素质,不断用新知识来充实自己,并逐步向专业型教师转化。

正是这样的一段经历,让我得到了迅速成长,使我得到了真正的锻炼,为我最终成为一名优秀的中学英语教师奠定了坚实的基础。回想自己这十几年的教学历程,有过许多疑惑与不解,但西南大学组织实施的"国培计划"给我带来了答案,带来了解决问题的思路与方法,感恩"国培计划"!

四、角色转换,继续成长

在八道哨中学任教多年,由于我工作认真,英语教学成绩突出,被学校任命为英语教研组组长,继而被丘北县教育局授予"英语学科带头人"的荣誉称号。随着教育教学能力的不断提高,我的组织管理能力也不断增强,2017年9月,我又被任命为八年级年级组组长。这些角色的转变,让我站在了一个新的高度审视我的教学实践。当上教学管理者后,我除了做好自己的教育教学工作外,还要承担培训年轻教师的任务。在与年轻教师交流的过程中,我毫无保留地给他们分享自己的教学经验。听了年轻教师的课后,我会给他们提出一些有益的建议,让他们快速成长并成为优秀的青年教师。成为教学管理者后,我经常参加各种研讨会,特别是每年的中考研讨会,借此更好地了解最新的教育政策、教学理念,并积累了更为丰富的教育教学经验。基于自己多年的努力进取,我被云南省中学高级教师职务评审委员会认定为"中学高级教师",这为我在专业成长的道路上继续前进提供了条件与动力。

　　总之,通过不断的自我学习和"国培计划",我真正领悟到了与时俱进的含义:要想不被社会所淘汰,要想成为一个领导信任、家长放心、学生喜爱的好老师,就得不断学习、不断充电、不断更新教育理念。教育是一项高难度的工作,要做好它,是十分不容易的。但我坚信,只要爱岗敬业、认真工作,就一定会有所收获。无论将来多么辛苦,我都会继续努力,多学习,多探究,争取更大的进步,在教育教学的征途上创造出更好的成绩。

领悟教育智慧　实现专业成长

云南省丘北县第一小学　李会琴

光阴似箭，岁月如梭！转眼间，我站在三尺讲台上已有十一个春秋。十一年来，我始终怀着一腔热情，用自己的知识、智慧、人格引领我的学生们一同成长，并肩前行。学生因为有我的陪伴而快乐，我因为有学生的同行而幸福。在享受这些快乐与幸福的同时，我对教师这一职业有了更深刻的理解：爱是教育的魂，没有爱就没有教育。

一、经历

作为班主任，我一向勤勤恳恳、任劳任怨，对学生的教育耐心细致，使班级形成了强大的凝聚力和向心力。在班级管理上，我要求自己做到关心学生、爱护学生、尊重学生、保护学生，以自己的热情、自己的参与、自己的坚定意志，来激发学生的热情和参与意识。之前在农村工作，留守儿童占班级总人数的一半左右，对于这些学生，我平时总是多关心他们，让他们感受到母爱的味道和集体的温暖。农村的孩子见识少、思想保守，对生理发育常识更是知之甚少，我常常扮演姐姐的角色，教女生如何应对生理期，好多女孩都觉得我比他们的父母还要关心她们，对我都怀有感激之情。时间久了，她们会帮我办好班里的许多小事，每次打扫卫生都不用我操心；我搞班级文化建设，她们也会积极帮忙。我知道，孩子们已经学会感恩了。

做班主任工作要细致入微。我曾经遇到过这样一个孩子，性格内向，孤僻，小动作特别多，每天不是任课老师就是同学告他的状，而且他对于批评表现出严重的叛逆情绪。于是，我们任课教师轮流找他谈心。通过大家的努力，孩子终于有了一点儿转变，但效果不是太明显。经过深入了解孩子的家庭情况，我找到了和孩子沟通的切入点：原来孩子的父母经常吵架，母亲受不了父亲的暴力离家出走了,孩子因为缺乏母亲管教而被同龄人称为"野孩子",久而久之,孩子就变了一个人。我们几个任课教师重新制订了教育方案,对孩子进行心理疏导,和孩子家长取得联系。经过长时间的努力,孩子有了很大的变化,能够认真听课,成绩也提高了,还会帮助其他同学。没有爱就没有教育,我以期待的目光、鼓励的话语、友善的接近、朋友的热情、长辈的爱怜、睿智的严厉走进学生的心灵,在他们挫败时给予鼓励,懒惰时给予鞭策,出错时给予点拨,成功时给予喝彩,用爱滋润学生心灵的成长。

二、感悟

通过多年的班主任工作实践,我深感班主任工作责任重大。参加西南大学组织的"国培计划"示范校建设项目后,我认识到,作为一名班主任,要用爱心来对待孩子,用诚心来打动孩子,用热心去帮助孩子,用微笑去面对孩子,用自己的人格去影响孩子。我想只要我们真诚地捧着一颗爱心,真心对待每一位学生,用心与每一位学生交谈,我们就可以把那些班级小事干得有滋有味、快快乐乐,也一定能在平凡琐碎中体味到特有的快乐和幸福。

在工作中,我也经常为学生的"不长进"、在班级的各项评比中成绩不佳而苦恼。可是,这样的情绪对于工作毫无帮助。参加西南大学的培训后,我根据所学,变换了策略,不再去"比",而是去找学生的长处与进步。看到孩子们稚嫩、不断努力的身影,我发现自己很快乐,我决定以后每天都用笑脸来迎接孩子们,即使是寒冬也要让孩子们感受到春天般的温暖。在集中培训期间,"教师课堂互动技能"课让我印象深刻,其中课堂问答技能和课堂讨论技能对我的帮助很大:在课堂上尽量避免问题啰唆现象,改变直接批评学生等不好的做法。由于我的改变,孩子们在课堂上的表现也比之前好了,学习效率也提高了不少。

三、反思

回首往事,我常有这样的体会:每当忙碌了一天后,我总会拿"太累了,该放松放松"等托词来给自己业余时间的"放假"找理由。我也常陷入这样的窘境:忙了一天,忙了一个星期,或是更久,可每当回首这段时光的时候,往往是一片空白,好像什么都没做。为什么会这样呢? 因为少了一分学习,少了一分反思,更少了一片宁静的属于自己的心灵空间……如此日复一日,年复一年,当我们蓦然回首时,已然"尘满面,鬓如霜"。我不止一次地这样设想,不止一次地感到可怕。正因为有了这样的忧患,所以我在教育工作中,更多的时候还是充实的,还是在进步的。因为在我的成长路上,一直有那么一些榜样,在引导着我,激励着我,我所取得的每一点成绩,都离不开他们的真情帮助。

四、成长

通过多年来的实践并结合本次培训所学的知识,我逐渐形成了自己的教学风格,现归纳如下。

(一)激发学生兴趣,变苦学为乐学

我在教学实践中充分感受到:传统的教学方法过于死板,使语文基础知识的学习变得枯燥无味,学生接受知识处于被动状态,很难取得令人满意的教学效果。在课堂上,我激发学生的兴趣,创设轻松愉快的教学环境,让学生自觉主动地去尝试,变苦学为乐学。如何变苦学为乐学?我主要采取了三个途径:一是从教学内容入手,充分挖掘教材本身的魅力,满足并激发学生的情感需要和求知欲望;二是合理地控制好教学密度、难度和速度,做到有张有弛、难易交替,使学生始终如一地保持饱满的求知热情;三是针对小学生的心理特征,创造并交替运用生动活泼的教学方法,设置引人入胜、乐而忘倦的教学氛围和情境。在这三个途径中,我尤其注重教学方法的运用,创造了"布设环境,引人入胜""故事激趣,吸引注意""幻灯录音,动静结合"等多种激发兴趣的基本方法,使那些看起来枯燥乏味的拼音、词汇和语法等变得亲切感人、充满童趣。

(二)引导学生尝试,变学会为会学

心理学研究表明,小学生尤其是中年级以上的小学生,不随意注意和形象思维占主导地位,但随意注意和抽象思维的发展也是客观存在的,且是十分必要的。因此,我认为教师的任务就是要在两者之间架设桥梁,帮助学生把不随意注意转化成随意注意,使形象思维过渡到抽象思维,通过自己动手、自己运脑的方式,达到自我感知、自我发现、自我尝试新知的目的。在课堂教学上,我对自己约法三章,制订了严格的"清规戒律",切实做到"老师少说学生多说,老师少讲学生多思",达到变教师教学生学会为学生自己会学的较高境界。

(三)锻炼学生思维,变会学为创新

在小学语文教学中,除了使学生掌握基本的语音、语调、书写外,更重要的是培养学生的阅读、写作和创新思维能力,使学生学活书本,变得更聪明。在教学过程中,教师要调动学生的思维,使学生会学习、会探索、会创造。

教育是需要用爱心浇灌、用热情燃烧、用智慧点亮、用无悔坚持的事业。在十一年的教育教学过程中,我既体会到了教师职业的神圣和辛苦,更体会到了做教师的幸福和快乐。在这个历程中,充满了艰辛与汗水,真正的教育之花才刚刚开放,真正的梦想之旅才徐徐开启,我将继续以谦虚、执着的精神,乐观的心态,不断进取,在平凡中彰显生命的价值,在努力中实现我的教师梦想!

第五辑 校本研修提升教师专业能力

　　教师培训是提升教师专业能力的一种有效途径，遵循时代发展的特征和教育发展的需求，教师培训的内容和方式在不断地变革和创新，其目的在于真正影响和改进教师的专业行为。"三维四段五力式培训"是指：以专业理念、专业知识、专业能力三维素养培育为主旨，历经自拟课表、自主学习、协作研修、行为改进四个阶段，着力提升参训学员的职业领悟力、课堂胜任力、课程开发力、课题研究力、教研组织力。这是西南大学远程培训一直坚持的基本思路。实践证明，它对于系统提升教师专业能力成效显著。

我的一堂数学展示课

云南省个旧市鸡街镇中心小学校　童平华

我是一名小学数学教师,参加了西南大学"国培计划(2017)"——云南省网络研修与校本研修整合示范校建设项目,所有活动不仅让我收获很多,同时也让我得到了磨炼和成长。有一天,校长找到我说:"小童老师,下周三你来上一堂数学示范课,全镇数学教师都来听,好好准备。"我刚想推辞,校长又说:"你是参加过'国培计划'的教师,要展示'国培计划'的效果,你的责任重大,可不能敷衍了事。"既然校长都这样说了,我哪还有理由推辞,只好硬着头皮上了。第二天,我赶紧进行选题,最终确定五年级下册"单式折线统计图"这个课题,接着找来教师用书,按照要求从认识折线统计图的特点、作用,到教学生如何画折线统计图几个方面来备课,用了一天的时间。

课备好后,接下来就开始第一次试讲。一堂课下来,我感觉还可以,已经完成了我的教学任务。可听课的教师却说,这堂课存在很多问题:第一,学生学习的积极性不高;第二,没有统计课的味道;第三,达不到展示课的要求,最多算常态课。

经过第一次的失败,我不敢再懈怠。于是,我重新定位这堂课的教学目标,认真查找资料,了解课程标准的要求,又开始了我的第二次备课、第二次上课。上课开始了,这次,我先出示某旅游胜地的图片,标注出近几年来到此地旅游的人数,然后提问:"谁能最快找到哪年到这里旅游的人数最多?"问题一抛出,学生一个个睁大了他们好奇的眼睛,很快就找到了答案。接着我又问:"用什么方式能更快找到哪一年到此地旅游的人数最多?"学生结结巴巴地说了一堆他们的答案。我一边听,一边根据他们的回答制成了一个统计表,学生看了之后说:"老师,用统计表来表示比我们用文字叙述清晰得多。"我说:"当然了,其实还有一种方式更清晰,你们想知道吗?"学生异口同声地说:"想。"于是,我出示了条形统计图,和学生一起复习了条形统计图的特点后说:"虽然条形统计图比统计表更加直观,可是工作人员却利用数据制作了另外一幅统计图。"我借助多媒体课件演示,将静态的条形统计图变成动态的,让学生观察条形统计图演变成折线统计图的过程。此时,学生的学习热情一下子就被点燃了。看了课件之后,我让学生思考:"通过这幅折线统计图你发现了什么?"学生说:"横轴、纵轴交点所对应的数据,就决定了这个点的意义,这个点就表示某年旅游人数是多少万人。也就是折线统计图中的点就可以表示数量的多少。"我微笑着对他们竖起了大拇指,学生们也笑了。

通过这个活动,学生运用知识迁移规律,自主尝试,合作交流,寻找到识图的方法,体验到了成功的快乐。接着我又抛出问题:"既然点已经反映出数量的多少,为什么还要连线呢? 这些线段有什么特点? 最后两次上升的线一样吗?"学生开始讨论,最终得出结论:通过折线的变化,可以反映数量的增减变化。刚讨论完这个问题,有个男生举手问道:"老师,为什么要连成一整条曲线?"我当然不能直接告诉他,我把问题抛给全班同学,这次学生讨论得更加激烈了,最终得出"整条曲线可以反映数量的增减变化和变化趋势,还能体现折线统计图的应用价值"的结论。最后我通过习题,让学生自己画折线统计图,全班45个学生,40人都能较准确地画出折线统计图。这让我震惊了,整堂课我并没有教学生怎样画折线统计图,但学生基本上都能画正确。课后我进行了反思,原来我的课件中已经渗透了画图的方法,加之课堂上我是引导学生从点、线段、整条曲线去认识折线统计图的,所以不讲画图的方法,学生依然可以画正确。

这堂展示课不仅得到了全镇数学教师的肯定,而且我还带着这节课走上了个旧市"国培计划(2017)"送教下乡的讲台。同时,通过这堂课我深深地感受到教师要上好一堂课,一定要用心对待课堂,一定要相信学生,充分备课,珍惜每一次培训机会并及时把学习到的知识运用到教学中。可以说我的这堂课是"国培计划"带给我的,因为"国培计划"给了我一个极好的学习机会,让我从中学到了很多,弥补了我以前认识和能力上的不足,让我有了一次和专家老师以及广大同仁学习交流的机会,特别是在转变教学观念和利用教学方法方面,给予了我很大的帮助。

在"聊"中培养孩子的口语交际能力

云南省个旧市鸡街镇中心小学校　李艳梅

口语交际是综合能力的展示,是语言表达方法运用的展示,是表达内容多面性的展示,是表达角度多样化的展示,是表达过程中个人综合素养的展示,目的在于让学生在交际过程中拓展知识面、学习不同的思维方式与表达方法,在此过程中提升倾听、仪态、礼仪等方面的综合素养,为学生的社会化打好基础。因此,口语交际教学必须在教师的指导下,通过具体交际情境的创设和口语交际活动的开展,培养学生的口语交际能力和文明交际素养,教学生学会专心倾听、灵活应对和清楚表达。可是,我们老师在上口语交际课的时候往往没有注意这些要求,结果把口语交际课上偏了,上成了"口语活动课"或"口头作文课",而不是课标要求的"口语交际课"。

我常常想,怎样才能真正把口语交际课上好呢?就在我"山重水复疑无路"时,我参加了"国培计划"示范校建设项目。它更新了我的教学观念,让我顿时有了一种"柳暗花明又一村"的感觉。于是,我认真研读了《义务教育语文课程标准》中关于"口语交际"的内容,落实各学段目标中"倾听"和"表达"的具体要求。"倾听"方面的要求是:(1)低年级,努力了解讲话的内容;(2)中年级,把握主要内容;(3)高年级,抓住要点。"表达"的要求是:(1)低年级,能简要地参与讲述、复述、讨论;(2)中年级,能清楚地转述;(3)高年级,表达要有条理,语气、语调要适当。我尝试着把学到的理论知识和方法用到教学中,改变自己以往的教学方法。经过一段时间的准备后,我上了一节"我喜欢的动物"口语交际课。

上课之前,我先将孩子们喜欢的动物图片打印出来,孩子们看见我拿着的图片,都七嘴八舌地问:"老师,你拿的是什么东西呀?"这时,我故作神秘地说:"想知道吗?上课的时候你们就知道了。"此时的我心中暗暗自喜,我的道具已经吸引了孩子们的眼球。然后,我趁热打铁和他们做了一个热身小活动:"竖起你的左拇指,说你好;竖起你的右拇指,说我好;双手打开,说大家好!"通过这个活动,让孩子知道在人际交往中要对别人多竖大拇指,为孩子融入交际做好了铺垫。

上课开始了,我说:"孩子们,在生活中,你们都喜欢什么动物啊?"此时,孩子们像炸了锅一样,七嘴八舌地说:"我喜欢小狗。""我喜欢小猫。""我喜欢仓鼠。""我喜欢大象。"……于是,我拿出事先打印好的动物图片,说:"今天的这堂课呀,就是要聊一聊你们喜欢的动物。"孩子们听到这个话题可高兴了,你一言,我一语,开始聊起来了。看到此情此景,我很高兴,说明他们对这个话题很感兴趣。常言道:"兴趣是学生最好的老师。"当学生对某一个方面感兴趣时,他们就会去主动学习、主动探索,从而享受这个学习过程带给他们的快乐。但是,也不能放任他们天马行空地乱聊,我赶紧指导孩子们,让他们知道聊自己喜欢的动物不是盲目地聊,而且要依据"动物的外形特征"和"动物的生活习性"两方面去聊喜欢某种动物的原因。我让孩子们根据喜欢的动物分成小组,然后明确小组"聊"的流程:(1)推选一名记录员,记录本组成员交流的内容;(2)推选一名发言人或小组长,组织小组成员选择两种方式(发言人主讲,其余组员补充;小组长主持,组员分别讲)中的一种在全班交流展示汇报;(3)推选出一名观察员,观察小组成员交流的情况;(4)组内其他同学要认真倾听,恰当地进行补充完善。孩子们听完流程后,按照要求开始紧锣密鼓地行动起来,"你当记录员""你当小组长""你当观察员"……小组成员各司其职,聊得不亦乐乎。

汇报交流开始了,仓鼠快车组可积极了,抢着第一个在全班交流,他们选取小组长主持,组员分别讲的方式进行汇报交流。只听小组长说:"我们是仓鼠快车组,我们都喜欢仓鼠,下面由仓鼠1号介绍一下仓鼠的外形特征,仓鼠2号介绍仓鼠的生活习性,仓鼠3号和4号做补充。"他们的描述栩栩如生,逗得全班同学哈哈大笑。仓鼠快车组的小组长走到我跟前说:"老师,我们小组讲得好不好?"我笑了笑说:"好不好不是我说了算,而是你们说了算。"这时我亮出我的秘密武器说:"下面由各小组观察员组成的观察团按照2+1(两个优点,一个建议)的方式进行评价。"全班同学都异口同声地说:"哇,还有评论员啊!"此时的小观察员们都争先恐后地评价仓鼠快车组的优点是什么、不足之处,还给出了建议。我也没有闲着,默默地指导和纠正孩子们在口语交际中不尊重别人的语言和不自然、不大方的动作,及时提醒孩子在口语交际中要注意的四要素——说得清楚、听得认真、仪态大方、尊重别人。这时候,我发现孩子们听得可认真了,因为他们都想得到同伴的认可。我不禁窃喜,活动不仅锻炼了孩子的口语交际能力,也培养了孩子的倾听能力。其他小组在后来的交流展示中表现得越来越好。

　　课后,我对这堂课进行了反思总结,发现课堂中还存在孩子在交流时说话结巴、动作不大方、评价语言单调等问题。但这堂课我真正做到了把课堂还给学生,让学生成为课堂的主角,而作为老师的我只是在适当的时候进行点拨指导,打破了以往教师在课堂中一言堂、学生没得说的现象。而且我真正把小组合作学习落到了实处,让每一个孩子都有事做,并且关注孩子的发言和表现,及时进行评价,从而达到了在"聊"中提高孩子口语交际能力的目的。因此,教师知道口语交际课教学生"聊"什么、怎么"聊"是非常重要的!

用教育机智巧妙解决突发事件

云南省个旧市第十五中学　苏　影

秋去春来,鸟语花香,我参加"国培计划"示范校建设项目已三年多了,学习期间,倾听了众多专家和学者的精彩讲解,领略了无数名师的风采,饱享了高规格的"文化大餐",使我迸发出思想的火花,经受了教育教学理念的大洗礼,突破了我职业生涯的瓶颈,收获满满。使我深受启发的是教育机智,它要求我们教师对学生活动要有敏感性,能根据学生新的特别是意外的情况,迅速而正确地做出判断,随机应变地及时采取恰当而有效的教育措施解决问题。

我们在日常的教育教学工作中,会遇到各种各样的偶发事件,常常让我们措手不及。我们灵活巧妙地处理问题,才不会造成僵局、伤害学生的情感,避免出现不堪设想的后果。

一、"失物"风波

一天,某宿舍的几个女生来"告状",说她们的东西常常莫名其妙地不见了,如精美的卡片、漂亮的文具盒等,最近,她们发现自己的东西在同宿舍刘某的箱子里,希望我帮她们把东西要回来。于是,我把刘某喊到办公室,面无表情地扫视了她之后,开始狠狠地"敲击"她。她始终低着头,两眼紧紧地盯着地板,说自己没拿过别人的东西,箱子里的东西,就是她的,最后还呜呜地哭起来。我更加生气,提高嗓门大声说:"东西就在你的箱子里,难道你还想抵赖吗?"她近乎歇斯底里地喊道:"不是我!我没拿!"随即转身跑出了办公室。顿时,我惊呆了,一个可怕的念头闪过心头:如果她一时想不通,出现意外怎么办?顿时,我焦急万分。

我立刻拔腿追了出去,只见她跑向了教室。我进入教室,看到她正趴在桌子上号啕大哭,一群同学正围着她七嘴八舌地议论,有的甚至指责她"活该",无一人安慰她。

二、一探究竟

我突然想到培训中,专家们讲到的要用教育机智巧妙地解决突发事件。于是我努力使自己冷静下来,及时调整了自己的情绪。我想,只有使用循循善诱、以理服人的方法,才能使其充分而又深刻地认识到自己的错误,不能急于下结论,不可将其定义为"小偷"。我深入思考,该如何去解决问题。

于是我决定家访。当我送她到家时,只见四间石棉瓦房围成一个小院子,院里堆满了塑料瓶、易拉罐、废纸板等废弃物品,一股刺鼻的味道肆意扩散。一位拄着拐杖的白发老人颤颤巍巍地从"瓶罐小山"中走出来,女孩叫了一声"奶奶",就跑进了屋里。

在与老人的交谈中,我了解到孩子父母都在外地打工,家里只有体弱多病的老奶奶,前几年老人病重,花了很多钱,欠下了一大笔债,她的父母只好外出打工。老奶奶一边照管两个孩子的起居,一边捡废弃物品补贴家用。女孩回家还得洗衣做饭做家务。老人边说边抹眼泪。

我的心情久久不能平静。"爱出者爱返,福往者福来",我应多关爱这个孩子,对这个孩子要抱以百分之百的爱和耐心;要多与她进行情感沟通,多给予她鼓励,这样才能走进她的内心世界;要用教育机智,掌握好分寸,如果不注意分寸,不仅达不到预期的结果,还会影响学生的健康成长,过多的批评会使学生产生自卑心理,甚至还会造成无法挽回的后果;要让她主动认识到自己的错误并改正,这样她才能健康成长。

三、峰回路转

从此,课堂上,我给予她更多的关注,鼓励她大胆回答问题,并对她的回答热情地进行肯定和表扬。课后,我经常到宿舍去询问她的学习和生活情况,并暗暗地让和她同宿舍的女生多关心帮助她。起初,她不大搭理我,后来见我没有嘲笑她,更没再提那件事,渐渐不再排斥我。但问题始终没能解决,这成了我的一块心病。

一天,我独自一人正在办公室改作业,她轻轻敲了敲门走进来,站在我面前,低着头,两只手局促地搓着衣角,不看我一眼。我想她一定有话要对我说,但我不能着急,于是心平气和地说道:"有什么困难需要我帮助吗?"她抬起头迅速地看了我一眼,而后又低下头,小声地说:"我是来认错的。"我心里的一块大石头终于落了地,语重心长地说道:"谁不会犯错啊,古人云,'人非圣贤,孰能无过',只要改掉错误,你还是一个好孩子。"顿时,她的眼泪像断了线的珠子落了下来,我默默地递给她纸巾,她抬起泪眼悄悄瞟了我一眼,目光怯怯的,而后迅速转移了视线。从她的眼神中,我看出她缺乏的是承认错误的勇气。我微笑着注视着她说:"好吧,请你望着我。"她匆匆望了我一眼,又匆匆移开了视线。我又说道:"看着我的眼睛。"停顿了片刻之后,她终于抬起了头,看着我。我柔声地对她说:"孩子,你一定是一时好奇,拿错了别人的东西,把它们都放回去吧。亡羊补牢,为时不晚啊!"她抬起头,用一种寻求信任的目光看着我,而我用更加真诚的目光看着她,坚定地说:"我相信你只是一时兴起,别无他意。"她止住泪水对我说:"可以为我保密吗?"我重重地点了点头说:"一定!"

四、感慨万千

三天后,这个宿舍的女生纷纷兴奋地告诉我,她们丢失的东西都回来了,还一个劲儿地夸我有办法。

一周后,这位女生在周记《我的老师》里写道:"老师,谢谢您给了我足够的时间,让我反思和改正错误。您富有深意的眼神,让我认识到了自己的错误,是您的眼睛告诉我'知错能改,善莫大焉'。老师,您如一缕春风,唤醒了我沉睡的良知;您如一泓清泉,洗涤了我的心灵。我愿永远沐浴在您爱的目光里。"读着这段文字,我感慨不已。

时光不语,静待花开。是啊,爱与信任,可以滋润荒芜的心灵。教育教学工作需要教育机智,它是一门教学技巧,更是一门教学艺术,要求教师具有深厚的知识底蕴、热情幽默的教学风格和高超的语言表达能力。正如苏霍姆林斯基所说的:"教育的技巧并不在于能预见课的所有细节,而在于根据当时的具体情况,巧妙地在学生不知不觉中做出相应的变动。"让我们用"国培计划"的硕果,为孩子们的明天而奋力前行!

班主任工作案例："终极一班"的转化

云南省建水县曲江中学　欧跃忠

从参加工作的第一天开始我就明白：选择了教书就等于选择了清贫，就等于选择了奉献。教书二十几年，其间我有过迷茫，也有过彷徨，但从未想过退缩和放弃。一路走来，在教育教学大道上的脚步愈显坚实，人生愈加充实和快乐。二十几年以来，我始终怀着一腔热情，用自己的知识、智慧、人格引领我的学生们并肩同行，一同成长。学生因为我的陪伴而快乐，我也因为有学生的同行而幸福。在享受这些快乐与幸福的同时，我对教师这一伟大而神圣的职业有了更深刻的理解：爱是教育的魂，没有爱就没有了教育。

从教二十余载，担任班主任工作十几年，管理班主任工作也有十年了，我更能体会到其中的苦与乐。作为班主任，我一向勤勤恳恳，任劳任怨，对学生耐心教育，对班级认真管理。我试图把自己的全部热情投入这份事业中，把自己的全部关爱倾泻给每一个学生。时光荏苒，转眼间二十余年，学生和我，我和学生，曾经的点点滴滴，现在回忆起来依旧清晰。

记得2008年，由于工作的需要我的岗位进行了调整，我被安排到初三年级任课。走进初三（1）班教室，迈上三尺讲台，正准备向这群纯朴的孩子展示我的文韬武略时，一声尖叫和一片哄堂大笑，将我精心准备的一切撕成了碎片，散落满地，无处找寻。一时间讲台上的我不知所措，呆若木鸡。所谓的课堂在后排一个大个子男生的带领下早已混乱不堪，说笑声、打闹声……混乱充斥着并不宽敞的教室。那一天的第一堂课就在尴尬和无助中草草结束。

确实，校长口中的"终极一班"并非徒有虚名。这一惊吓，来得着实突然，但我并没有退缩。郁闷中我告诉自己：既然选择了，就要一路向前，哪怕头破血流。思考良久，我决定与之对抗到底。兵书云：知己知彼，百战不殆。我想，教书这事大概也应该是这样吧？

经过了解，所谓"终极一班"也并非不可救药，他们天资聪明，生性好动。这个班的特殊之处在于人员组成略显复杂,其中单亲和留守儿童过多。校长说那个领头者,在初一时,还考过年级第一呢!经过一番了解和思考之后,我决定先从所谓的领头者入手。他姓王,17岁,早熟,是典型的大山子民。

2008年3月的一个星期六,我准备了一点儿水和面包,带着一支笔和一本书,一个人摸索着行走了近5千米的山路终于找到了王同学的家。去时正碰上从地里干活回来的他,对于我的到来,他一脸惊讶与惶恐,全然没有了课堂上的威风与蛮横。说明来意后,他把我请进家门,又是让座,又是倒水,一副彬彬有礼的样子。

他的家虽然十分简陋和清贫,但收拾得十分干净和整洁。言谈中,才知道他的母亲早已改嫁,父亲在外打工,家中只留他一人。那一天,王同学和我用有限的食材一起做了一顿丰盛的晚餐。吃饭间他告诉我,这是17年来他吃过的最美味的一顿饭菜。那时我意识到:我的这一行,已经感动到了这个纯朴的大男孩。

后来的故事是初三毕业时,曾经让校长焦头烂额的"终极一班"成了真正的终极一班,创造了学校多年来未曾有过的辉煌,为学校赢得了不少荣誉。王同学和三(1)班的故事也让我明白了一个道理——爱就是了解和亲近。爱学生就要了解学生、亲近学生,包括知道他们的身体状况、兴趣爱好、学习成绩、性格气质和家庭情况,尤其是了解他们的思想情感。亲近他们的生活方能走进他们的世界。

一个人做一件事的时间长了难免会觉得枯燥和乏味,但当你把你所认定的事业当作一种习惯和享受的时候,就会无比充实和快乐。一个教师、一个班主任如果把班里的每一个学生都当作自己的孩子,全身心地去爱护、关心、帮助他们,那会是一件多么美妙的事情!

2009年7月,又一轮学生毕业了,初三(5)班全体同学早已泪流满面,犹如生离死别,这个班里的学生怎么能不让人留恋呢?张某某,小个子男生,新生报到时忧郁的面孔和迷离的眼神,小考成绩倒数第一,一年后活泼开朗,成绩全班正数第一。李某某,小胖妞一个,天生肥胖多病,阑尾炎时常发作,每一次背她上医院都要把我和另外几个身强力壮的老师累得气喘吁吁、大汗淋漓。陈某某,不爱学习,上课总爱摆弄小东西,或者和前后桌讲小话,没事经常和同学闹矛盾,现在乖巧听话,学习上进,在初二下学期的学校艺体节上体育全能第一。这一班人,每一个同学都有讲不完的故事,每一个同学就像一株株干渴的麦苗,三年来在一场场雨露的浇灌下不断茁壮成长,不断努力向上。

　　尊重学生、理解信任学生是消除教育盲点的基础。尊重学生就要尊重学生的人格。教师和学生处在教育过程中的不同地位,但在人格上应该是平等的,这就要求教师不能盛气凌人,更不能利用教师的地位和权力侮辱学生。只有这样,学生才能对教师产生信任感。所谓"亲其师,信其道",说的也是如此。

　　总而言之,通过多年的班主任工作实践,我深感班主任工作责任重大。孩子是未来,孩子是希望,每一个孩子都有自己的优点和闪光点。作为班主任,要用爱心来对待孩子,用诚心来打动孩子,用自己的人格去影响孩子。"捧着一颗心来,不带半根草去。"既然选择了远方,就一路向前,风雨兼程,乐此不疲,直到春色满园,桃李满天下。

开发利用本土化的幼儿园课程资源

云南省建水县机关幼儿园　罗　艳

为了让孩子了解季节的变化,每到春季、秋季,我们都会组织幼儿到郊外寻找春天、秋天。让我记忆深刻的一次秋游是游我们建水的名胜古迹——十七孔桥,那里有山、有水、有桥……孩子们一走出幼儿园就显得特别兴奋,对山上的一切都感到那么新奇,摸摸这棵树,碰碰那棵草。"老师,树叶掉下来了,好像蝴蝶,真漂亮!""老师,我捡到一个圆球(松球)。""老师,我捡到的球(苍耳)像小刺猬。""老师,我捡到……"孩子们一下子变得活跃起来。

在秋游活动快要结束时,我们组织了一个寻宝游戏,就是在草丛里寻找小纸条,并来兑换奖品。等孩子们来兑换奖品时,我惊呆了,只有几个孩子手里有纸条,大多数孩子手里拿的是水边的鹅卵石、竹叶、玉米秆、松球、苍耳等。我就问:"你们没有寻到宝吗?"有几个孩子说:"我看他们捡这些,我们也想要。"有一个孩子比较激动地说:"老师,这些是我们的宝贝,我们想拿回幼儿园玩。"接着很多孩子也跟着说要拿回去。当时我心里想这是些没用的东西,拿回去干什么?而且在路上孩子们拿着这些东西打打闹闹,不安全。我就一声令下:"不准拿回去,全部扔掉!"孩子们很不情愿地把东西丢下,有几个小朋友嘴里还嘟囔着说:"我们辛辛苦苦才找到的,都不让带回去。"因为我强行让孩子们扔掉了他们辛苦寻到的"宝贝",有几个孩子一路上闷闷不乐,都不理我。

当时,我没觉得自己做错了,认为那些东西拿回教室里没什么用处,反而还占用了教室空间,更想不到利用那些自然资源去开展激发幼儿兴趣、促进幼儿发展的活动。我的教育思想、理念太局限了,认为只要把教材内容按计划认真教完,就达到了教学目标,就能促进幼儿全面发展。

这种故步自封的思想理念一直延续到我参加"国培计划"示范校建设项目。培训时我认真聆听了诸位专家的讲座。专家们的讲座,内容既深刻独到又通俗易懂,既旁征博引又紧扣主题,既发人深省又生动有趣。培训的内容都是我们所关注的热点、难点问题,都和课堂教学、教师的专业成长紧密联系,针对性、操作性很强,很有实用价值。我如饥似渴地观看视频资源,努力从中汲取新的教育思想和理念,学习新的教育手段和方法。

当学习到"农村幼儿园课程资源开发与利用"这个讲座时,我知道了幼儿园一日生活即课程,幼儿在园中的一切活动都是课程。而幼儿园课程资源是幼儿园课程设计、实施和评价等过程中可以利用的一切人力、物力以及自然和社会资源的总和。这时我才意识到那次秋游时叫孩子们扔掉的那些东西确实是"宝贝",可以搜集那些自然资源开展丰富多彩的活动,开阔幼儿的眼界。如树叶、松球、苍耳、鹅卵石等,这些独特的材料可塑性强,稍做加工点缀,就是一件惟妙惟肖、生动逼真的作品。

可是在参加远程研修之前,我对幼儿园课程资源的理解是片面、错误的,一直以为幼儿上课用的教材就是课程资源,我的教学活动内容一般只局限于省编教材内容,从来没有思考过把丰富的自然资源纳入幼儿园的课程资源中,以此来开发幼儿的潜能。这样,一些孩子生活中最为熟悉、最容易诱发孩子兴趣的本土资源得不到充分利用,不能很好地实践《幼儿园教育指导纲要(试行)》中所倡导的"贴近幼儿生活"的教育理念。

我们建水有着得天独厚的自然资源,可是对于故步自封、理论和专业基础薄弱的我来说,要做到课程资源的利用不是件容易的事,需要有一定的理论指导和明确的目标。为此,钟老师给我们推荐了四位著名的儿童教育家、心理学家的思想理论:陶行知的乡村教育思想、陈鹤琴的课程思想、皮亚杰的认知结构论以及瑞杰欧的教育思想。

通过认真学习,我尝试着把建水县丰富的自然资源,如农作物(水稻、玉米、蚕豆等)、文物古迹(东门楼、朱家花园、文笔塔、十七孔桥等)、地方土特产(酸石榴、脐橙、狮子糕、燕窝酥、番茄果脯、西门豆腐等)纳入幼儿园的课程资源中,充分利用这些本土资源所隐藏的教育价值,根据幼儿年龄特点进行精心选择,设计教育活动,落实《幼儿园教育指导纲要(试行)》中的"幼儿园应充分利用自然环境和社区的教育资源扩展幼儿生活和学习的空间"的要求。

家乡的人民勤劳勇敢,家乡的土地肥沃、物产丰富,家乡的人民更用他们的智慧和双手创造了许多特产、名产,如酸石榴、脐橙、狮子糕、燕窝酥、番茄果脯、西门豆腐等。随着交通业的发展,越来越多的家乡特产走出家乡,走向他乡,家喻户晓。为了让幼儿了解家乡的这些特产,了解家乡人民制作特产的过程,培养他们与劳动人民的感情,2016年,"国培计划"示范校建设项目骨干教师集中培训在我园举行,我组织了大班手工活动"西门小豆腐"。在设计这个活动时,我去豆腐坊学做小豆腐,并把制作豆腐的过程拍下来,制作成课件。孩子们通过观看视频,了解制作西门豆腐的整个过程,并动手用对角折、拉紧、挤压的方法,制作西门小豆腐。这使幼儿进一步贴近生活、了解生活,在培养幼儿动手能力的同时,增强了幼儿对生活的感知与了解。

远程研修学习,让我学会了运用本土自然资源设计促进幼儿发展的、有价值的教育活动。除此之外,也弥补了我以前认识上的不足,同时也促进了我的教育教学实践能力,对我的专业成长有很强的指引作用。我将带着收获、带着感悟、带着信念、带着满腔热情,在今后的教学中,继续学习教育教学理论知识,不断反思自己的教学行为,更新自己的教育理念,争做一名合格的教师。

让赏识点燃学生创造性思维的火花

云南省建水县第一小学　普凤玲

　　我清晰地记得,在小学二年级上学期的一堂语文教学识字观摩课上,我教《树之歌》中的二类字"梧、桐、枫、松、桦"等,学生们在我的引导下,很快说出了这些字都是形声字,并很快就能记住这些字。有的同学还说出了"加一加、换一换"的识字方法,我欣慰地点点头,夸学生真棒。正在这时,有个叫张宸(化名)的男生把小手举得高高的,害怕我看不见,又大声叫起来:"老师,我还有一种记字法。"我忽然一愣,让他说还是不让他说呢? 因为这个学生平时特调皮,好多时候都会漫无边际地乱答,有时候故意捣乱,引起全班人哄堂大笑。如果让他说,既费时间他又答不到点子上,还会完不成事先设定好的教学任务;如果不让他说,听课的老师也听到了他的要求。他一边用手示意,一边不停地叫着:"老师,老师……"

　　正在我左右为难时,忽然想起了参加西南大学网络研修论坛时专家说过的话:"学生才是课堂的主体,课堂教学要以学生为主,正是有学生的不同见解,才能构成精彩纷呈的课堂。"想到这儿,我装出赞赏的样子,用惊讶的语气说:"哎呀,我们班的'小一休'张宸同学今天真会动脑筋,那么多的识字方法都被同学们说了,他还有其他识字方法哟,大家想听吗?"同学们也随声附和"想听"。张宸同学立刻站起来有模有样地大声说道:"第一,语文不说话,大树来帮忙就是'梧桐'的'梧';第二,同学们来到大树下开会就是'梧桐'的'桐';第三,大树刮风了就是'枫叶'的'枫';第四,有个老公公,树下来凉风就是'松树'的'松';第五,中华儿女喜欢的树就是'桦树'的'桦'。"他的识字方法虽然不是最好的,但我随即肯定了他的方法。他的回答赢得了同学们的掌声,听课老师也把惊喜的目光投给了他。

　　这就是赏识的力量,我暗自庆幸一个稍纵即逝的赏识机会被我把握住了,这都是因为参加了西南大学的网络研修,我才敢在这样的课堂上如此决断地赏识学生。网络研修带给我的是勇气,让我在课堂上学会了捕捉赏识学生的机遇,进而培养了学生的创造性思维。孩子的创造力有时简直是我们难以想象的,记得我在教《乌鸦喝水》时,也接触到了两组特别容易错的形近字——"鸟"和"乌","喝"和"渴"。这一直以来都是教学的难点,也是因为赏识了孩子们喜欢动脑、敢于创新的优点后,孩子们在我的引导下通过自主合作探究,竟得出了这样的结论:对于"乌"的理解,"乌"表示黑色,"乌"比"鸟"少一点,是因为乌鸦全身都是黑的,所以我们看不到它的眼睛。对于"喝"与"渴"的区别,学生这样说:"喝水"要用口喝,而且必须把嘴张大(形象说明"口"的字形),所以是口字旁;"渴"是因为口渴了特别想喝水,而想喝水并不一定要张大嘴巴,所以偏旁是三点水。可见只有大力赏识学生的闪光点,才能让学生在合作探究中创新。

在参加培训的过程中,我还学到了一句话:"疑为主线促创新。"巴尔扎克也说过:"打开一切科学的金钥匙毫无疑问是问号。"疑问是创造的起步。就在上个星期三的语文课上,我刚把课题"一匹出色的马"板书在黑板上,有学生就叫起来:"老师,我们昨天预习过课文了,明明是一根柳树枝,为什么要说是一匹出色的马?"其他学生也跟着叫起来:"对呀,为什么呢?"又是那个叫张宸的男生带头。二年级的学生有疑问是非常好的事情,但他们不遵守纪律而乱叫,要是以前我早就按捺不住情绪,采用"高压政策"压下去了。此时,尽管没有其他老师听课,我也没有发火,而是及时赏识学生的优点,并和颜悦色地说:"同学们,别激动,你们能安静下来一个一个说吗? 你们提的问题其实也是老师要带着大家探讨的问题,那么谁先安静下来就先让谁发言。"有学生说:"孩子走不动了,爸爸妈妈应该答应孩子的请求,把孩子抱回家,或者背回家。"也有学生说:"爸爸妈妈郊游前应该准备充分一点儿,开车去。"因为现在的学生条件特别好,有这种想法是很正常的。还有学生说:"爸爸妈妈一点儿都不爱孩子。""老师,能不能让我们自由讨论一下?"又是张宸的建议。因为我校严格规定不管是高年级还是低年级,都要把合作探究真正落实在课堂上,所以张宸会想到这个建议。但是平时的探究都是根据老师事先设计好的教学过程进行的,而今天的课我还没有进入正题呢! 我只写了一个板书,学生就乱嚷嚷,要求自由讨论,会不会是学生想趁此讨论的机会玩耍呢?

正在我左右为难时,我又想到了网络研修中学到的内容——只有真正更新教学理念,才能调动学生的学习积极性。于是我宣布:"同学们,你觉得谁最适合和你一起讨论,你们就自由组合,讨论'为什么明明是一根柳树枝,却要说是一匹出色的马?'"学生顿时像放飞的小鸟一样,找到了讨论的伙伴。有的小组成员一起读起了课文,有的小组轮流读,还有的小组直接读相关段落。同学们边读课文边发表见解,有的组员争论得面红耳赤,整个教室呈现出了前所未有的学习、讨论气氛。讨论完毕,同学们一个个严阵以待,等待我让他们在班上交流。每一个小组都各抒己见,再加上同学们的补充发言,终于弄清楚了课文中爸爸折一根柳树枝让主人公当作马骑回家,是为了鼓励主人公依靠自己战胜困难,所以题目为"一匹出色的马"。学生已经自己找到了答案,这就是让学生在质疑释疑中碰撞出的创造性的火花。如果我不及时赏识学生问题提得好,而是按我的套路进行教学,整堂课的教学效果将会大打折扣,学生的学习积极性将不会如此高涨。这都是网络研修的功劳。研修学习让我明白了教师给孩子多大的舞台,学生就能跳出多美的舞蹈。

孩子的心灵是纯洁而美丽的,如水晶;孩子的心灵是脆弱而易碎的,如玻璃。我们做老师的要多赏识学生,让赏识点燃学生创造性思维的火花。

善意的谎言：用智慧化解课堂危机

云南省建水县临安镇中心学校　张秀芳

苏霍姆林斯基说过："常常以教育上巨大不幸和失败而告终的学校内许许多多的冲突，其根源在于教师不善于与学生交往。"可见，师生关系不仅对教育质量有着深远的影响，而且对学生的发展方向也起着决定性的作用。

记得去年12月，我到临安镇的一所学校送教，在上小学语文第十一册的《月光曲》一课时，刚朗读完课文，我便发现坐在后排的一个女同学在偷偷地写着什么。我不动声色地走过去，原来是一张小纸条！于是我把它没收了。展开一看，只见上面赫然写着班上一个男生的名字，还有几句稚气的话……我忍不住笑了起来，这些小学生，真是人小鬼大！我这一笑不打紧，全班同学的好奇心都被激起来了，特别是几个调皮的男生，大声地喊："老师，念出来！""是什么？念啊！"同学们有些迫不及待。

我瞟了一眼这个女生，此时的她仿佛大难临头。这是个长得很秀丽可人的女孩，只见她埋着头，脸涨得通红，此刻，她正偷看着我，大概是正在猜想我会不会把这张纸条的内容公布于众吧。多半她已准备好接受即将到来的难堪了。我转过头来望着全班同学，他们都已经安静下来，都用期盼的眼神看着我，渴望得知这张纸条的内容。十一二岁，正是好奇的年龄，尤其是传纸条这样一件敏感的事情。我吐了一口气，追问一句："你们真的想知道吗？"他们一致点头并大声齐呼"当然想！""其实是一句再普通不过的话，"我缓缓打开纸条，大声念道，"听老师的话，做个好学生！""轰"的一片笑声！当然也有不怎么相信的，有的同学显得有点儿小失望，但谁都没有再追问。而那个女生呢？刚才紧绷的小脸舒展开了，想必她肯定大大舒了一口气！

这堂课很顺利地上完了，课上我不时关注那个女生，她显得不太专心，先是不停地摆弄那支刚刚用来写纸条的钢笔，后来似乎又在写写画画，但我没再打扰她。

下课后,那个女生追了出来,塞给我一张小纸条,什么也没说就跑开了。我很疑惑,展开纸条后,几行端端正正的字出现在我的眼前:"张老师,您是我所见过的最聪明、最善解人意的老师,我一定会记住您对我的希望:听老师的话,做个好学生!"看着她跑开的背影,我相信她的话一定是出自内心的,于是我追上她,并把自己的联系电话留给她,告诉她有进步时可别忘了向我报喜。之后,听课老师弄清纸条上的真实内容后,一致赞扬我机智的处理方法,她的班主任还告诉我,写纸条的女孩平时是个成绩较差的学生。

事后两个月,我再次到之前送教的那所学校调研,听那个女孩的班主任说,她还真变了个样呢,以前的许多坏习惯不见了,成绩也有了较大的进步。期末时,女孩给我发来短信:"张老师,我这回期末考试进步很大,我得了进步奖呢!"透过那条信息,我仿佛看到了那张清秀可爱而又溢满喜悦的脸,此时的我泪眼模糊,心中感慨无限。想不到,我那句"谎言"竟然会成为她进步的催化剂。

美国著名教育心理学家吉诺特曾经说过:"身为老师,我具有极大的力量,能够让孩子们活得愉快或悲惨。我可以是制造痛苦的工具,也可以是启发灵感的媒介;我能让人丢脸,也能叫人开心;能伤人,也能救人。无论在任何情况下,一场危机之恶化或解除,儿童是否受到感化,全部决定在我。"

每每想起这段话,我的心里便会产生一种莫名的恐慌。回想"纸条事件",我庆幸自己没有伤害那个女孩,庆幸自己智慧地化解了一场危机,并用善意的谎言保护了学生的自尊,同时也挽救了一个老师、同学们眼中的"差生"。

新课改倡导构建新型的师生关系,如何建立和谐平等的师生关系?西南大学网络研修平台为我们提供了一个个精彩的讲座和鲜活的案例,网络研修给了我很多启发。记得西南大学的某位专家在"课堂教学如何有效促进生成"的讲座中给我们分享过这样的观点:课堂应是向未知方向挺进的旅行,我们随时都有可能发现意外的通道和美丽的图景,而不能一切都遵循固定线路。是啊,我们的课堂上每天都会有各种各样的问题出现,应付课堂上发生的繁杂问题,老师需要的是心理上的硬币,即老师需要用特殊的技巧来合情合理地解决这些问题。怎样掌握这种特殊的技巧?我想老师应当把课堂上出现的那些预设以外的因素和情景,看作一种教学过程中收获的意外图景,机智地处理课堂中的生成与意外,让学生在意外中顿悟与成长。

两年的网络研修,我不断学习,不断内化专家们的观点,同时我也更加坚信:教学的成功与失败,教师是决定因素。教师采用的方法和每天的情绪,是影响学习气氛和情境的主要因素。作为教师,我们应该不忘初心,牢记使命,尊重学生,塑造学生,争做启发学生灵感的媒介,不做给学生制造痛苦的工具,时刻关注每一个学生心灵的细微变化,用智慧去点亮学生的心灯!

他山之石,可以攻玉:睿睿的改变

云南省建水县机关幼儿园　黄维辉

　　转眼我参加幼教工作已有十二个年头,在这二十年中,我从一个懵懂的年轻教师成长为有经验的教师。在我所有参加过的培训中,西南大学实施的"国培计划"中小学幼儿园远程培训对我影响深远。2015年,我第一次接触网络培训模式,感受到了网络培训的方便、快捷。接下来的三年时间里,我在"国培计划"中学到了很多。每次学习都让我震撼,这一新的学习模式让来自四面八方的幼儿教师能相互学习、共同探讨,能得到专家的在线答疑。

　　在学习中,我聆听了幼教精英们的精辟讲解,充实了专业知识。学习虽然占用了我很多休息时间,但是我感觉到了自己每天都在进步。反思过去,作为一线教师的我深知学习是没有止境的,幼教专家们以鲜活的案例和丰富的知识给我指导,使我在平时的教育教学中有了许多新理念,幼教观念也进一步得到了更新。

　　在幼教专家的精心引领下,我对原先和家长沟通的单一方法进行了思考并改进。一个班级就如同一个家庭,"家庭"里的人性格各异,饮食和生活习惯不一样,我的责任就是让"家庭"里的这些宝贝感受到爱和快乐。

　　小三班的宝贝是我从托管班一直带到小班的,对于他们的各方面都有所了解。班里有个小男生睿睿不爱和其他小朋友说话,嘴里总是念着"臭狗熊别跑"。睿睿是上学期才到我们班的,以前没有上过幼儿园。第一天来的时候,他一直不进教室,也不哭。我把他抱进教室后,他的爸爸妈妈还在门口站了好一会儿,我知道这都是新生家长不放心的表现,我安抚了他们好一会儿他们才离开。睿睿进教室后眼睛一直到处看,很紧张。我对他说:"从今天开始,你就要在小三班和其他小朋友一起学习生活了。"他似懂非懂地点点头。第二天之后,睿睿对于新生活环境表现出完全的排斥态度:他拒绝来园,天天早上哭着、叫着、拉着妈妈的手不放;他拒绝参加游戏,甚至拒绝吃饭,老嚷着"我要妈妈"。

其间,家长也是万分担心,让睿睿的奶奶来幼儿园探视。到了下午,睿睿竟然拒绝午睡,宁愿站着。但是,他对于我已经不表示排斥,看到我就不哭了。我带他上了厕所,允许他靠在我腿上休息。对于这样一个敏感的孩子,我一开始采取的对策是"顺应",期望他在熟悉新环境后,能够自主地理解新环境的规则,适应集体生活。

但是,几天过去依然没有成效,他依然拒绝大家,在集体活动时也总是游离在大家之外,从不参与。接连几天在我带他上完厕所一会儿后就把大便拉在裤子里,而且每次拉完还若无其事地坐着,每次我给他清理完后他都害羞地看着我。和睿睿妈妈沟通后我发现睿睿患有先天性肠漏(肠上先天有两个洞),做了一场大手术,医生说孩子手术后也许会对大小便没有知觉,会将大小便拉在裤子里。接连拉了几天后,我就和睿睿妈妈沟通,睿睿妈妈说因为睿睿身体的原因,在家里上厕所都是大人帮忙。有一天睿睿来幼儿园时走路怪怪的,一问才知道,睿睿妈妈为了方便我们清理居然给睿睿穿着纸尿裤。

针对睿睿的特殊情况我制订了计划:(1)和家长沟通,不给睿睿穿纸尿裤上幼儿园;(2)让家长培养睿睿自己如厕;(3)让家长培养睿睿起床后就如厕,鼓励他自己大便;(4)家园共育让睿睿学会说"我要上厕所";(5)制订严格的计划,30分钟上一次厕所,尽量少食不易消化的食物,比较凉的水果也少给他吃。

经过两个月的努力,睿睿学会了自己说"我要上厕所",变得开朗了,喜欢上幼儿园,也喜欢和小朋友们一起学习、游戏。家长对孩子的变化感到惊叹,也自觉停止了中途来园探视,而孩子的情绪也很稳定。这说明,我的应对策略取得了效果。

对于孩子不适应陌生环境而缺乏安全感的情况,老师要尽量满足孩子的要求,慢慢开导他,多与孩子沟通,让孩子建立起信任和安全感。总之,要帮助孩子消除恐惧心理,就要多关注、多协助、多指导、多鼓励、多沟通。另外,老师要与家长沟通孩子的在园情况,让家长也了解孩子的情况并鼓励孩子。

通过"国培计划",我开阔了视野,学到了很多新的教育理念和知识,从思想上受到了很大的鼓舞,这将对我今后的教育教学管理工作起到很大的推动作用。在今后的教育教学实践中,我将静下心来采他山之玉,纳众人之长,慢慢地走,慢慢地研,在教和研中走出自己的一路风采。

关注学生的每一个小问题：一个课堂分组的案例

云南省丘北县民族中学　李　亮

　　信息技术课程在初中阶段是一门很特殊的学科，在与其他科目任课教师的交流中，他们总是说："信息技术课应该很好上啊，学生对电脑感兴趣，因为他们喜欢玩游戏。"其实不然，我之所以认为信息技术是一门特殊的学科，是因为它的上课资源不仅仅是一本书、一篇教案，课堂上除了要维持学生正常的课堂纪律之外，还要注意学生对电脑的使用情况，更要注重对学生操作技能的培养。在从事信息技术教育教学活动中，我习惯让学生分组学习，让他们合作探究，由组长负责监督本小组各成员的操作练习及纪律等情况。这有利于培养学生互帮互助、合作学习等良好的行为习惯。信息技术课程没有其他科任教师说的那么简单，在信息技术课的教育教学活动中同样有很多意外的"小插曲"需要老师用智慧、理性去思考和处理。

　　在开学之初，由于刚和学生见面，还不了解学生，学生也不了解我这个信息技术老师，所以，第一节课我没有上正课，我只是介绍自己："同学们，我是你们这个学期的信息技术教师……""对于大家上微机课我有以下几个要求：第一……"之后，我就让学生说说对信息技术这门课程的认识。"我们在小学的时候也上微机课啊！""上微机课很轻松，好玩！"……同学们的回答可谓五花八门。下课之前，我要求班长下去把学生分组，因为他们班43个人，所以，我要求班长在分组的时候每组6人，分成7个组，有一个组可以是7人。"同学们，我们分组的目的是让大家以小组的形式进行合作学习，因为我们有很多操作技能的练习希望大家在小组内互助完成，并且实行以小组为单位的月底考核制度，小组内有一人完成不了本节课的操作练习，那么本组就算没完成任务，这样就会影响小组月底的成绩。小组长是这个小组的核心，在我讲课或演示的时候要时刻注意本组的纪律和学习情况。"最后，我要求班长下节课上课之前把分组的名单给我。

　　在第二节课上课之前,班长把他们班的分组情况交到了我这里。在整理完同学们自己分组的名单时,我发现有3人一组的。"我要求的是至少每6个人一组啊,这样刚好7个组。"我心想着。突然,班长走到了我的面前:"老师,他们这6个人不愿意在一个组。""那可以分到其他组,和其他组的成员换一换啊。"我对班长说。"可是……老师,你自己去问他们吧!"班长有点儿为难地说。上课了,我要求学生同一个小组的坐在一起,至于出现的3人小组,上课时我也没去多想。一直到下课前的几分钟,我想想还是问问怎么回事吧。于是我就把他们6个孩子留下来,问:"你们3人小组是怎么回事啊?两个组组合起来就是6个人,这样我方便分配学习任务。"其中一个组的小组长有些不好意思地说:"老师,班长在分组的时候其他小组都有学习好的同学,只剩下我们6个。"另一个同学又补充:"他们两个又合不来,不愿意在一起,所以就分两个组了。"说到这里我知道是怎么回事了,我说:"信息技术这门课程,只要大家多操作、多练习就能学好,和你们其他科目成绩的好坏没有多大关系啊。"我和他们几个小男生谈了很多,两组最终还是合并成一个小组了。在以后的学习中,我注意观察他们这个"特殊"的小组。其实,他们完成学习任务的情况还是很好的,甚至在上课之前有的成员还会提前到教室,把本组组员的电脑打开;下课后还会帮老师看看哪台电脑没关机,然后去关,哪个同学的凳子没收,然后去收。

　　这件事过后,我想了很多。虽是一个简单的由分组而引发的小问题,但是通过这个问题可以看出学生之间所存在的那种小矛盾、小情绪。我们经常说不能带着个人的情绪去上课、去工作,但实践中难免不出现这种情况。学生又何尝不是呢?他们也会不自觉地就把平时生活中的小情绪带到课堂中来,甚至影响教师整节课的教学。更有甚者带着自己的好恶去学习,喜欢某个老师或不喜欢某个老师,就会喜欢或不喜欢某门学科。所以,在教学工作中我们要及时发现学生的每一个小问题,给予他们正确的引导。不管是科任教师还是班主任,课中或课后都需要时刻注意,因为要发生的问题经常是不可预知的。

小班幼儿良好生活习惯培养：排队如厕

云南省丘北县教师进修学校附属幼儿园　张星月

刚入园的孩子状况很多，如哭闹、难于入睡等，但我们班的孩子最让我头疼的问题是如厕。由于人多厕盆少，幼儿如厕需要等待，但有些幼儿进去就要争第一，其他幼儿当然不乐意，自然就发生了争执，甚至动起了武力。小班幼儿正处于自我意识的萌发时期，往往会以自我为中心，有的幼儿霸占心理很重，认为什么都是我的，不会谦让，在与同伴交往中常会发生冲突。因此，帮助小班幼儿在生活小事中形成良好的自我意识，学会分享、学会等待是非常重要的。

幼儿的模仿力较强，他们能通过模仿去学习攻击性行为，同样，也可以通过模仿学会谦让、互助、分享和合作等一些行为。我们班的幼儿喜欢故事，于是我就借用故事《小蚂蚁搬豆》中井然有序、团结合作的小蚂蚁形象，感染幼儿，给幼儿树立好榜样。我在幼儿熟知故事的前提下，把可爱的小蚂蚁画下来，一个一个排好队贴在厕所的墙面上，而且高度和幼儿的视线一般齐，这样，他们上厕所时，看到排着队的小蚂蚁，自然而然地就排好队等待如厕。

通过这件事我明白了，小班幼儿良好生活习惯的培养是一个长期的过程，它需要教师有长久的耐性、坚定的态度、和蔼的语言，还要有一颗爱幼儿、包容幼儿的心。相信只要我们持之以恒，一定可以通过培养良好的生活习惯促进幼儿的身心健康发展。

关注美术课堂教学　提高学生学习兴趣

云南省丘北县第一小学校　周建鼎

十年教龄的我,从事美术学科教学也已有四年。四年里,我始终希望自己能做到更好,认真备好每一堂课,尽自己的绵薄之力教好每一位学生。小学美术教育需要学习的内容很多,我从不觉得这门别人眼里的"副科"有多么的轻松,相反,由于不受重视和条件限制,我在课堂教学中遇到了不少挑战。

一、案例叙述

(一)一个不听课的孩子

作为一名年轻教师,我一边学习一边成长,摸着石头过河。记得那是我教小学五年级的时候,有一次我正在讲台上讲课,下面突然传来一阵嬉笑声,我循着声音望去,原来是一名男同学在讲笑话,旁边围着几名学生在小声地说笑着。"又是他!"我当时很生气,他在班级里是以调皮捣蛋出名的,经常违反课堂纪律。我快步走过去,把他从座位上拽了起来,大声地训斥了他几句。谁知他竟然一甩胳膊又坐了下去,其他同学都笑了起来。我非常气愤,一把抓住他,将他推到了教室后面,然后继续上课。从那以后,每次在他班上课的时候,我都能感觉到他用一双充满敌意的眼睛看着我,而且从此不再听我的课。上课时,他不是看童话书就是趴着睡觉,我也没有理会他,心里想"反正你也这样了,将来也不会有什么出息,只要不扰乱课堂纪律就行"。事情过去了一段时间,有一次上课时学生们在画画,我在他们中间来回巡视指导着,当走到这名学生桌边的时候,正巧他桌子上的文具盒掉在了地上,我当时也没有多想,弯腰把文具盒捡了起来,放到了他的桌子上。没想到就是这样一个我当时认为无足轻重的举动竟改变了他对我的态度、对美术教育的态度。

(二)是什么给了他学习的兴趣

再次上课的时候,学生们都在画画,而他也趴在桌子上不知在做些什么,而且出奇的安静。"他在干什么呢?"出于好奇,我慢慢地走了过去,原来他正在图画本上画画,这可是我没想到的。他是那么认真、专心地在完成这幅画,而且画得非常好。我当时很高兴,于是在进行作业展评的时候,我第一个把他的作业拿到座位前面进行了展示,同学们也都投来赞许的目光。当我把图画本递给他的时候,他虽然没有说什么,但我能感觉到他的心中有着难掩的激动和喜悦。从此以后,每次我在他班上课,他都表现得非常好,画出来的作品也越来越令我满意,我也总是有意识地对他进行一些指导和帮助,并且鼓励他参加一些绘画比赛,而每次他都能在比赛中取得好成绩。

这件小事对我的触动很大,使我深受启发。作为一名小学美术教师,我们教育的根本出发点和归宿是人的发展,我们的教学要体现以学生全面发展为本的教育理念,让学生形成积极主动的学习态度,使学生获得美术学科的基础知识与基本技能,同时培养学生正确的审美观、价值观,使学生有一双发现美的眼睛、一颗感受美的心,捕捉生活中快乐的瞬间,感受世界万物之美,引导学生画出心中的美,把心中的美丽影像和美好情绪体现在画作中,带给自己,也带给他人美的体验、美的氛围。

二、经验总结

(一)认真准备

小学美术教科书上,每一课除了几张插图,其他的内容比较少,所以上一堂课需要做很多的准备。在备课中,我力争以充实的内容来吸引学生,通过听听、说说、玩玩等活动来培养学生的兴趣。部分班级有多媒体设备,可以通过课件展示的形式上课,既能让学生直观地感知事物,也激发了他们的好奇心,提高了课堂效率。但部分班级多媒体设备损坏,这就给上课带来了一定的难度,所以课前我会收集很多相关资料并打印出来,尽可能让学生能在课堂上多看,通过不同途径的展示,让他们能集思广益,尽可能发挥自己的想象力,并能够动手画出所见、所思。

(二)驾驭课堂

在美术课堂上,美术教师要做到熟练驾驭课堂。课堂纪律是完成教学的保证,但是小学生,尤其是低年级的学生见到喜欢的东西和有趣的东西容易兴奋。记得有一次上"手指印画"一课,我挖空心思搜集了好多各式各样的关于形状的图片,当我为同学们展示的时候,满堂欢呼。文静一点儿的孩子只会说一声:"哇,好漂亮!"调皮捣蛋的孩子就会大笑着说:"哇!"并开始大呼小叫。这时候课堂纪律就出现了危机,学生很多,教学就无法进行。因此,教师要有驾驭课堂的能力。这个时候教师可用"向这位小同学学习,她很安静"等有效的方法让学生安静下来。有时候一幅作品是需要小组合作完成的,在完成过程中是有必要进行沟通交流的,所以课堂纪律看似比较乱。我会播放一些学生爱听的音乐,这样他们会更多地注重于创作,说闲话的就少,作品就会完成得又快又好。

(三)学习探究

课堂教学的有组织性是上好课的保证,这是大多数教师都认可的原则。但有些类型的美术课往往不需要孩子规规矩矩、端端正正地做作业。比如一些手工课,需要几个儿童合作完成,小朋友凑在一起难免会各抒己见,不会像成人那样有克制力,这样势必造成纪律不好。还有一些绘画课,为了更好地调动孩子的积极性,加入了游戏、舞蹈等活泼的形式,课堂也会显得杂乱。但问题是,形式上的"杂乱"并不意味着教学的低效。国外的老师在美术课上不需要孩子坐得端端正正,他们给孩子足够的空间创作,可以画在桌子上,可以"乱涂乱画",学生作画时可以戴耳机听音乐,边听自己喜欢的音乐边作画。

学校要求课堂必须有秩序,但一味要求整齐往往会扼杀孩子的个性,限制孩子的创造性。怎样兼顾呢?这就要求教师在组织教学上要收放自如,既不放纵,也不压制。另外对美术作品的评价主观性比较强,教师要做到评价的多元化,辅导的时候也要有针对性。学生眼中的美景是多姿多彩的,美术教师要挖掘学生内心世界的美,多鼓励、多支持、多尊重学生的创作,最主要的是不要用成人的眼光去评价孩子们的作品。

(四)多元评价

儿童绘画贵在无序、天然童真,贵在个性鲜明、想象力丰富。有的孩子喜欢色彩,有的孩子画画喜欢用线条,还有的孩子只喜欢画抽象的形状。所以对于儿童画的批改、评价应该有多重标准，要善于发现儿童画中闪光的东西。我经常在课堂中要求孩子要勇于动手来表达自己的所想所感，我不局限于用线条和造型表现的准确性来判断一幅作品的好坏，我认为只要是敢于画的孩子都很棒。对于小学生而言，最主要的体验是绘画带来的快乐，让他们沉浸在绘画的乐趣里，画自己所想，充分地展现自己的想象力。

在教育的长河中，我们伸手可触的地方，就是工作中的每一个细微之处。只有把握住每一个细节，我们教育的田野才会春意盎然，才会喧腾着生活的甜蜜，流淌着生命的魅力。只要我们真心对待每一个学生，收获的必将是一张张笑脸。

附 录

"国培计划(2015)"——云南省网络研修与校本研修整合示范校建设方案

西南大学网络与继续教育学院

2015 年 10 月

为贯彻和落实《教育部办公厅、财政部办公厅关于做好 2015 年中小学幼儿园教师国家级培训计划实施工作的通知》《教育部办公厅关于印发乡村教师培训指南的通知》，以及云南省教育厅、财政厅的相关文件精神，依据云南省 2015 年"国培计划"项目专家评审意见，经西南大学与项目区县教育局磋商，并结合培训需求调研的结果以及西南大学的相关培训经验，按照能操作、有实效、可持续的原则，制订红河州个旧市、建水县和文山州丘北县各 5 所网络研修与校本研修示范校建设方案。

一、目标任务

(一)总体目标

网络研修与校本研修示范校在培训机构专家团队指导下，基于"专家引领、校内跟进、常态发展"的思路，建立适应全员培训需求、有网络研修环境支持的高效校本研修模式。

突出一个中心：促进教师专业成长。实现两个转变：转变教学行为；转变校本研修方式。达到三个提高：提高教师课堂教学能力，提高教师教研能力，提高教师科研能力。

(二)具体目标

1.以教师专业能力提升为核心任务。利用网络平台资源和专家现场指导，对项目学校全体教师在教育理念、教学实践、校本研修、课题研究等方面进行培训,全面提升教师的课堂教学能力和校本研修能力。

2.以校本课题研究为基本形式。科学指导项目学校教师主动申报各级各类课题研究,大力支持项目学校开展校本课题研究,提升学校教师的科研选题、研究设计、组织实施和成果表达能力。

3.以校本研修模式创新为主要内容。在专家指导下打造具有区域特色的网络校本研修模式,在建设高效课堂、教师常态化研修行动中起到引领示范作用。

4.以特色校园文化建设为动力机制。在专家引领下,通过校本研修活动的开展,结合自身特点和优势,积极打造具有示范作用和独特风格的校园文化,使之成为学校发展的动力,并通过打磨推广,扩大学校的知名度和影响力。

5.以教师专业发展为最终目标。通过示范校建设,在着力提升全体示范校教师的校本研修、课堂教学等专业能力的同时,整合培训机构和地方教研机构的各种优质资源,以校本研修的形式设计系列主题活动,探索具有校本特色的教师专业发展路径和名师成长模式。

二、主要内容

(一)教师全员网络培训工程

以网络研修为主要形式,以促进教师专业发展、改进教师教育教学能力为目的,对示范校教师进行教育理论、教学实践、校本研修等主题的全员培训。

(二)骨干教师重点打造工程

专家组成员与示范校教师组成教师专业发展共同体,通过教师论坛、课题研究、课堂观摩、教学反思、研讨交流等方式促进教师的专业发展,培养一批骨干教师。

(三)校本研修能力提升工程

推动示范校加强校本培训管理,帮助教师掌握网络校本教研的一般过程与技术方法,提高网络校本研修的设计、策划、组织、评价能力,创新区域校本研修模式。

(四)网络研修社区建设工程

建设基于网络环境的教师专业发展社区,提供教师专业发展活动的学习交流场所。社区板块包括教师成长博客、教师专业发展网络论坛、教学案例推介、课题研究与科研论文分享等。

(五)特色校园文化形成工程

以教师课堂教学能力提升为指引,以校本研修活动为载体,在课堂教学、课题研究、班级管理、活动开展、学校风气、校园环境等领域形成特色校园文化,并在区域内发挥示范引领作用。

三、工作安排

本项目分两年实施,分阶段安排相应的课程资源与研修活动,着力提升参训教师的课堂教学能力和校本研修能力。项目第一年度工作安排如下。

(一)整体研修进度安排

阶段主题	研修时长	目标任务	预期成果
阶段一:课堂教学能力提升	2个月(2015年11月至12月)	网络研修:完成主题板块课程资源学习,完成工作坊线上研修活动,完成成果提交 校本研修:完成以教学行为转变为主题的校本研修活动	教育叙事:教学行为转变
阶段二:校本研修能力提升	2个月(2016年3月至4月)	网络研修:完成主题板块课程资源学习,完成工作坊线上研修活动,完成成果提交 校本研修:探索具有区域特色的校本研修模式	校本研修模式创新
阶段三:研修成果总结	1个月(2016年5月)	协作出精品:总结培训成果(资源、经验与模式)	培训成果集

（二）分阶段研修内容设计

阶段主题	研修任务					
	做什么（任务）	学什么（课程）	怎么学（途径）			成果展评
			网络研修	校本研修	课堂实践	
第一阶段：课堂教学能力提升	**设计教学** 围绕教学设计提炼自己的经验，通过线上学习线下研讨，选择正在执教的一堂课进行教学设计，并说明对应的课标要点、教材内容要点、学生学习的起点和终点 **实施教学** 依据教学设计实施教学，撰写教学反思，选取关键事件，在工作坊内说明个人的成长与存在的不足 **改进教学** 再实践，选取关键事件，在工作坊内说明教学行为的转变，并交流进一步提升的方向与目标	1.通识理念课程 2.学科课程标准 3.学科教材解读 4.学科教学设计的要点与创新 5.学科教学实施的方法与策略 6.学科教学设计、教学实施典型案例评析	**认识自我** 1.说出自己对课堂教学的认识与经验 2.找出自己在课堂教学中存在的主要问题 3.写出自己学习研修的方向和目标 **学习提升** 1.教学设计的理念与创新（课标、教材、学情、新要求、新理念等） 2.教学实施的方法与策略（学生学习、教师教学、师生互动） **经验分享** 1.如何把握教学设计的基本要素 2.如何提高课堂教学的效率 3.如何改进自身的教学行为	1.组织学员自主完成一份课堂教学设计并在工作坊内展示 2.组织学员在工作坊内研讨、打磨一份课堂教学设计，并通过教学实践进行展示 3.在工作坊内挑选一位教师上课，组织学员观摩，选取关键事件进行分析 4.依据关键事件分析的结果，在工作坊内探讨如何进一步转变教师课堂教学行为，提升教师课堂教学能力	**教学目标设计** 目标表述 课标依据 教材依据 学情分析 **教学内容设计** 导入 讲解 提问 评价 调控 总结 **片断教学展示** 内容选择 时间把握 学生参与 思维激活 目标达成	教学设计案例集 片断教学案例集 教育叙事案例集

阶段主题	研修任务					
	做什么（任务）	学什么（课程）	怎么学（途径）			
			网络研修	校本研修	课堂实践	成果展评
第二阶段:校本研修能力提升	**校本研修的理论与实践** 围绕校本研修提炼自己的经验,通过线上学习线下研讨,设计一份校本研修方案,并在工作坊内展示、交流、改进方案 **校本研修模式创新** 在专家指导下,以学科教研组为单位,以校本课题研究为依托,探索本校、本区域校本研修的新模式,并在实践的基础上对模式进行提炼与总结,提交文本形式的校本研修模式创新案例	1.通识理念课程 2.校本研修的理论与方法 3.校本研修的实践模式与路径 4.校本研修典型案例评析	**认识自我** 1.说出自己对校本研修的认识与经验 2.找出自己在校本研修中存在的主要问题 3.写出自己学习研修的方向和目标 **学习提升** 1.校本研修与教师专业成长（理念、方法与路径） 2.校本研修模式创新（研究选题、组织实施、成果表达、应用推广） **经验分享** 1.校本研修与课堂教学如何有效整合 2.校本研修的成果产出与模式创新	1.组织学员开展课例研修,通过现场观课研讨和VR课例观摩研讨,将校本研修能力提升与课堂教学能力提升在形式和内容上有机整合 2.组织学员开展校本课题研究,分学科设计研究方案,在课堂中实施研究,在工作坊内总结研究成果,探讨改进措施 3.组织学员开展基于互联网的异地同步校本研修,在研修过程中发现不足、学习经验,提升能力 4.以学科教研组为单位,组织学员总结、撰写文本形式的校本研修模式创新案例	**校本研修内容实践** 教学观念转变 教学方法更新 教学策略改进 **校本研修成果应用** 课堂效率提升 教师专业成长 学生全面发展	校本研修模式创新案例集

续表

阶段主题	研修任务					
	做什么（任务）	学什么（课程）	怎么学（途径）			
			网络研修	校本研修	课堂实践	成果展评
第三阶段：研修成果总结	**协作出精品**　总结研修成果（资源、经验与模式）	1.成果的提炼与表达　2.成果的应用与推广　3.形成优质国培成果案例集	**自我总结**　总结研修经验提炼研修成果明确成长路径　**经验分享**　1.交流、分享学习研修的成果　2.交流、分享教师专业成长的经验	1.以示范校为单位，组织学员开展教学比赛，检验学习研修的成果　2.总结教学设计、教学实施的经验，反思专业成长的问题与不足，找准专业成长的方向　3.研讨、总结、整理本工作坊校本研修成果	**教学评价设计**　教学评价的类型和方法　表现性评价的概念、形式与设计要点　**评价效果分析**　量化分析　质性分析　反馈分析　得失分析	国培项目研修成果集（含教育叙事：教学关键事件分析报告、校本研修模式创新案例集等）

四、责任落实

(一)培训机构

1.学科专家制订各学科网络课程体系和选课指南。

2.学科专家组织研修答疑与学科教研活动。

3.学科专家协助联系"送教到校"授课教师，参与相关研讨活动。

4.项目执行专家负责制订项目实施方案(含校本研修方案)。

5.项目执行专家协调开展深入到项目学校的集中活动。

6.项目执行专家协调开展研修成果提炼、打磨活动及优秀成果公开出版。

7.项目执行专家综合各校简报,制作网络校本研修示范校简报。

8.项目团队负责网络平台维护、示范校集中活动后勤保障、活动录像与视频直播及与研修活动有关的设备和条件的准备等工作。

(二)学校管理员

1.根据项目方案,制订本校研修计划,做好项目准备与实施工作。

2.负责遴选本校各参训学科教研组组长,督促、检查、评价本校各学科教研组组长工作。

3.督促学员上线参训,保证本校的校本研修活跃度及研修质量。

4.以简报的形式向区县项目办通报本校项目进展情况、动态和各网络教研组学习与活动情况。

5.落实本校教师网络研修社区建设。

6.负责本校项目评优、总结表彰及宣传工作,并将相关材料报送西南大学项目办。

(三)学校学科教研组组长

1.参照项目实施方案,结合本校实际情况,制订本校本学科研修计划。

2.引导本校本学科学员加入网络教研组,开展线上、线下的研修活动,保证教研组活跃度及研修质量。

3.组织本学科组成员进行问题研讨,分享教学资源。

4.以简报形式通报本组成员的研修情况及成果,上报至学校管理员。

5.考核评定本网络教研组成员的研修成绩,评选优秀学员并提交名单,撰写研修总结,并提交给学校管理员。

五、考核方案

本项目分年度对学员、示范校(管理员)进行考核,年度具体考核指标及要求如下。

(一)学员考核评价

考核项目		考核标准
课程学习 (40%)		观看课程资源时长不少于1200分钟,每30分钟计1分,超过1200分钟不加分
活动参与 (20%)		参与线上和线下研修活动,辅导教师依据学员参与的数量与质量综合评分,总分不超过20分
研修成果 (40%)	过程性研修成果 (30%)	提交实践性研修成果到研修社区,每条成果计10分,总分不超过30分(实践研修成果包括"教师职业规划与研修计划""教学设计与反思""原创教学PPT""片断教学视频实录""校本研修活动方案""校本研修或区域研修活动简报")

续表

考核项目		考核标准
研修成果 (40%)	总结性研修成果 (10%)	提交个人研修总结一份,根据研修总结质量评分
总分(100分)		优秀100—90;合格89—60;不合格59—0

(二)学校管理评价

项目	内容	权重	要点
制度保障	行政支持、组织健全、方案明确	20	文件、人员、方案
过程管理	学情监控、活动开展、简报提交	20	三率、方案、简报
模式创新	形成具有区域特色的校本研修模式	30	内容、方式、成果
总结展示	总结经验、表彰先进、展示成果	30	总结、推优、宣传

(三)表彰奖励

纳入项目总体奖励计划,对优秀学校、优秀学员、优秀管理员进行表彰与奖励,同步进行优秀研修成果分类评选。表彰办法由项目区县教育局制订,颁发荣誉证书,西南大学和项目区县教育局共同验印。